幼兒學習環境規劃理論與實務

——生命生態系統觀——

戴文青 著

以此書獻給幼教同行者，讓我們一起尋找自然之子！

目次 CONTENTS

CHAPTER **2**　人類生命圖像與幼兒發展

CHAPTER **3**　人與生存環境

CHAPTER 4　尋找自然之子：幼兒園學習環境基本圖像

CHAPTER 5　幼兒園學習環境規劃基本原則

CHAPTER **6** 論述秩序與教育場

FOREWORD

鄭序

　　戴文青博士自美國學成歸國後，即致力於推廣開放式教育，由學習環境規劃、課程設計、教材教法到觀察評量，無不以專業的素養與嚴謹的態度嘉惠無數的幼兒園工作者。累積十年的現場工作經驗後，戴老師於 1993 年出版了《學習環境的規畫與運用》一書。該書以深入淺出的方式闡述幼兒園學習環境規劃的各項環節；大至教室空間配置原則，小至各學習區教材呈現方式等細項，她都能以透視之眼與靈動之語，予以剖析解說。因之，無論對在職的幼兒園教師或在學的師資生，都可謂是不可或缺的參考書籍。多年來，育成托兒所[1]一直以此書作為教師的培訓教材，從中體悟開放式教育的本質，並以之為實踐指引。經由她的帶領與老師們共同的努力，本所獲得了當年全省托兒所評鑑的首獎。

　　30 年來，幼教環境丕變，而此書也歷經三次改版，一直高居幼教叢書暢銷榜，足以印證其所引發的關注與共鳴。今聞戴老師出版新書《幼兒學習環境規劃理論與實務——生命生態系統觀》，著實感佩其對幼兒教育的熱情與奉獻。本人雖已退休，但仍要大力推薦此書，冀望其對現今的幼教環境帶來新氣象。

鄭松韓　謹誌

2022 年 1 月 20 日

1　改制前的名稱。

FOREWORD

黃序

　　我與戴文青老師相識於 20 世紀 90 年代初期。當時我們北師大實驗幼兒園正在嘗試創設開放式活動區。在實施過程中老師們會有一些困惑，比如：「讓孩子自我探索，自主遊戲，孩子會不會太自由了？」、「他會不會只是玩，什麼也學不到？」、「集體教學放在什麼時間？」、「要創設哪些活動區？」、「要怎麼規劃呢？」……。面對這些質疑，幼兒園採取了多種方式說明和支援老師們。其中之一便是有幸邀請到了台灣幼教專家盧美貴和戴文青兩位老師來園培訓「開放式教育的理念及實踐」，老師們就遇到的問題與兩位專家進行交流與對話。與此同時戴老師所著的《學習環境的規畫與運用》一書，也成為我們創設開放式活動區的指導用書。此後，老師們逐步將新的理念落實到教室環境中，比如：根據年齡班設計、擺放活動區，先畫草圖，再討論其合理性等。漸漸地，在開放式區域活動中，老師們將學習的主動權還給了孩子，也體會了開放式教育的真諦。經過老師們 30 餘年的積極探索與實踐，開放性區域活動在北師大實驗幼兒園已日趨成熟，成為課程運作的重要組成元素。但是對於一些教師，特別是新入職的教師，仍然需要《學習環境的規畫與運用》這樣的書籍來幫助他們理解和實施開放式區域活動。所以得知戴老師即將以全新的視野出版《幼兒學習環境規劃理論與實務——生命生態系統觀》一書時，我非常高興也期待著我們共同為海峽兩岸的學前教育發展做出新的貢獻。

黃珊 謹誌

北京師範大學實驗幼兒園總園長

2022 年 1 月 17 日

FOREWORD

陳序

　　2017 年的秋天，經由溫州大學學前教育系鄭溫蕙教授的引薦，結識了戴文青教授，並有幸邀請戴教授到溫州早培幼教集團所屬泰順縣青草灣早培幼兒園駐園，引領老師進行課程規劃與學習環境的重整。

　　初見戴教授時的第一印象是，她對幼兒園課程及幼兒教育有著深厚的學養與情感，尤其對幼兒園環境規劃有多年的實踐研究。在戴教授的指導與引領下，我們幼兒園藉由「專業研習」、「反思性教學日誌」、「幼兒行為觀察記錄」與「進班輔導」等策略，協助教師掌握幼兒身心發展特質與學習方式，藉之以規劃課程及學習環境；讓教師在「做中學」、「學中做」的過程中增進專業知能，提升專業水準。短短的兩年時間裡，我看到了教師隊伍整體專業素養的提升，更看到了幼兒身上自主、自信、利他等行為顯現。這樣的轉變，讓我深切地感受到這些成果乃源於在課程的滋養中、在教師的關愛裡而成。在這過程中，讓我感受最大的改變，即是教室整體學習區的改頭換面。

　　還記得剛開始進行教室學習環境的重整時，許多老師心裡就犯嘀咕：「區域活動是什麼？」、「如何合理利用班級空間規劃區域？」、「如何投放適宜的材料促進幼兒的發展？」、「如何對待冷門區和熱門區？」、「如何培養幼兒在區域活動中的規則意識？」、「如何指導和評價幼兒在區域中的活動？」、「如何將區域活動融入幼兒園一日生活？」，還有老師納悶「什麼是學習區？」、「為什麼要進行學習區？」等。面對如此繁多問題，著實讓人一個頭、兩個大！不知從何著手進行。所幸在戴教授耐心的引導下並參考她所著述的《學習環境的規畫與運用》實例，老師們亦步亦趨地將教室賦予新氣象。閱讀《學習環境的規畫與運用》予我的最大感受即是，書中的事例與圖片都是戴教授多年遊走現場的經驗累積，她以深入淺出的方式結合學科專業理論與豐富的實例，讓老師得以參照規劃各種遊戲區域，體悟幼兒本位的意義。

　　經由她的指導，我們園順利通過了縣政府的各級評鑑。更值得一提的是，在她的指導下，老師將小朋友在裝扮區自主發展的方案活動「我們開了三家店」與「當嫦娥遇見太空人」整理後，參加了當年縣政府教育局舉辦的「優秀遊戲活動案例」評選活動雙雙獲獎，給予園方跟老師莫大的鼓勵！

　　現今，幾乎每一所幼兒園都在開展區域活動，但區域活動不是一件時髦的外衣，誰穿上都漂亮。在開展區域活動的過程中，現場教師們總是被這樣或那樣的問題所困擾，而《學習環境的規畫與運用》一書讓老師們從中找到適合自己教室需要的特色。聽聞戴教授改寫此書，重新出版《幼兒學習環境規劃理論與實務──生命生態系統觀》。在此，我由衷推薦，這肯定又是一本陪伴現場老師專業成長的佳作。

陳曉珍 謹誌

溫州市泰順縣青草灣早培幼兒園園長

姜德榮 謹誌

浙江省溫州市早培幼教集團董事長

2022 年 1 月 18 日

PREFACE

距離 1993 年出版的《學習環境的規畫與運用》竟已匆匆過了 29 年！近 30 年來雖三度改版，但回看此書章節架構與內容除了理論不足，內容亦過於工具性導向，恐讓讀者「知其然而不知其所以然」，以至受困於技術本位而不自知。為彌補此缺憾，十多年前即起心動念，重新架構章節與內容以補過往的不足，也算是為自身行走幼教 30 餘年的註記！

30 年來除了積極投入幼兒園輔導與大學師資生的培養工作外，亦見證了幼教環境的變遷與兩岸的幼教發展，謹以此書回饋與我同行於幼教路上的老師們！

本著作的三大特點是：

• 以幼兒園現場的生活實例勾聯理論框架，力求理論與實務的交融，以免落入瑣碎的技術陷阱。

• 以全觀的「生命生態系統」視野為軸心，探討學習環境的架構與內涵，以匡正學界將「空間規劃」或「物理性環境規劃」等同為「學習環境規劃」之褊狹觀點與論述。

• 特以篇章論述幼兒園教師之工作環境與生存境況，解構幼兒園現場的論述秩序，以重建幼兒園教師之專業認同圖像。

本書共分為六個章節：

第壹章：以 17 個幼兒園現場的實例為引子，讓我們凝視幼兒！幼兒的學習表現與發展內涵就像一面鏡子，映照為師者的生命觀、知識觀、環境觀，以及所抱持的幼兒發展圖像。藉由這些幼兒園裡的實際場景，引導大家反思這些場景所隱含的教育意義；對幼兒學習與成長、對幼師個人的專業發展，乃至幼兒園以至整體社會運作的影響為何？

第貳章：藉由人類心智開展、大腦發展、認同形構與社會化過程，闡述「人

類心靈是什麼？狀態為何？」、「人的存在價值為何？」以及「何為社會？」等根本性的問題等。凡此大哉問皆是為幼兒規劃學習與成長環境前，我們得先自我質問與掌握的。

第參章：藉由西方生命生態系統理論與華人老莊學說意旨，闡述「何為生存環境？」以及「人與生存環境的關係為何？」等根本性問題，並說明由「社會性環境」、「物理性環境」與「時間性環境」所交互構築成的人類生存環境猶如一種「生態聚落」，三者若能充分交融成一體，則處處蘊藏著生命的契機，反之，則否。

第肆章：描繪幼兒園學習環境，無論校園整體或是一間教室皆有如一種生態聚落。其基本圖像包括：「眾聲喧譁」、「留白的藝術」、「混沌中自有其秩序方向」、「強韌的師生『對話』關係」、「綿密的課程社群網絡」、「重視時間的醞釀與變化」與「以大自然為師」。

第伍章：提供「社會性環境」、「物理性環境」與「時間性環境」之實務規劃原則；建議幼師如何模擬自然生態聚落，創造多元異質的渾沌環境條件以尋找「自然之子」！讓每個身心靈皆處於敏感期的幼兒能依著自身的成長韻律，釋放其本質，也唯有如此，為師者才得以感知每個個體的「原貌」，行「不言之教」。也唯有如此才能培養自身的專業敏感度與倫理價值。

第陸章：闡述教育場的特殊性，並分析何以幼兒園現場普遍存在「教師不在場」現象？爬梳潛藏於幼兒園現場的論述秩序，以找回幼師及幼兒園應有的專業圖像！

書中所使用之相關照片皆拍攝於所輔導或走訪的幼兒園，特在此向台中育成托兒所、甲子園幼兒園、鹿鳴村幼兒園、北京師範大學實驗幼兒園，以及浙江泰順縣青草灣早培幼兒園致上謝意。另外，也感謝學生陳玲珊協助拍攝學童種稻場景，還有王富弘及連仲安兩位設計師協助繪製書中所需之建築配置圖。本著作尚有不足之處，企盼各方讀者給予建議。

戴文青 謹誌
2022 年 1 月 10 日

CHAPTER 1

凝視幼兒

　　面對少子化、獨子化，以及諸多家庭解構與功能異化的衝擊下，幼兒園對生活於現今科技世代的幼兒而言，不但是其第一個「學校」，亦是第二個「家」，其重要性有時甚或超越其原生家庭。因此，為幼兒規劃適性的生活與學習環境乃是幼教工作者的基本任務與倫常。而幼兒園是由諸多向度所層層所交織而成的一個整體性的生活與學習環境，大至空間設施、課程模式、班級管理，細至教材教具的選擇與呈現、動線安排等。此外，更涵蓋幼兒園所在的廣大社區、歷史文化與自然生態環境。老師與幼兒們每日生活運轉的危機與轉機即取決於如何掌握這些向度，以及這些向度間的互動態勢。

第一節　幼兒園現場素描

　　幼兒的行為表現與發展內涵就像一面鏡子，映照為師者所的生命觀、知識觀、環境觀，以及所抱持的幼兒發展圖像。到底一間幼兒園、教室或遊戲場是否是針對幼兒身心發展需求而規劃的，我們只需從他們的言行舉止即可一窺究竟。據此，在探討如何規劃適性的生活與學習環境前，讓我們先「走入」幼兒園現場，觀察一些場景，沉澱我們的經驗，想想在與幼兒共處的現場，什麼樣的事情或場景總是讓身為教師的「我」，覺得很有成就感，忘情地與孩子打成一片？反之，又是什麼樣的事情或場景總是讓身為教師的「我」，深感困擾、擔心、煩躁、挫敗，甚至惱火地想體罰孩子？

場景 一 ：我們要下交流道了

　　在教室的積木區裡，安安、華華、小志和利利等四位約四歲半的男孩各自專注地搭著積木。其中，小華用長方形的積木架起長長的高速道路，然後拿著一輛模型小汽車在上面來回滑動，一面滑動還一面模仿汽車疾駛而過的聲音。不久，老師走到積木區觀看了他們好一會，然後和「駕車」的男孩開始對話：

師：華華，你在玩什麼？

華：我在高速公路上開車。

師：要開去哪呢？

華：去桃園阿嬤家。

師：是喔，要去看阿嬤喔。嗯～可是到了桃園，你的車子怎麼下來？

　　聽到老師的提問，華華看了一下自己的高架道路，然後起身走到積木櫃挑了一塊長木板，小心翼翼地架在「高架道路」的一端。擺好後，便又拿起小汽車滑行。滑到尾端時，突地拿起汽車滑下長木板！結果，木板應聲掉落……。老師見狀，喊說：「唉呦！哪有人這樣下交流道的，會摔車喔！」。華華又拾起木板小心翼翼地靠在高架道路邊緣，然後拿起小汽車再次嘗試滑行。滑到尾端時，木板又應聲掉落。老師見狀回應說：「這方法還是不行喲。」「我知道怎麼弄」原本在一旁獨自搭積木的小志，不等華華同意就急切地從積木櫃取了一些積木。「這邊下面要有東西撐住啦！」他一邊說一邊拿掉華華架的長木板，重新搭起「交流道」。這時安安和利利也靠了過來與華華一起看著小志搭積木。搭好後，四個人就得意地拿起小汽車滑行，但滑下斜坡時，哐的一聲，斜坡又垮了。「哇！還是撐不住耶，怎麼辦呢？」老師在一旁喊說。「我知道！」安安又從積木櫃又取了一些積木，然後拿掉小志原本搭的結構，試圖重建斜坡。「不行啦！這塊太高了！」小志不表贊同地

說。「誰說的」……。兩個人你一言我一語地爭執起來！不久，哐的一聲，斜坡又垮了！「你看吧！」華華喊說。「想想看！要從高速公路下來的交流道，從側面看是什麼樣子？」老師在一旁提示。

　　就這樣，在老師的誘導下，四個人來來回回更換積木形狀並調整尺寸間的組合關係來修正「交流道」的結構，失敗了就重蓋。過程中，時有爭執。但當最後搭出漸層結構的「交流道」時，三個人齊聲喊出：「耶！」，然後得意的一面滑著車子一面喊說：「下交流道了！」玩了一會，安安突然喊說：「那這邊也要一個斜坡，這樣車子才能上高速公路啊！」說著，四個人就又忙著搬了一些積木，開始搭建另一邊的「交流道」。

⁘ 反思

　　這四位才四歲半的孩子原本各玩各的，是什麼環境力量讓他們最後一起搭建了結構複雜大斜坡？而且一玩就是 40 多分鐘，還意猶未盡？再者，這位老師為何不直接示範如何搭建「交流道」？只在一旁答腔，甚至說起「風涼話」，也不處理孩子間的爭執？她與孩子間的「對話」又隱含什麼教育意義？

場景 (二)：你們兩個都不准再來玩積木

　　教室裡，20 多位幼兒們安靜地寫著數學作業本。過了半小時，老師一一檢查完作業本後說：「好，下課了，你們可以去玩了！」一聽到老師的宣告，大伙一哄而散，迫不及待地衝到牆邊的玩具櫃，搶玩具玩。其中，兩位小男生跑到積木櫃前，四隻小手像怪手般地連撥帶挖，將櫃上的兩層積木掃落磨石子地面，哐的幾聲造成巨響。兩個男孩得意地一邊撥積木塊一邊大笑！正要撥第三層時，身邊突地響起一陣叫罵：「你們兩個在幹什麼！告訴你們多少遍了，拿積木要怎樣！？」老師

雙手插腰直瞪他倆。兩個小男生聽到老師的罵聲，突地轉過身僵在原地，低頭躡聲地回答：「要一塊塊拿」，「那你們剛才在幹嘛？」面對老師的逼問，兩個小男生低頭不語，吊眼斜看著老師。「弄那麼大聲，老是講不聽！煩不煩啊！去！靠牆站好，你們兩個這禮拜都不准來玩積木！」老師罵完，順手將積木又全扔回櫃子裡。兩個男孩佇立一旁，滿臉愕然與委屈。

⟫ 反思

　　很明顯地，老師動怒乃因這兩位小男生「老是講不聽」的破壞性行為。但要問的是，為何幼兒一到教具櫃前就展現破壞性的行為，又為何「老是講不聽」？而這間教室積木區的規劃與運作方式，與場景一的積木區會有何差異？

場景三：剪紙條

　　美勞區裡，三歲的小莉左手抓著一大張白紙，右手平握著剪刀，費力地想把紙張剪開，但剪了半天仍剪不開，左手的紙張也被她抓的皺成一團。就這樣，一個人專心地與剪刀「奮戰」了好幾分鐘，仍不放棄。老師發現了她的狀況，看了一會兒

後，從材料櫃取了一些色紙條然後說：「小莉，你要剪紙喔。來，老師教你」。說著，老師請小莉一手握著紙條，然後輕握住她的另一隻手，示範如何握剪刀，並說：「我們要先讓剪刀站直，然後張開大嘴，好像鱷魚的大嘴巴。就是這樣，喀嚓！……」，老師一面說一面協助小莉剪斷紙條。「對！就是這樣，喀嚓！喀嚓！你看，好棒！」。兩分鐘後，老師看小莉漸漸上手後，便放手讓她自行練習。而小莉就這麼待在美勞區裡十多分鐘，獨自剪了十多條色紙條，碎紙片堆得像座小山似的。

◎ 反思

　　這位老師做了什麼事，可以在短短幾分鐘內，讓一位三歲的孩子從不會使用剪刀，到獨自一人興致勃勃地剪了十多條紙條？

場景 ㈣：我要在這裡剪個洞

　　美勞區裡，三歲的小安專注地在一大張白紙上，畫了三個狀似「籃子」的圖樣。畫完一張又接著一張，並得意地向旁人展示自己的成果。接著，他將畫好的籃子一一剪下，然後走到櫃子邊，似乎要找什麼工具，卻沒找到。正在徬徨時，老師見狀，詢問之下，原來他想要在「籃子」提把的地方弄一大洞，這樣就可以用手指勾著。老師建議他將紙對摺，然後用剪刀剪出一個洞，再打開來。他努力地嘗試了幾回，似乎不太成功，最後放棄，直接拿了名字章蓋在作品上，然後放入自己的置物櫃裡。

>> 反思

　　小安雖然才三歲，卻已展現相當的專注力，更難得的是，他能有計畫地將自己的想法付諸行動並思考如何解決問題，最後雖然功虧一簣，但自信心寫滿在他的臉上。什麼樣的學習環境規劃與內涵，讓小安展現如此的求知欲與毅力？

場景 五 ：老師，她又拿色紙了！

　　美勞區裡，琦琦正專注地剪色紙，旁邊幾位友伴也各自進行著創作。沒一會兒，她起身走向材料櫃，但卻深怕人發現似地左顧右盼。正要伸手取些色紙時，一旁的友伴突然大喊：「老師，你看琦琦又拿色紙了！」。老師見狀並未苛責琦琦，但提醒她說：「老師不是說過，每個人一天最多用兩張嗎！」，「喔！」琦琦失望地回到桌旁，望著自己剛剛剪的色紙好一會後，便將它們揉掉，然後起身離開。此時，另一位幼兒正從櫃子下方拖出一大袋黏土，他吃力地將黏土搬到桌上後，試圖將塑膠袋打開，但塑膠袋用繩繞了好幾圈，他費了一番功夫才將之打開，結果裡面又一個塑膠袋包著黏土，他又花了約三分鐘才將塑膠袋拆解，看到黏土露出來，他笑了。但沒一會兒卻發現黏土太硬了，無法取下，失望的神情寫滿臉上……。

>> 反思

　　開架式的材料櫃應是鼓勵幼兒依自己創作的需求自由取拿，但為何會耗掉十多分鐘，仍無法有效使用材料，甚或要如竊賊般，擔心「被人發現」，而一旁的同伴也很盡職的扮演「警察抓小偷」的角色。長期浸泡於這樣的學習環境氛圍裡的幼兒會養成何種人格趨向與人生價值觀？（比較這間教室與場景三、四的教室，在美勞教材及工具的呈現方式有何差異，以至影響幼兒的學習成效？）

場景 ⑥：一大攤數學教具

　　益智區裡，五歲的小樂從櫃子下方拖出一個大籃子，裡頭堆滿了各種數學教具。他將籃子拖到地板上後，便一股腦倒出所有的教具，然後一個人岔開雙腳，一件件翻攪、把玩著教具。此時，另一位幼兒小志走向小樂喊道：「我也要玩！」說著便坐下來想取拿小樂兩腳中間的玩具。「走開！這我先拿到的！」小樂急著以雙手護著教具，不讓小志取走教具。「你拿那麼多，我要去告訴老師！」小志不服氣跑去告狀，但老師並未介入。就這樣，小樂一個人坐在那翻弄那一堆教具近 20 分鐘，但最後並沒有完成任何數學遊戲，也未收拾就起身走了，留下一大攤東西在地上。

≫ 反思

　　這個教具籃裡有十多種數學遊戲，每種遊戲都是經過專業設計，各有其設定的學習目標，有些還是「自我修正」型教具，只要幼兒專心操作，自能完成步驟或找出答案。但小樂在益智區玩了近 20 分鐘，為何未能完成任何一件遊戲，也未收拾就離開了呢？我們該如何呈現教材，才能提升幼兒的自理性並有效學習？

場景 ⑦：可以告訴我，你為什麼要這樣擺嗎？

　　益智區裡，五位幼兒各自坐在地上，專注地操作教具。有人玩拼圖；有人組合樂高；有人在點算珠子……。過了約五分鐘，有人完成工作將玩具收好放回櫃上後，離開益智區到另一遊戲區；有人則從櫃上選擇另一種教具，繼續操作。立清則一直在窗邊一角，進行形狀與顏色的分類遊戲。當他完成後，很得意地呈現給老師說：「老師！你看，我做完了」。老師看了他的分類結果後，問說：「很棒！不過你可不可以告訴我，你是怎麼分類的？」，「就是紅色的擺紅色的下面；綠色的擺在

綠色的下面啊！」立清理所當然的回應。「顏色都對，可是這是藍色的三角形，應該在什麼位置呢？綠色的正方形的位置又在哪呢？還有……」老師一面說，一面用手指指著形狀的對應列，立清則在一旁若有所思的搔搔腦袋。老師則笑笑的看著他說：「你再想一想，重新擺擺看。」沒一會，立清又捧著完成的分類板走到老師面前，老師看完後對他豎起大拇指。得到老師的讚美，得意的表情寫滿他的臉上。

▷▷ 反思

　　該益智區的規劃方式、教材呈現方式與場景六有何差異？因而能讓幼兒有效地選擇教具、專心操作，完成後亦能主動歸位？而非以不符合教具設計目標的方式使用之，或浪費時間在翻找撥弄上？再者，該益智區的教師角色內涵與場景五、場景六的教師又有何差異？若沒有老師適時的介入，他能否能有效地掌握該教具的學習目標？

場景 ⑧：老師你看！我是巫婆！

　　小班教室裡，一個小女孩將跳棋一個個套在指尖上，然後張舉著雙手奔向老師得意地說：「老師你看！我是巫婆！」被這突來的舉動，老師愣了幾秒後，隨即斥責她說：「小莉，跟你講過多少次了，跳棋不可以這樣玩，還不放回去！」聽到老師的訓斥，原本沉浸在想像世界的小莉，得意的表情瞬間垮了下來！

▷▷ 反思

　　老師為何會在小班教室擺放跳棋？下跳棋所需的認知能力原本就超乎三歲幼兒所能掌握的。然當幼兒以自己純真的想像方式使用時，卻又被老師視為是破壞規矩的行為。一個不具發展觀、「看不見幼兒」的老師，對幼兒自信心與學習的殺傷力可想而知。

場景 九 ：老師，他給大象畫頭髮！

　　小班教室裡，15 位幼兒分坐在四張桌子，專注地看著前方的老師。以下是師生間的對話與活動過程：

師：小朋友你們有沒有去過動物園？

幼：有。

師：那有沒有看過大象？

幼：有。

師：大象長什麼樣子？（幼兒紛紛模仿起大象的動作）

師：好，那老師今天要講一隻大象花花的故事……

　　老師講了約 12 分鐘的故事，講完故事接著說：你們喜不喜歡大象花花？

幼：喜歡。

師：那我們今天就來畫一隻大象，幫牠穿上漂亮的衣服，去參加生日 party 好不好？

幼：好。（幼兒們齊聲回答）

師：那老師要先發東西喔，發東西的時候要怎麼樣？

幼：手不能碰！（幼兒們齊聲回答，並一個個將小手擺在膝蓋上，端坐著。）

　　老師隨後拿起一疊圖畫紙，一一發給幼兒。發到第四位幼兒時，開始有人以手壓著圖畫紙，深怕被人搶走似的；有人則將鄰座的紙推開……「老師你看他啦！」、「老師他的紙壓到我的了啦！」……就這樣，幼兒間起了爭執。看到幼兒的爭執，老師連忙排解：「咦？老師剛剛不是說了，不要先碰嗎！這樣不乖喔……」還未說完，又聽見幼兒抱怨：「老師！她的紙也蓋到我的了！」……。眼見無法消弭爭執，老師當機立斷，順手將畫紙撕成一半，每人半張。不顧幼兒的抗議，她接著發彩色筆說：「一人兩支」。「我不要綠的，我要紅的跟藍的……」第一位幼兒要求色筆的顏色。「我也要紅的」……。幼兒紛紛指定色筆的顏色，老師不耐煩地說：「你們每一個人都要挑顏色，那要怎麼換？不行！給你什麼顏色就是什麼顏色，不准換！」發完彩色筆，老師接著將膠水、色紙片盒放在每張桌子的中間，一面發又一面再三提醒：「不可以碰喔！」。最後，發下大象各部位的圖形紙。看到圖形紙，幼兒又開始躁動喊說：「大象頭ㄟ」、「我有兩隻耳朵」、「我也有」……。

　　發完材料，老師坐到前方椅子，說：「好，小朋友眼睛看老師這裡，眼睛看老師這裡啊！」。但幼兒只顧著把弄自己面前的材料或用手護著，深怕會被別人拿

走。老師連喊了四次，眼看還是沒能抓回幼兒的注意力，便起身把發下去的材料全收回來說：「你們剛剛都不聽我說，等老師講完了再把東西發給你們」。收完材料便開始示範如何進行大象貼畫：

師：你們看喔，我們先把大象頭找出來貼在正中央，然後呢？頭下面有什麼？

幼：脖子。（幼兒齊聲回答）

師：脖子連著身體，那身體下面呢？」……（老師很仔細的交代每個步驟）。這樣
　　就一隻大象就完成了，然後你們可以用彩色筆幫大象畫上美麗的衣服。（老師
　　一面說一面以彩色筆上色）

幼：老師可以貼了嗎？（一位幼兒迫不及待的問說）

師：好，你們可以開始做了！

　　老師一宣告可以動手了，幼兒紛紛著手進行貼畫。沒一會，突然有人指著鄰座的同伴告狀說：「老師！他貼錯了！」。老師趨近看了一眼說：「你看你，剛才都沒專心，這個頭要放正……」一面說一面調整該幼兒的貼畫。「老師我還要做一張」一位幼兒很快完成貼畫，又要求做一張。「一人就一張喔，如果材料有剩，明天再給你做好不好？」，「喔！」但見幼兒一臉失望地應聲。

　　活動尾聲，坐在最後面的一位幼兒完成貼畫後，拿起綠色的彩色筆專注地在大象頭上畫了起來。正盡興時，鄰座的幼兒突然發現什麼似的，大聲喊說：「老師，他給大象畫頭髮！」，「沒關係啦！」老師一語帶過。待幼兒都完成後，老師將幼兒的作品張貼在牆面上。但見整個牆面如工廠模子製造出的商品般，一式一樣的大象貼畫，除了那張頭上多了一撮綠色的頭髮的大象。

≫ 反思

　　這個活動進行了約一個鐘頭，但在等待老師發材料、收材料、處理紛爭，以及說明講解的時間就耗掉了 40 分鐘。不禁要問，老師為何要一一發材料？為何幼兒要等待老師的允許才能動手做？難道幼兒沒有能力自行選材料？更要問的是，幼兒有沒有能力依據自己的經驗，創作心中的大象？既是強調創作性的活動，為何大家的成品會雷同？且要質問的是，一旦有幼兒做出和老師不一樣的作品時，竟被同伴認為是「不對的」，而引發告狀行為。

場景 ⑩：老師在講故事，你們怎麼可以這麼吵！

　　教室中央，椅並椅、肩靠肩，整整齊齊坐了四排小朋友，老師手拿繪本，開始

講故事。過了半分鐘，除了第一排的幼兒外，其餘每個人不是抬頭仰望，就是左搖右晃，以期能夠看到老師手中所展示的繪本。其間，有人站了起來，但馬上就有人推他，喊說：「看不見啦！」，「我也看不見啊！」被推的人不滿地回嗆！聽到幼兒的爭執，老師放下繪本，皺起眉頭高聲說：「不要吵！小琪你坐下來，大家再這麼吵，我就不講了」。又過了三分鐘，坐在後排的幼兒，有人開始東張西望，搔頭弄耳；有人從口袋裡掏出東西和鄰座的分享；還有人聊起他昨天去麥當勞的經過，有人則乾脆坐在地上玩椅子……，教室裡的「雜」音越來越大！老師猛抬頭，大聲喊：「老師在講故事，你們怎麼可以這麼吵！？小隆！你手上拿什麼東西？給我！還有你！坐在地上幹什麼？給我起來！……你們不想聽故事，那就不要講了！」老師板起臉，收起繪本……。

≫ 反思

這段講故事活動進行了約 30 分鐘，但老師卻耗費了約 15 分鐘處理幼兒「不專心」的行為。一般而言，幼兒是非常愛聽故事的，但為何會不想聽這位老師講故事？什麼因素造成幼兒諸多的躁動行為？

場景（十一）：好似一艘快沉的船

一間約 60 平方米的教室（如下頁圖所示）裡吵雜聲不斷，老師對幼兒的喧譁打鬧似乎習以為常，自顧自地坐在辦公桌邊，翻閱著書本。25 位幼兒則散在教室裡各角落玩耍，但多集中在美勞區、益智區與裝扮區。語文區只有兩位幼兒，科學區則空無一人，另有三位幼兒在教室閒晃或在空曠的地方相互追逐。各學習區幼兒看似專心、忙碌，但仔細觀察，卻見裝扮區的物品全散落一地，幼兒不斷踩踏其上並相互丟扔，笑鬧聲此起彼落；美勞區有人趴在桌上，有人在美勞櫃翻找東西。但美勞櫃的籃子，不是空無一物，就是雜物一堆。找不到材料的幼兒，最後從自己的背包裡取出玩具玩了起來。益智區的幼兒則都在組裝樂高，其中兩位以組裝的長劍進行比鬥。玩得正酣時，一個轉身揮到其他幼兒的作品，引起當事人的不滿而相互叫罵、推擠。語文區的兩位幼兒並沒有進行閱讀或書寫活動，而是繞著書架相互追逐！不一會，其中一位突然躲入書架後的凹槽，另一位見狀，爬上書架的另一邊想嚇對方。未想，書架承受不起他的重量，倒了下去……。剎時間一陣慘叫、哀嚎聲劃過整間教室！老師這才驚醒似地跑過來，將受傷的幼兒抱起來衝出教室……。

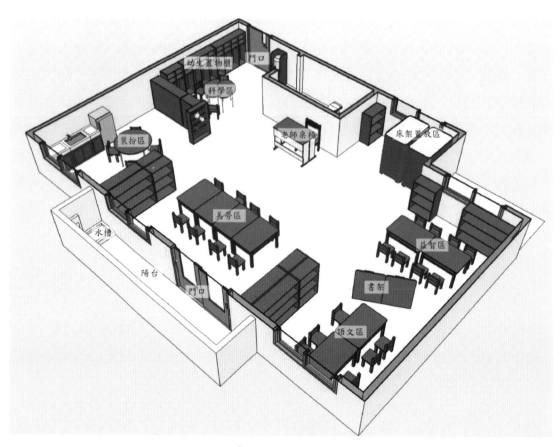

教室 A 透視圖

⁂ 反思

　　看似開放的教室學習區，但卻少見幼兒表現出專注、探索、合作分享或有計劃的求知行為；展現各學習區所預設的教育目標。反之，幼兒所表現的多是相互打鬧、追逐、遊蕩或任意破壞教具等負面行為，甚至發生幼兒受傷送醫事件。再者，看似諾大的教室，為何幼兒都集中在教室的一邊？另一邊除了偶有閒晃或相互追逐的幼兒，常是空無一人。這樣的教室就像一艘重心不穩，快要翻沉的船；一間充滿危機的教室。難道所謂的開放式教室就是如這「放牛吃草」般的場景？

場景 ⚄：時間到了

　　一個大班教室裡，20 多位幼兒正各自在遊戲區裡玩耍。幾位幼兒合作著用積木蓋飛機場、有人畫畫、有人玩跳棋，裝扮區的「餐廳」裡則有人忙著「下廚」招呼客人……嘰嘰喳喳聲此起彼落，好不盡興。過了約半小時，教室裡突然響起一陣刺耳的吹哨聲。聽到哨聲，幼兒紛紛停下手邊的工作，看著老師。老師掃視全場，

看到美勞區裡還有一位幼兒還在埋首畫畫，立即正色說：「那個誰！不要畫了，都停下來！」，「我還沒畫完！」畫畫的幼兒急著喊道。「那是要我們大家都等你畫完嗎？小朋友你們說，是嗎？」老師質問道，「不是！」幼兒們齊聲回答。聽到大家的回應，畫畫的幼兒滿臉不情願地停下筆來。

　　確定所有幼兒都停止遊戲後，老師喊道：「好！收拾！」一聽到指令，所有幼兒很有效率地將手邊的玩具、材料收拾妥當。待所有幼兒都收拾好後，老師又喊道：「好！換區！」聽到第二道指令後，幼兒紛紛起身轉換遊戲區……。

⠿ 反思

　　在開放的空間設計及豐富的教材所圍繞的學習環境氛圍裡，一群正沉浸於自我探索世界的幼兒，卻在老師強勢的號令下，中止所有活動！當老師拘泥於秩序管理與儀式化的班規，完全不在乎幼兒蓋了一半的積木、畫了一半的畫……時，這對幼兒學習與成長的影響為何？

場景 ⑫：排隊喝水

　　大熱天，20 多位小朋友從戶外遊戲場進教室，每個人都迫不及待擠到杯架前想取杯子喝水。忽然聽到老師高聲喊說：「你快一點好不好！你在炒菜是嗎？後面還有很多人ㄟ！」被罵的小朋友正在一個大籃子中翻找他的杯子，一聽老師的喊聲，隨手拿起一個杯子，轉身就插入隊伍。「那是我的杯子啦！老師你看他啦！」、「你不要擠我啦！」……排隊的幼兒相互推擠、抱怨，但老師並未理會。

　　一位幼兒斟滿水後，站在原地喝了起來，還沒喝完，背後又響起老師的罵聲：「跟你講過多少次，喝完水要向後走，擋在這裡幹嘛！後面還有很多人要喝水ㄟ！」被罵的孩子立刻轉身邊走邊喝，然後繞過隊伍，走到杯架放杯子。沒多久，老師又一邊罵人，一邊拿起拖把拖地說：「怎麼地上又濕答答的？跟你們講過多少次，喝水水龍頭都不關好，……」就這樣，20 多位小朋友花了半小時排隊喝水，過程中秩序大亂，老師的指責聲夾雜著幼兒抱怨聲此起彼落。

⠿ 反思

　　幼兒喝水時為何老是會相互推擠？為何會找不到杯子？夏天時節，幼兒園的小朋友，一天少說要喝上十多次的水，尤其從戶外遊戲場回教室時，更是口渴難耐！如果每次喝水都要如此秩序大亂，老師指責聲此起彼落，那談何教育之美？還要問的是，為何在幼兒園裡常常看到幼兒集體排隊上廁所、喝水？

場景 (十四)：螞蟻雄兵

　　一家頗具規模的幼兒園，有 20 多個班級共 700 多位幼兒。園舍空間除了各年齡層教室外，另外還設計了包括：美語、電腦、音樂、舞蹈、體能、科學……等各種藝能教室。上午 9 點半，各班點完名後，約有一半的班級陸陸續續走出教室到走廊上排隊。各班老師整隊的聲音此起彼落：「排好了沒？走囉！」；「向前看齊！」聽到老師的口令，幼兒紛紛舉起雙手對齊前者的肩膀；「那個誰！排好！看前面，快一點……」。整好隊伍，各班慢慢走向不同的才藝教室。此時，一位幼兒從教室跑出來，準備穿鞋。「每次都是你，動作那麼慢！不等你了」老師說完就領著隊伍走了，這位幼兒見狀，拎起鞋子在後面追趕……。

　　過了約 40 分鐘，另一半教室的幼兒也陸陸續續走出來，到走廊上整隊。而原先在藝能教室的班級，也結束才藝課程走出教室穿鞋。穿好鞋後，其中一半走回自己的教室，另一半則進入另一間才藝教室。瞬間，各樓層走廊如螞蟻雄兵般，一排排幼兒隊伍不斷來回穿梭著。在轉換教室的過程中，有些班級未準時下課，因此，在走廊上便又看到一排排幼兒蹲在藝能教室門外等候，有些班級則順道進入走廊盡頭的廁所，造成廁所前也有一排排幼兒等候如廁。

✳ 反思

　　一般幼兒園一天作息時間約八小時，扣除午休、餐點與作息轉換所需時間約剩不到四小時。而該幼兒園班級每天需轉換教室三至四次，每次整隊轉換教室、所需的時間約 15～20 分鐘，若再加上排隊上廁所的時間，則會耗掉近半小時。易言之，各班每天耗在排隊、整隊與等待的時間約 70～80 分鐘，以此估算，在此等作息安排中，幼兒每天的學習探索時間剩餘多少？更要問的是，每班幼兒都有自己的專屬教室，為何還要不停地在各種才藝教室中遊走？而該幼兒園的才藝教師似乎取代了各班教師所應扮演角色！難道幼兒園的課程運作就是才藝教學？

場景 (十五)：萬里長城！我們蓋的！（積木區方案活動紀實）

　　今天和往常一樣，積木區五位小朋友各自專注地搭蓋作品，其中小澤和康康兩人似乎在一起合作搭一座高架的建築。看到他們那麼專心，我就沒多加理會。這時園長正好晃到我們班，看到小澤和康康的作品就問說：「你們是在搭高速公路嗎？」，「不是，我們蓋的是萬里長城！」兩個小朋友很驕傲地大聲回答！「萬里長城？！可是怎麼沒有長長的步道跟很多很多階梯，不然怎麼爬上去？」園長反問

他們。聽到園長的提問，小澤和康康兩人看了看自己作品，還沒來得及回應，區域收拾時間就到了。我連忙說：「老師幫你們把作品拍下來，明天我們繼續研究如何蓋萬里長城好不好？」兩位小朋友同意後，我便拍照存留。

「萬里長城」最初的樣子

　　事後，園長認為他倆的作品是一個很好的方案課程起點，讓我評估是否有可能誘導這些孩子加以延伸、深化，提升現有的作品水平。而評估重點：一是，這些孩子是否了解、掌握單位積木的特質？尤其是各種積木形狀間的組合與比例關係？二是，他們在認知、精細動作與社會性的發展現況如何？是否有可能以分工合作的方式共同搭建「長城」這種大型作品？其中還涉及漸層式階梯等複雜的結構。三是，孩子們對萬里長城既有的生活經驗為何？去過長城嗎？這三個提問讓我如夢初醒，原來習以為常的積木遊戲竟暗藏了這麼多學問！

　　記得班上小朋友還是小班年紀時，他們通常是各搭各的，作品也較看不出具體的內容，但已經察覺積木形狀間的組合與比例關係。到了這學期，他們的作品就越來越大，越來越具象，而他們偶爾也會有共同搭建行為。只是，還未發現有人會搭漸層式的階梯作品，但以他們過去的作品結構來看，應該可以讓他們嘗試看看。此

外，或許也可強化幼兒合作的能力。至於爬「長城」的經驗雖然都有，但從他們今天所呈現的作品樣貌來看，應該只是表面上的認知。小朋友過往這些發展基礎與經驗，我應該可以善加利用，讓他們的積木建構技巧內涵更上層樓！

>>> 10 月 26 日

區域活動進行前，我播放了昨天拍的積木作品照片，引導他們討論：

師：我們來看看，昨天康康和小澤搭建的作品是什麼呢？

澤、康：是長城。

師：長城啊？可是園長為什麼會以為它是高速公路呢？那你們這萬里長城上面有什麼呢？

康：有玩的滑滑梯和躲雨的隧道和汽車。

師：可是老師昨天看了長城的資料，發現長城上面是沒有你們說的這些隧道也沒有汽車的哦！如果有汽車的話那就是高速公路了！小朋友你們認為長城長什麼樣子呢？

幼：要走很久很久……也要爬很很久，可以射箭……還有大砲……。

（小朋友七嘴八舌描述自己的旅遊經驗）

師：喔！意思是長城上面有很多階梯，也有很長的步道，你們看這照片（我播放長城圖片），那要在哪看敵人有沒有來？在哪射箭呢？

康：我知道，敵樓。

師：對了，你們看這裡（播放敵樓圖片），在很久很久以前，跟敵人打戰的時候，長城上面有像房子一樣的建築，它的名字叫烽火台也可以叫敵樓，士兵會在敵樓休息和觀察敵人，防止敵人攻打過來。

澤：老師，我們知道要怎麼蓋了。

師：那今天積木區的小朋友要不要重新搭建萬里長城？

幼：我要去……我也要。（小朋友爭搶著要進積木區）

師：那我們是不是要組個搭建長城的工程大隊。康康、小澤你們要繼續搭建長城嗎？

澤、康：要啊！

赫、樂：我也想去蓋長城。

師：好的，那今天搭建長城的工程大隊有小澤、康康、小赫和樂樂。

最後，我再度提醒他們，長城上面是沒有汽車和滑滑梯的！長城有很長很長的步道和一層層階梯，還有敵樓。進區後，小澤、樂樂和小赫三個人先合作搭建敵樓

的地基。過程中,發現選用的圓柱無法支撐長板,會倒下去。這時,樂樂馬上意識到需換個更粗點的圓柱子跟方塊搭建,於是從櫃子搬出最粗的圓柱換下原來的。小赫接口說:「這些不牢固的柱子,我要把它變成大砲來保護大家」。樂樂馬上被這個主意吸引到,也一起參與搭建長城的大砲。另一邊,小澤則重新用最粗的圓柱來支撐上面的木板。

樂樂把木板橫在中間當成「步道」

隔天又加了護欄以防遊客跌落!　　　　小朋友說這是長城的大砲

　　他們接著再用一些長板積木在敵樓的前面延長了一段，然後樂樂拿了一塊長板橫在中間當成長城步道。我見狀問說：「可是，你們步道只用一片，這樣大家走來走去不是會撞到一起去嗎？」我的提問引起了小赫的注意，他馬上回說：「這個步道不行的，小朋友走過去會掉下去的！」。樂樂聽到後就用小塊積木圍成「護欄」。這時候康康拿著人物模型偶試了一下他們的「步道」說：「這個也太小了吧，你看我人都走不過去」。於是小赫又去拿了幾塊積木橫在長木板片上，算是加寬了步道。我又接著問說：「你們這兩塊木板斜跨在這裡有什麼用呀？」

赫：滑滑梯，可以從長城上面滑下來呀！

師：長城上面是有溜滑梯啊？問題是你們這個怎麼走上去呢？長城上面有很多樓梯可以走上去的。

樂：老師，搭樓梯很難搭哪！

　　（哈！不會搭就直接用兩塊木板斜著架在敵樓邊，認為這樣可以從敵樓滑下來。）

　　我提醒他們說：「你們這個斜板讓大家滑下來會不會很危險？」樂樂便又拿了個藍色梯子架在上面說：「老師現在安全了吧！」「那等下分享的時候，你說給大家聽」我回說。（這方法其實還是不行，但就讓他們自己想辦法解決吧！）

孩子們架設了滑梯跟梯子，方便上下長城

　　區域時間結束後，我先請「工程小組」介紹自己的作品，然後引導大家討論「梯子」可能發生的危險狀況：

赫：我們搭了吃東西和休息的地方和看到敵人的地方，有敵人就會大砲發射出去。

師：可是你們搭的平台都好高，要怎麼上去啊？

赫：有呀，就是這個藍色的樓梯。

師：可是這個樓梯安全嗎？小朋友你們覺得呢？

幼：不安全。

師：爺爺奶奶恐怕都不敢爬這樓梯，怕會摔下來呢！

浩：我家的樓梯很安全，不會倒下來。

師：那你家樓梯長什麼樣子？

浩：就是……一層一層上去的。（不知道如何說清楚）

師：還有誰家裡有安全的樓梯？

康：我家也有，就是一層比一層高的樓梯。

師：康康跟浩浩都說安全樓梯是一層一層上去的。那我們今天的作品就先不拆掉。

師：小朋友你們週末回家仔細看看家裡安全樓梯長什麼樣子，等下星期一回來，我
　　們再為長城搭建安全的階梯好嗎？

幼：好啊，保證完成任務！

⋙ 10 月 29 日

　　進區域前，我再次播放長城的圖片，讓孩子們觀察長城步道階梯結構特點，並
引導他們看上週保留在積木區的作品，看看可以如何改造或延伸。進區時，上週五
搭建長城的小朋友，只有樂樂選擇繼續留在積木區，但同時，小妮、浩浩和小馨表
示要加入改造長城工程。

　　進區後，我卻發現只有樂樂一個人在研究如何搭建「長城」步道的安全階梯，

樂樂重新研究搭建階梯連接步道的方法

其他三人不是自顧自的搭建「恐龍樂園」，就是拿著人物偶玩過家家遊戲。

　　樂樂先是搭了一座簡單的高架步道，然後在上面用些方形積木，從一層比一層多一塊的規律嘗試把「階梯」搭建出來。接著又用一些長方形積木嘗試聯結地面與高架步道。此時，浩浩加入樂樂的搭建工程，在樓梯的前面鋪蓋了一段步道。樂樂一完成階梯就迫不及待跑過來對我說：「老師你看，樓梯我搭建好了」（得意的表情寫滿臉上）。看了他的階梯結構，我請他再看一次長城側面的照片，提醒他說：「你看長城的步道都長長的，而且都有階梯相連，一階比一階相連高。你上面的階梯很棒，可是走上去沒有步道啦！還有下面的階梯好窄，而且下面這邊空的沒有東西支撐，走上去會怎樣呢？」樂樂看了好一會自己的結構，然後將步道上的階梯搬到地面，重新組建。接著，他又在步道上面堆了一些細長方形的積木，但卻未呈現漸層的階梯狀……。

　　很快又到了區域分享時間，我引導孩子們看看今天的「長城」有哪些變化？曉妮：「有樓梯了……」。我請樂樂介紹他搭建階梯的方式，他相當得意地說：「我是第一層放一塊，第二層放二塊……，樓梯就搭建好了……」。我接著說：「樂樂搭樓梯的方法很不錯哦！這樣搭建出的樓梯也很結實呢！可是老師發現這「長城」的步道萬一人多，走上去會發生很危險的事哦！」（我暗示樓梯搭建的寬度不夠），孩子們馬上就說：「明天我們再加寬一點吧！」「那明天期待你們的精彩作品哦！」我回應說。

　　「長城」改建工程頭一天似乎進行得不太順利，原以為引導孩子們觀看「長城」圖片並勾聯生活經驗，這兩個招數可以奏效，但卻只有一位孩子願意接受挑戰，逐漸掌握單位積木的比例關係，其他人則連嘗試的動機都沒有。孩子們對「長城」的結構特徵似乎還很模糊，也許是「階梯」結構看起來真的很複雜，加之經驗缺乏的緣故。但也可能是我自身對「長城」的相關知識了解不夠，因而限制了自己的引導策略，也無法燃起孩子的參與熱情！

≫ 10 月 30 日

　　今天小雯、小澤、浩浩和樂樂選擇進積木區繼續搭建「長城」。為加深他們對「長城」的認識，我再次引導他們觀看「長城」結構特點圖片。例如：「長城」的步道是彎彎曲曲的，還有上上下下的階梯，而敵樓又是藉由步道相連著……。另外，也建議他們分工合作，兩個人負責搭建敵樓，另外兩個就搭步道，這樣速度會快一些！

　　小澤和樂樂很快蓋好「敵樓」的地基，並連結一段步道，浩浩接著在敵樓上面架起了擋雨的樓頂，他還特別說明可以從敵樓裡邊看到外面。此時我發現小雯一直在旁邊觀看三個男生的搭建工程，並沒有加入男生的搭建工程。

　　樂樂搭建完步道後，開始嘗試搭建連接步道的樓梯。剛開始，他找了一些大塊的長方形積木，搭了兩層樓梯後，發現相同的木塊沒有了，便詢問我說：「老師，我搭樓梯的木塊沒有了，搭不起來了。」我建議他看看可有其他積木可以代替。他走到積木櫃旁，一邊拿著長方形積木一邊比比看哪個形狀跟它湊起來是一樣長的。比對了好一會，終於發現了兩個直角三角形可以組合成他所需要的長方形，激動地對我說：「老師你看，我把這兩個形狀的三角形組合在一起就變成搭樓梯的材料了。」他快速地把所有的三角形搬出來，搭建起漸層式的樓梯。一旁的小澤看他搭建好了樓梯，也開始搭建連接樓梯的步道。很快他發現所用的三角形積木也不夠了，就先放著不搭，而此時，剛好區域活動時間也近尾聲了。

浩浩說：敵樓要有擋雨的屋頂才行

　　分享時，我問小澤：「剛剛你怎麼沒有繼續搭建長城樓梯連接步道的工程了？」小澤回說：「因為那些形狀不夠了。」我反問大家：「小朋友們，大的長方形積木片沒有了，你們有沒有什麼好辦法？」這時，恒睿立馬就從櫃子拿出三片小的長方形

排在一起，和大的長方形比一比，剛好一樣長，大夥拍手叫好。「那架高步道的大圓柱也沒有了，怎麼辦？」我接著提出問題。恒睿就把兩個小的圓柱疊在一起，就和大的圓柱一樣高了。「你們看，樂樂跟恒睿發現了積木的祕密喔！長方形沒有了，就用兩個三角形拼在一起用；大的圓柱沒有了，就把兩個小的圓柱疊在一起；大的長方形積木片就用三片小的長方形排在一起。明天大家搭建『長城』時，如果發現什麼形狀沒有了，就可以按照他們的方法繼續哦！」最後，我將今天的積木作品保存原地，明天接續搭建。

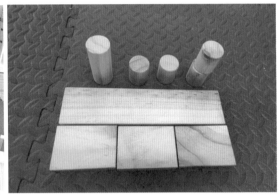

積木形狀的不足，反倒促發幼兒探索積木間的比例關係

　　我發現今天孩子們搭建技巧比昨天更上一層樓了！這可能是因為我引導他們比較自己的作品結構和實體圖片間的差異，不斷提醒他們觀察漸層式階梯的結構特色。另外，每天集體分享、討論，讓孩子們互搭「鷹架」；互通有無也是提升他們搭建效率與溝通技巧的關鍵策略。特別是樂樂，在他發現所用積木缺乏無法繼續搭建樓梯的情況下，他會去找其他替代形狀進行組合。這顯示他的空間概念已有所進展，更難得的是，他能夠發現問題並自主解決困難。

⟫ 10 月 31 日

　　區域活動前，老師再次引導幼兒觀看萬里長城上階梯的各個角度。另外，提醒小澤和樂樂是否還記得恒睿分享的，用小的圓柱組合就可以變得一樣高。他們又開始忙碌起來。小澤和樂樂兩人分工合作，一個搭「敵樓」一個則組建步道。

　　搭建一會後，小澤發現搭建步道有點高，下面階梯連接不上。他又去找了些長方形積木，然後直接放在上面，結果不結實還是倒了下來。我發現問題出在階梯的方法不對，我提醒他說：「小澤你可以看看之前樂樂搭階梯一層層的方法，看看能不能連接到上面的步道。」

兩人分工搭建　　　　　　　　　小澤搭建的階梯無法連接步道

兩人分頭搭建，逐漸連接了「長城」階梯與步道

　　經過我的提醒，小澤似乎抓到要領，經過幾番嘗試後，終於成功搭出漸層式的階梯步道，而樂樂也在另一邊逐步往前搭建，嘗試聯結小維的步道。另外，我還發現小維搭建的步道有一段不太穩，但我沒有直接告訴他，而是利用人物偶在上面走假裝摔倒，讓他發現這一段的地基沒有搭好。我覺得這個介入的方法還不錯，讓孩子們自行發現問題並解決問題。不過時間不夠了，只能建議他明天想辦法重新把底部搭建牢固。

小維也發現了積木塊間的比例關係

　　區域分享時間，我請大家圍坐在「長城」旁，然後說：「你們看今天小維和樂樂搭的萬里『長城』，一天比一天精彩了。他們兩個人分工合作，一個蓋敵樓，一個蓋階梯步道。現在我們請他們來說說是怎麼搭的。」樂樂得意地說：「我蓋的是敵樓，我材料不夠了就去拿可以拼成一樣形狀積木搭起來的……」，並現場示範給大家看。小澤也說明為何要重蓋階梯，還特別指著步道下方的圓柱說：「不過今天的步道還有點不太穩，明天也還要重蓋。」最後我鼓勵大家：「萬里長城還差一點點就完工了，如果明天搭建完，那後天我們就可爬長城了！加油哦！」

樂樂分享他是如何發現積木間的比例關係

⫸ 11月1日

　　進區前，我再次引導小朋友觀看昨天未完成的長城工程，以及需要重建的部分。除了樂樂跟小維外，可歆也加入了搭建工程，而且表現得非常積極。她一進來看著昨天樂樂未完成的階梯，就挑了些積木連接敵樓與高架平台。隨後樂樂跟小維也跟她一起組建階梯並加強了昨天高台不穩的地基。

我們的萬里長城快完工了！

　　經過六天大夥接力組建，終於將長城的步道階梯、敵樓與高台都連接起來！三位小朋友看到自己的成果，也為自己鼓掌叫好！不過，我發現階梯步道和高台都沒有圍欄，於是就拿了一個人偶假裝在長城上走，走著走著一個不小心就掉下來了，然後問：「小維，你看有人摔了下來，好危險！這步道到高台需不需要再加點什麼呢？」小維知道我的意思，立馬找了些積木在步道和階梯都安置了圍欄，然後說：「這樣就不會有人再掉下來了。」

小澤小心翼翼將高台與步道圍上欄杆

　　這時可歆看到長城圖片旁邊有很多樹，便將櫃子裡所有的樹木模型都拿了過來種在長城旁邊，但沒一會就發現不夠放，就問我說：「老師，樹木沒有了！」我回：「已經都沒有了，你要不要去別班借或者看看有什麼材料可以做樹木模型的呢？」向來機靈的可歆立馬拿著空籃子跑去隔壁班，小維見狀也跟了去。結果兩人不但要了些樹木模型還借了些人偶。回來後便迫不及待將模型立在長城邊。擺妥後，又和沐梓到美勞區用紙剪出一些樹形，也不知誰想出的方法，他們將紙樹黏在細棒上，然後用黏土和瓶蓋做基座。

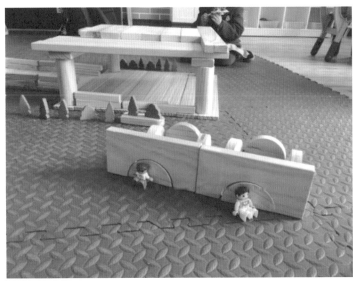 

廁所要分男生跟女生的　　　　　　　　長城旁邊應該要有停車場

　　過了一會，小赫也加入積木區。他看著長城說：「你們這裡有廁所嗎？萬一有人要上廁所怎麼辦？」「那你有辦法嗎？」我回問。小赫說：「那我來搭建一個廁所吧！」說著便用半圓形積木圍成兩個圈，接著又拿了兩個長拱形積木當做廁所的門框，堵上兩個半圓型的「門」。最後還在「門」口放上了男生和女生人偶作為標

示。看著孩子們的作品，我不禁誇讚：「哇，長城的周邊設備越來越完善了，還缺什麼嗎？」「還要有停車場，很多人會開車過去，沒有停車場，他們的車怎麼停下來？」小澤回應說。「這個想法不錯，那你負責搭建」我回。小維二話不說，立即找了些積木圍出一個「停車場」，還象徵性地在裡面擺了幾輛汽車模型。

　　區域結束時，大伙小心翼翼的圍在作品旁，然後七嘴八舌的討論長城結構。我請小澤、可歆跟小赫分享今天的搭建心得，雖然有些詞不達意，但自信的神情寫滿臉上！可歆還特別說明自己是如何用美勞材料製作樹木模型。最後，我宣告明天大家可以來爬長城了！

　　今天的長程工程真是讓我驚喜連連，小朋友一個接著一個說出長城工程的缺失，然後根據自己的經驗完善長城的設施。這就是同儕間互搭鷹架的最佳印證吧！

≫ 11月2日

　　今天一到區域時間，大伙都搶著要到積木區爬長城！此時，小赫急著說昨天做的樹木模型還沒放好。我便請他先把樹木模型擺在長城周邊。由於想爬長城的人太踴躍，最後決議今天先讓有參與搭建工程的小朋友優先進入。

長城旁邊應該要有很多樹木

敵樓上面得加裝避雷針　　　　　　　先把車停好再去爬長城

我們終於可以爬上長城了！

　　看小朋友玩得盡興，我突然萌生一個想法說：「我們的萬里長城搭建好了，要不要邀請其他班的小朋友過來參觀呀？」小赫自告奮勇跑到隔壁班帶人過來！大班的小朋友過來看到長城便七嘴八舌地說：「哇！長城耶！」、「你們搭的還不錯嘛！」、「你們這裡怎麼沒有酒店？這裡又是什麼」（指著停車場和廁所）、「但是怎麼沒有避雷針呀！」⋯⋯「避雷針？」小維不解的反問道，「就是那個不會被雷打到的那個。」看他們解釋不清的樣子，我連忙播放「長城」高台裝設避雷針的圖片，並解釋為何需要有此裝設。小維看到圖片後，馬上找了兩個長條形狀疊加一起就成了「避雷針」。

　　經過六天的搭建工程，最後孩子們所呈現出的作品真是出乎我意料之外！原本以為如此大型作品，其中又涉及漸層式階梯、架空高台等複雜結構，對這群才四歲半的孩子們而言太難了。但他們卻一一克服各種挑戰達成目的。在此過程中，我看到孩子們潛能是無限的；除了搭建技巧、空間智慧有所提升外，他們的語言能力與社交互動更是大有展進！尤其小朋友間的互搭鷹架。但在這過程中受益最多的應該是身為老師的我！在這六天中，不但讓我重新認識單位積木的教育價值，更讓我重新詮釋課程與教師角色的定義。就如同沙水、裝扮、美勞等開放式遊戲一樣，積木建構性遊戲向來是幼兒非常喜歡參與的活動。每到學習區域時間，就可看到一群幼兒迫不及待到積木區蓋出各種「建築」，若無旁人干擾，幼兒是非常專注的，不太需要大人協助，也因此我總認為孩子自己可以玩得很好就不太關注積木區的活動狀況，也忽視他們作品可能潛藏的發展契機。所幸經由園長的提點，讓我重新審視在孩子生活中「我是誰？」；積極的觀察他們的發展水平並勾聯當下的活動狀況與之建立強韌的「對話性」關係，有效「鷹架」他們的學習。

場景 十六 ：當嫦娥遇見太空人（裝扮區方案活動紀實）

　　長期以來，裝扮區都是我們老師規劃、布置好場景，再邀請幼兒進行扮演。但上學期尾聲進行「超市」主題時，常常發生沒有「貨品」可買賣的現象。面對此狀況，我突然有個想法，建議小朋友可以在美勞區做一些東西來充足「貨源」，例如：用黏土捏「水餃」、「餅乾」；用空瓶製作「果汁罐」等。事後發現這樣的跨區合作效果相當好。這讓我萌發改變裝扮區規劃模式的想法，而幼兒扮演行為的表現也讓我覺得有必要改變裝扮區的運作方式。一般而言，小班幼兒在進行裝扮遊戲時，常常是各演各的。例如，有「顧客」不斷地把貨品裝進籃子，卻不去「結帳」，而「收銀員」自顧自地玩收銀機、數鈔票等。但偶爾也會發現他們有簡短的互動行為。例如，「客人」會說：「老闆，我買好了，幫我算一下多少錢」，「老闆」就用「掃描機」來回刷了一下說：「200元」。這意謂三歲半幼兒已開始從平行玩耍，漸漸邁入真正的社交互動階段。

　　除了扮演行為的演化外，上學期也發現有些幼兒會主動要求繼續前一天還未完成的作品。這種行為的展現，意謂他們已漸漸萌發能夠有計劃完成一件事情的能力。有鑑於此，這學期我想試試看，引導小班的幼兒在裝扮遊戲的表現水平更上一層樓。會有這樣的構想，除了想釋放幼兒的潛能外，也得助於教室的空間條件與園方所提供的教學資源，包括：教具資源室、美勞材料與資源回收等。此外，家長也

常常提供資源與協助，例如：在這次主題活動，家長們幫忙蒐集了很多的紙箱、雨衣、塑膠瓶、安全帽等。這些教學經驗和資源條件，讓我覺得可以大膽進行另類的裝扮區建構方式。

⋙ 為什麼裝扮區空空的？

裝扮區怎麼都沒有東西了？

　　為了實驗我的構想，開學前我就把裝扮區的傢俱和用品全部清空了。當孩子們第一天走進教室時，馬上發現了裝扮區的變化，爭先恐後地問道：「老師，裝扮區怎麼變成這個樣子了？」「東西呢，去哪了？」「被人搬走了？」一個個七嘴八舌地問著。孩子們一雙雙好奇的眼神與質疑的表情告訴我，裝扮區的轉型試驗計畫初步收效了！吃完點心，我引導幼兒圍坐一圈後問到：「小朋友，你們今天早上來發現什麼啦？」

宸：裝扮區的東西不見了，有很多紙箱。

師：對的，新學期到了，我們也開始了新的主題，那就是「當嫦娥遇見太空人」，我們裝扮區也要跟著主題進行，你們知道老師布置的是什麼地方嗎？

幼：不知道、不知道……（幼兒們連連搖頭，一副不解的表情寫滿臉上！）

瀚：月球吧？

師：是的，老師先把裝扮區布置成了月球的表面！

瀚：月球表面不是坑坑洞洞的嗎？

師：你說的不錯，看來老師做的月球表面還不是很像，你們可以自己弄起來。明天我們就來一起研究看看「月球」長什麼樣子？上面又有什麼東西？

月球上有什麼？

場景「留白」果然引起了小朋友強烈的好奇心，都迫不及待想要去搭建裝扮區。今天抓住這個契機，我開始引導幼兒討論月球上有什麼：

師：昨天我們知道了這次的裝扮區要布置成月球，月球它跟地球長得一樣嗎？

幼：不一樣啦！

師：那月球上有什麼呢？

幼：有嫦娥……還有兔子……太空人會上月球……（小朋友七嘴八舌地搶話說）

師：原來你們都聽過嫦娥奔月故事啊？

幼：電視上說的……我奶奶跟我講的……（小朋友又七嘴八舌的搶話說）

師：那你們想一下，嫦娥住在月球上，那她的家可能長什麼樣子？

當我詢問誰要去裝扮區布置月球嫦娥的家時，就聽到小朋友爭先恐後地說：「我！我！我！……我要去！我要去！」。

師：可是裝扮區只能進三個小朋友呀，怎麼辦？

幼：我想去，我想去，我也想去。

師：這麼多人都想去，那我們黑白配吧！多數淘汰。

通過兩輪猜拳的方式，最終由小逸、小穎和小瀚組成了一個「工程小組」。進區後，我和「工程小組」繼續討論如何布置「嫦娥的家」：

師：嫦娥住在月球上需要什麼？

穎：床。

師：還有呢？

幼：被子、枕頭、……冰箱、漢堡……（幼兒把自己日常接觸到的都一股腦地說出來，也不管是不是「嫦娥」真需要的）

師：看來要布置一個家真不容易！那我們先來布置嫦娥的床吧，哪裡有床？

瀚：我們的睡房啊！

還沒等我回應，三個人馬上跑進了睡房，選擇了一張空床。然後三個人慢慢地把床移到了裝扮區，一邊移還一邊嘴巴說著：「誰來幫幫我們……？」。

逸：把床移過去一點，再過去一點，那邊還有位置……。（小逸一邊推床一邊指揮小穎，小穎則配合著拉床的另一頭，小瀚也在一旁幫忙推）

逸：好啦！床放好了！

師：床搬好了，還需要什麼？

逸：還需要被子，不然她睡覺會冷的。

師：那去哪裡拿被子呢？

瀚：我們之前的大象班就有被子，我們去看一看。

我們去睡房搬了一張床，還跟隔壁班老師借了枕頭和被子

　　三個人來到了之前的教室，徵求我的同意後，一人拿著一件東西就回教室，開始布置起來：

逸：夏小瀚你把涼席先放好。

瀚：好的。

穎：我把枕頭放這裡，老師，我家有小兔子娃娃，我明天把她帶過來。

師：好的。

逸：小穎幫我疊一下被子啦！（兩人合作把被子疊整齊放在了床上）

師：床已經好了，那這裡還需要什麼呢？

瀚：家裡面要有客廳。

師：客廳裡面有什麼？

逸：放東西的桌子。

師：你說的是茶几嗎？我那裡有一個不知道合不合適。

　　小瀚看到了之後，連忙說：「這個可以」，三個人便一起把茶几搬到「嫦娥」的家中……。

逸：我們還要有杯子，茶几上面都有的。

穎：對，不然喝不了水會渴的。

師：我們教室沒有杯子耶，哪裡可以找到杯子？

瀚：三樓啊，那間有很多東西的地方！

師：你是說「資源室」啊，那我們過去找找看，也許還可以找到其他嫦娥需要用的東西！（三個人迫不及待地跑進「資源室」，找了一些杯子擺在了茶几上）

我們要把這個當做茶几，然後去拿水杯放在茶几上

瞧！我們布置的「嫦娥」的家！

　　區域結束後，我請裝扮區小朋友分享裝扮區的布置進度：

師：小朋友，今天裝扮區嫦娥的家做得怎麼樣了呢？我們請裝扮區的工程小組來報告一下。

穎：我們今天搬了床，嫦娥可以睡覺。

瀚：我們還去利利老師那裡拿了被子跟枕頭。

逸：搬了茶几，還去資源室拿了杯子，可以喝水⋯⋯。

師：那小朋友，你們覺得嫦娥的家還要有什麼設備跟用品嗎？

幼：吃的東西啊……還要有廚房……（小朋友七嘴八舌提出很多意見）

　　第二天進區域前，我先引導幼兒回顧前一天裝扮區的進度：

師：昨天我們把嫦娥家的格局都布置好了，但是裡面的東西還不是很齊全，今天誰想去呢？

幼：我想去！我想去……（大家又七嘴八舌地說）。

師：這麼多人都想去，那今天裝扮區我們可以換些人去，這樣大家都有機會。

　　最後翊果、小珮和小紫選擇了裝扮區。進區後，老師先請他們看看昨天的布置狀況：

師：來，你們先看看嫦娥的家還需要什麼呢？

珮：化妝品，這樣嫦娥才可以漂漂亮亮出門呀！

師：除了化妝品，還需要什麼呢？

翊：吃的吧！

珮：對的，沒有吃的嫦娥會餓肚子的！

　　接著，我就帶著他們來到了教學資源室，選了很多的化妝品、水果和蔬菜。他們拿回教室後，就堆在地上。

我們在這裡找到好多化妝品，還有食物，都是要給嫦娥的

師：我們這些食物跟化妝品要怎麼放呢？

珮：要放整齊，不能亂亂的。

師：要怎麼放整齊呢？

翊：一樣的東西放一起。

師：你是說水果放一起，蔬菜放一起嗎？

　　小紫愣了一下，然後說：「對啊！」

師：那你們分一分，再放到櫃子上。不過這些水果都很大，我們是不是可以一種水
　　果放一個籃子。

璵：好啊！（兩人就開始分水果還有其他的食物，分完之後便都擺在櫃子上排整
　　齊。但過程中，我發現他們對蔬菜水果的分類有些混淆）

　　區域結束後，我先請當天的「工程小組」報告當天裝扮區的進度，然後問道：
「嫦娥家都布置好了，可是我們的嫦娥呢？」

皓：對呀，嫦娥呢？

璵：我想當嫦娥。

翊：我也要當……（班上的女孩子都爭先恐後地想扮演嫦娥）

師：可是我們沒有嫦娥的衣服呀，怎麼辦？

幼：我們不會做呀！

師：我好像看到大班星星班也有嫦娥，她們做了衣服，等下吃完飯我們去看看吧！

　　飯後，我帶著幾個女生來到了星星班，說明原由後，大姐姐欣欣特意穿上衣服
向我們展示，小朋友一個個都發出驚歎和讚美的聲音：

幼：哇，好漂亮呀，我想當嫦娥、真的好漂亮哦！

師：怎麼做的呢？

欣：是用紗幔做的。

師：那你們班還有沒有紗幔呢？

星星班老師：我們班還剩一點，給你們班吧！

　　星星班大姐姐扮的嫦娥好美

　　我們也準備縫製嫦娥的衣裳

好寂寞的嫦娥

　　第三天小璵和小逸依舊選擇了裝扮區。進區後，我引導他們開始製作嫦娥的衣服：

師：這個是昨天從星星班拿來的紗幔，我們用這個來做嫦娥的衣服吧！

璵／翊：好呀！

師：那你們覺得怎麼做呢？

璵：做一件裙子吧，嫦娥穿裙子很漂亮。

師：裙子怎麼做呢？

璵：就這樣圍一圈。（一邊說一邊拿著紗幔圍在自己的腰上）

師：那要怎麼固定呢？

璵／翊：用膠帶。

　　我協助他們裁剪紗幔再用膠帶固定。做好後小逸得意地穿上轉了幾圈，但裙子卻掉了下來。

師：用膠帶不行，還有什麼方法可以讓裙子不掉下來？

璵、翊：用釦子啦！

師：老師沒有釦子，不過有一條鬆緊帶，我們試一試。

　　做好後換小璵試穿，效果不錯。我接著問說：「嫦娥只要有裙子就好了嗎？」

翊：嗯，還要有頭紗。

師：紗幔還有剩下一些，我們就來做嫦娥的頭紗吧！

　　快做好時，我翻出一頂頭冠說：「頭紗上面可以戴這個」區域結束後，小璵急切地跟大家展示嫦娥的衣服說：「我們有嫦娥的衣服了，嫦娥的衣服已經做好了，明天我們就可以去當嫦娥了！」這時就聽到女孩子一個個爭著說：「明天我要去，明天我去！」、「我也要當嫦娥」……。

　　隔天，一到進區時間，小璵搶先來到了裝扮區，拿起了嫦娥的衣服穿上，其他人見狀只好失望地離開進別的區域了。小璵抱著兔子布偶獨自一人玩了一會兒，就發現好無聊說：「都沒有人跟我玩……。」

　　區域結束時，我請小璵來分享了自己在裝扮區當「嫦娥」的感覺。

璵：今天是我在裝扮區當嫦娥。

師：你不是很喜歡當嫦娥的嗎？怎麼到最後看起來有點不高興呢？

璵：因為就我一個人。

師：哦，原來是這樣啊，那小朋友，月球上除了會有嫦娥，還會有誰去月球上呢？

「嫦娥」一個人在「月球」上很無聊

幼：太空人。

師：那太空人怎麼去月球上呢？

幼：穿太空服。

師：太空服是什麼樣子呢？

幼：就是白色的大大的。

銘：要戴安全帽。

師：安全帽？你是說頭盔嗎？

銘：對啊！

穎：腳上也要穿很大的鞋子。

銘：背後還有一的氧氣筒……。（一邊說一邊比出樣子）

師：為什麼要背氧氣筒？

銘：這樣才能呼吸啊……。（大伙七嘴八舌地描述太空人的樣子）

師：你們都很清楚嘛！那明天裝扮區的任務就是做太空服哦！

▷▷ 我是太空人

　　第五天，小瑛和小銘選擇了裝扮區，我就開始引導他們製作「太空服」。

師：今天我們要給「太空人」做「太空服」，不然他不能在月球上生活。我們先來看看這兩天爸爸媽媽帶過來的東西，有沒有可以用的材料。

　　最終，他倆在家長蒐集的東西裡面找到兩個真空包裝袋、一頂安全帽和雨衣。

師：你們覺得這兩個包裝袋當太空人的袖子怎麼樣？

　　小瑛把真空包裝袋套在手臂上試了試，感覺還不錯，但好像有點……

瑛：會掉。

師：那怎麼辦？

瑛：用膠帶黏起來。（才說完就轉身跑去美勞區拿膠帶，這時小銘走了過來）

銘：你們在做什麼？

瑛：做太空服啊！

銘：我也想來做。

師：那你來幫小瑛吧！

銘：好啊！

我們一起做太空人的袖子

瞧！像不像太空人的衣服

　　兩個人便一起用膠帶把兩個真空包裝袋黏起來了。做好後，兩個人都是穿了一下袖子，然後，我再幫小銘穿上雨衣，套上剛才黏好的真空包裝袋，最後再戴上帽子。一個活脫脫的「太空人」就出現了！小銘得意地試走了幾圈！

這是我們做的太空服，是不是很酷呀！

　　過了一會，小銘又看到了一個盒子，拿起盒子說：「老師，我想做一個望遠鏡，因為太空人需要望遠鏡看到更遠的東西。」

師：這個怎麼做成一個望遠鏡呢？除了用這個盒子，需不需要再加點東西？

銘：嗯嗯，裡面要加點東西把它隔起來，（順手拿起旁邊的一塊紙板）就這個吧！

師：那用什麼固定呢？

銘：膠帶。

　　他說完就轉身就去美工區找工具，結果不光光找來了膠帶，還找了海綿膠。他先用海綿膠把中間固定起來，然後發現「望遠鏡」老是歪著，就用膠帶將四周都固定起來，最後再把「望遠鏡」裝飾起來了。

我在做望遠鏡

做好了再裝飾一下！

　　區域結束後，小銘和小璵分別展示了「太空服」的穿戴方式和「望遠鏡」的使用方式，自信與成就感的表情寫滿臉上。

　　連續五天的創建過程，真是讓我重新認識四歲孩子的能耐！這些天，我順著孩子們的劇情發展，趁機提問以測試他們的能耐。例如：「嫦娥」一人在月球上好寂寞，我便問說：「……還會有誰去月球上呢？」來延續他們的想像創作能力。只可惜我忽略了傳說中的玉兔與吳剛，若能結合傳統神話故事與現代科技，想必更能釋放孩子們的潛能！另外，在引導的策略上，我常常有些心急而顯得思路雜亂無章或直接告訴孩子該怎麼做，也因此限制了孩子們的想像空間與解決問題的能力。例如：一開始，當孩子進入裝扮區就直接問：「嫦娥住在月球上需要什麼？」沒有給孩子充分的討論空間。而當他們回答「床」時，又直接問：「哪裡有床？」導致孩

子未全面思考該有哪些設備，無法有組織地蒐集材料進行布置。又如，在製作「嫦娥」的服飾時，未先引導幼兒發揮想像力，就直接帶他們去隔壁班參照做法，而當孩子開始動手時，我又直接幫他們縫製，最後還自以為是地加上一頂「頭冠」。

∷ 「太空人」怎麼登陸月球？

前一階段，孩子們把「嫦娥」的家和基本的東西都準備好了，也製作了「嫦娥」和「太空人」的服飾。但我發現我們還有一些重要的東西沒有做出來，於是我再度引導小朋友討論：

師：我們嫦娥的家做好了，也有了服裝，可是「太空人」是住在月球上的嗎？

幼：不是啊！

師：那他是怎麼來的？

幼：搭「火箭」啊

師：那我們是不是得做一艘火箭，這樣太空人才能到月球上。那裝扮區今天的任務就是做「火箭」哦！

區域時間，又是小瀚、小穎和小紫進裝扮區。我引導他們討論「火箭」長什麼樣子，可以用什麼東西來做……。他們先搬來了家長們蒐集的小紙箱和盒子，發現還是不夠，就決定再去資源室尋找材料。最後，又找到了大塑膠瓶、小盒子和蛋盒。

我們到資源室找到好多做「火箭」需要的東西！

　　回到教室後，我建議他們：「這四個相同的大保特瓶用膠帶繞起來變成火箭頭怎麼樣？」孩子們沒表示意見，於是我們就開始動工了。小紫跟著我一起扶著瓶子，小穎負責剪膠帶，並將瓶子固定在一起，接著他倆再將盒子也用膠帶黏在一起。完成後，我看著「火箭」模型問說：「我們的『火箭』會不會太矮了？」

逸：嗯嗯，有點矮。

師：那我們底下是不是要加一點東西呢？墊高一點，你們覺得選什麼比較好？

穎：紙箱。

師：那我們去找紙箱吧！

我們第一次嘗試合作

　　他們又再一次來到了資源室挑選一些小紙箱和塑膠瓶，回來後繼續埋頭苦幹。他們用小瓶子做「火箭」頭，嘗試加高「火箭」模型。這時，我發現他們三個人之間比之前更有默契了；兩個人扶著，一個人弄膠帶。「火箭」搭得差不多時，原本在積木區玩的皓宸突然跑過來說：「你們火箭怎麼沒有那個，怎麼飛起來啊！」

師：你說的是哪個？

皓：就是那個，可以飛起來的。

　　我似乎明白了他的意思，問道：「你說的是不是火箭旁邊的發射器？」他連忙點頭，我繼續問到：「那你覺得用什麼東西做呢？要放在哪裡呢？」他看了看後，選擇了四個瓶子放在「火箭」的四個角上，然後拿起了膠帶，想把瓶子黏上去，我就在一旁協助他將瓶子固定好。固定好後，他迫不及待的向其他小朋友分享自己的「點子」……。

我發現「火箭」還少了「發射器」

　　第七天區域活動開始前，我將「火箭」模型搬到了大家前面，然後問到：「昨天裝扮區的小朋友已經把火箭做好了，可是『火箭』是什麼顏色呢？」

幼：灰灰的……白的……會發亮的……。（幼兒七嘴八舌，各自說出自己的想法）

師：我這裡有「火箭」發射的影片，我們一起來看一看吧！（播放「火箭」的圖片）

宸：哇，好酷呀！（同時也聽到了其他小朋友發出的驚歎聲）

師：那我們是不是要幫火箭上個色呢？

幼：嗯嗯，這樣別人才知道這是「火箭」。

師：那選什麼顏色呢？

　　經過一番討論，大家統一決定用白色，然後就請昨天做「火箭」的三個小朋友今天繼續去裝扮區幫「火箭」上色。我又接著問：「我們的宇宙中除了有月球，還有什麼呢？」

瀚：還有其他的星球。

師：那都有什麼星球呢？

幼：火星、金星、水星、木星……。（幼兒七嘴八舌，說出一堆行星的名字）

師：那今天要請到美勞區的小朋友幫裝扮區一件事情哦！

幼：做星球，我要做土星，我要做火星……。（還沒等我說完，孩子們就七嘴八舌地說著自己的計畫！）

裝扮區忙著幫「火箭」上色；美勞區也趕工製作各種「星球」

　　進區後，智鑫和小銘同時表示要去做「星球」。我幫他們都調好了顏料之後，他們就開始動工了。令人意外的是，他們竟花了一個多小時，非常專注地為「火箭」上好了白色，而美勞區的「星球」也做了很多個。隔天，我協助他們將星星掛起來，並用藍色的紗布強調天空朦朦朧朧的氛圍！

瞧！我們做的「滿天星」

我們再給「火箭」加些醒目的紅色

　　第八天區域活動時，我先請小朋友們看前一天完工的「火箭」，然後一起討論「火箭」還需不需要加些什麼？

瀚：加點紅色吧！

師：為什麼呢？

瀚：紅色代表警示，一眼就可以看見。

皓：發射器也要紅色的，裡面裝滿燃料，飛上天的時候就會有火。

穎：上面用灰色的「火箭」頭，下面也要加一點金色，亮閃閃的。

　　討論完，裝扮區又開始動工了，又利用了大半天時間才將火箭裝飾完畢。

　　區域時間結束後，我引導小朋友回顧這十天來，我們為原本光禿禿的「月球」做了哪些事情？沒想到小朋友竟可以鉅細靡遺「清點」每一天做的事情。

　　最後，大家都覺得所有的設施都準備好了，所以創設到這裡就告一段落了。接下來的時間，就可以上演「當嫦娥遇見太空人了」。

　　過了兩天，當小朋友們正在裝扮區玩得起勁的時候，園長來到我們班，看到小朋友的扮演後，問道：「小朋友你們在演什麼呀？」

幼：當嫦娥遇見太空人！

園長：那你們的太空人是怎麼到月球的呢？

宸：坐火箭啊！

園長：可是怎麼坐火箭呀？你們的火箭都沒有門，也沒有太空艙，那太空人怎麼進
　　　去搭火箭的？

宸：哦！（看著火箭，不知如何回應）

我連忙問說：小朋友，我們可以用什麼來做太空艙呢？

宸：大箱子。

師：哪裡有很大的箱子呢？

穎：我們再去資源室找。

　　才說完，三個人就急忙到資源室，但繞了兩圈卻失望而回。

師：再想一想，我們幼兒園哪裡還有紙箱？（小朋友一臉茫然！）

師：你們覺得樓下的蔬果屋怎麼樣？我們暑假做的那個蔬果屋！

穎：嗯嗯，可以！

逸：那我們走吧！

　　來到了一樓大廳，三個人齊心合力把蔬果屋一起搬到裝扮區的「火箭」旁。緊
接著，我們的「太空人」就穿上「太空服」迫不及待想鑽進「太空艙」裡。結
果……

我們把蔬果屋搬到教室當作我們的太空船，可是太空人鑽進不去。

幼：老師進不去！

師：那怎麼辦？

宸：用刀把這裡割掉就可以啦！（用手指著蔬果屋的洞口）

師：可是我們班沒有刻刀，去別班借看看。

　　就這樣，我帶著小宸和小穎來到了其他班借刻刀。返回途中，我們還發現了彩

色方塊,我說道:「我們把這個也搬到教室裡,將太空艙再疊高一些吧!」

回教室後,因為刻刀太鋒利,我提議由我來幫他們。割好之後,「太空人」又進去試一下,發現門還是太矮了。

宸:用這個方塊把它架高。

把「太空艙」的門割大些,再用小方塊踮高,這樣「太空人」就可以進入了

於是,我請他們三個人把紙屋抬高,然後由我將四個方塊排好,再將紙屋放在上面。接著我又幫忙割開一些門縫。這一次「太空人」終於順利進入「太空艙」了!看到自己的成果,三人在「太空艙」裡開心極了。看到他們的「成就」,我便邀請他們,區域結束後和大家一起分享這個重大消息!

師:今天裝扮區又完成了一件大工程!你們猜是什麼事情?

宸:就是我們裝扮區有了太空艙,這樣太空人可以坐太空艙到月球上去了!

師:那你們碰到了什麼困難了呢?

宸:太空艙進不去,我們用刀把門變大了。

穎:我們還搬了彩色方塊!

師:彩色方塊是用來做什麼的呢?

穎:把太空艙墊高一點,這樣太空人才能進去。

(兩個人抬頭挺胸,不厭其煩地敘述自己完成的「偉大」工程。)

這一階段在製作「火箭」的過程中,孩子間分工合作能力是越發成熟了!只是我又犯了同樣的錯誤,介入太多,變成了總指揮;沒有引導孩子討論「火箭」的功能,該有哪些設備,也沒讓孩子們自主想像「火箭」的樣子,只是跟著老師的思路去走,導致最後,「火箭」在月球上成了一個擺設!這點也凸顯我這為師者,學科背景知識的不足,沒能事先蒐集相關資料,也因此限制了我自己的專業敏感度,也阻礙孩子會的發揮空間。看來,要成為一個專業的老師,也是要在「錯誤中學

這就是我們創設好的裝扮區，有太空艙、火箭、嫦娥的家和星球世界

習」。幸好園長的提醒，讓孩子們有了工作方向；完成新的任務，也豐富了扮演的情境。而一位幼兒的偶然介入，說出「火箭」還需要發射器！這也讓我深刻體悟「老師不是教室裡唯一的老師」這句話的意涵。

「太空人」怎麼呼吸？

今天星星班的「太空人」和「嫦娥」突然造訪我們的「月球」，他們說是乘坐了他們的「太空艙」登陸「月球」的。兩個班的「太空人」碰面了，也引發我們班小朋友對「太空服」的改造。

星星班的「太空人」戴著氧氣瓶造訪我們的月球

帆：你們的太空人怎麼沒有氧氣瓶，沒有氧氣怎麼在月球上生存？月球上是沒有氧氣的。

師：對啊！你們太空人沒有氧氣瓶是沒辦法在太空中生存的，趕緊回到我們的太空艙裡。（小朋友一聽到我喊，連忙鑽進「太空艙」！我也忍不住笑岔了氣！）

區域結束時間結束後，我引導他們一起討論：

師：小朋友們，剛才星星班的哥哥說了什麼？我們太空人身上需要什麼？

幼：氧氣瓶。

師：為什麼要有氧氣瓶？（小朋友一臉茫然）

師：因為在太空中是沒有氧氣的，月球上也是沒有的，所以太空人去月球上，需要背上氧氣罐，不然沒辦法去月球，所以明天我們做氧氣瓶吧！那需要什麼材料呢？

幼：瓶子、管子，還有繩子。

隔天，我就帶著小銘、浩天和睿熙一起去資源室尋找瓶子、管子，還有繩子。……

師：現在怎麼把管子和瓶子連在一起呢？

銘：膠帶紙（說著他便連忙去美工區拿來了膠帶紙），然後問說：「老師，怎麼做？」

師：你要用膠帶把它們兩個黏在一起。

銘：好的。

他花了好些時間，終於將管子固定在瓶子上。最後，由我幫忙把繩子繫在瓶子上。完工後，他們迫不及待穿上「太空服」，再背起「氧氣瓶」在「月球」上漫步了好一會！

我們三個一起做了氧氣瓶，這樣太空人戴上氧氣瓶就可以去月球了

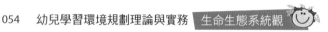

　　隔壁大班小朋友的造訪「介入」，讓我們班「太空人」的裝備更加完善，這又再一次證明「教室裡，老師不是唯一的老師」！多元的外力刺激都可以鷹架孩子的學習，尤其是孩子間彼此間的「鷹架」，有時比老師的引導還有效！！

﹥﹥ 嫦娥和太空人成了好朋友

　　經過三週的「月球」的創建，終於完成了。有了氧氣瓶的「太空人」，常常來到月球上與「嫦娥」作伴，嫦娥也非常熱情招待他們，從此「太空人」就是月球上的常客了。接下來一週，小朋友每天都爭先恐後地想扮演「嫦娥」和「太空人」，也因此常常可以聽到「嫦娥」和「太空人」間有趣的對話：

程／浩：嫦娥，我們來了！

逸：你們餓了嗎？想吃點什麼？

程：給我一瓶水，我渴了。

天：我要一點水果。

逸：好的，馬上好了。……

「嫦娥」很歡迎「太空人」來月球上做客

　　完成「月球」場景規劃與布置後，在接下來兩週的角色扮演，我發現小朋友對裝扮區的「熱度」反而沒有前三週創建過程時來得高。這或許是常人所說的，旅行中，最美的，最精彩的還是路途中所遭遇的種種「風景」，一旦「登頂」後，就要開始走下坡了。

　　這幾週「裝扮區」的轉型試驗過程中，我看見了這群孩子積極參與學習態度，工作時那種專注與耐力，讓我不禁要說，教室最美的風景就是忙碌不停的孩子們。更讓我這為師者有成就感的就是，孩子們總能不斷接受各種「挑戰」完成任務；從布置「嫦娥」的家、製造「火箭」、太空艙、嫦娥的衣裳、太空人的裝備……，到

最後加裝「氧氣瓶」。每當在完成一件事時，他們臉上也總會洋溢著自信的笑容，並把這種快樂分享給別人。同時，我也看到了他們社交能力的「突飛猛進」，不但可以嘗試溝通，還能共同合作完成一件事情，默契度也越來越高了。例如，三個人一起搬床、兩個人一起做「嫦娥」與「太空人」的衣飾等。此外，孩子們對於嫦娥這個傳說中的角色和太空人的形象都有基本的認知。但經過「當嫦娥遇見太空人」這個充滿想像空間的活動，我發現孩子們可以將嫦娥這個傳說中的角色勾聯日常的生活經驗，把嫦娥現代化、生活化了，她不再是一個虛無縹緲的角色。而嫦娥與太空人的「碰撞」更製造了各種「問題情境」，讓幼兒有無限的發揮空間！

　　這些成果除了空間與時間的「留白」，讓這群才四歲的娃兒盡情釋放身上的潛能外，應該還歸因於我每天事前的引導、討論與事後的分享，循序漸進引導孩子創建自己的扮演場景，而園方和家長所提供的資源也在孩子的創建過程中，扮演著關鍵性的角色。但在引導尺度的拿捏上，我還有一段長路要摸索。這回裝扮區的另類建構實驗，常困惑於「不知什麼時候該介入？」、「這樣的介入方式好不好？」反思整個引導過程，我覺得自己常常要不沒覺察到孩子的盲點，就是介入過多，「積習難改」放不開孩子。例如，月球表面坑坑窪窪的，我並沒有進一步去引導孩子如何呈現月球地面的特質；在引導太空人服飾、火箭和太空艙的時候，也流於形式化。而這種拿捏不準引導尺度的主要原因，一是未能掌握相關的學科知識背景，導致限制了我自己的專業敏感度還不自覺。二是，還拋不開過往填鴨式的教學方式，總認為孩子不會，所以要教！看來，要成為一個專業的老師，也是要「做中學」，更要在「錯誤中學習」！

場景（七）：我們蓋了三家店（學習區方案活動紀實）

　　記得去年「過新年」主題時，我在裝扮區布置了「年貨大街」場景，讓小朋友「逛街採辦年貨」。玩了幾天後，大家覺得「年貨」短缺，就在大夥討論如何從家裡蒐集時，一位幼兒突然說道：「也不一定要從家拿，可以在我們的美勞區製作啊，美勞區這麼多的材料，什麼年貨做不來啊！」真是一語驚醒夢中人！！對啊！我們老師怎麼沒想到這一點！真是教學相長！

　　從那時起，美勞區與裝扮區就成了「共同體」。看到孩子的手藝與創意，園長建議我們，何不放手讓孩子自己建構裝扮區？過完年，新學期開始，我們老師決定進行一次大膽的實驗，引導幼兒自行搭建裝扮場景。經過討論，大夥決定蓋一家大家最常跟爸媽去的「農家樂」。建構「農家樂」過程中，雖遭遇許多挫折，但孩子

們的創意真是讓我們為師者驚喜連連。除此之外，更訝異中班的幼兒也可以連續數週，彼此分工合作，有計劃去完成一件「工程」。

　　看到班上幼兒的「潛力」，這學期我們老師想引導他們更上一層樓，設計了「開店」這個主題，讓他們搭建、布置「商店街」。會有這樣的構想，除了想釋放幼兒的潛能外，更是因為我們有足夠的空間讓他們去盡情發揮。此外，幼兒園所提供豐富多元的教學資源（包括：美勞材料、資源回收及教具資源室），也讓我們老師得以無後顧之憂放手一搏。

資源室猶如寶藏窟，提供學習區各種可用的素材與教具

第1天：要開什麼店？

　　主題活動一開始，孩子們一聽到本次主題是「開店」就表現得非常熱烈，都想要開自己喜歡的商店，紛紛說出自己的想法：

灝：小麗老師，我想要開超市。

師：在哪裡開超市呢？

灝：我們的裝扮區不是也要變了嗎，我想在裝扮區開一間超市。

師：想法不錯，是可以實施的，但我們先來看看別的小朋友的意見吧，還有別的想法嗎？

暄：老師我有一個想法，我想在益智區開玩具店。

師：為什麼要在益智區開玩具店呢？

城：不可以，你在益智區裡開了玩具店，那我們怎麼去玩教具？

師：為什麼一定要在益智區開玩具店呢？

暄：因為我覺得益智區裡的東西都是跟玩具差不多的呀！

師：這樣啊，也對齁，大家覺得呢？

清：我覺得可以。

華：我也覺得可以。

翰：要是小暄說益智區可以變成玩具店，我覺得語言區也可以變成書店！

師：那你能告訴我為什麼語言區可以變成書店嗎？

翰：書店有很多的書本，我們的語言區書本也有很多呀！如果不夠的話還可以去樓
　　下的閱讀室借書啊！

師：聽了他們兩個的說法，你們還有其他想法嗎？

諾：那科學區也可以變成花店啊！

鴻：可是裡面只有植物，沒有花啊！

……

（小朋友你一言我一語提出各種意見，分別是：玩具店、超市、書店、花店，
飲料店還有寵物店。）

師：要開這麼多種店啊，但是我們開不了那麼多的店，因為我們教室沒那麼大，而
　　且我們班只有 15 個人，人數有點少，會忙不過來。我看最多只能開三家店。
　　你們覺得應該怎麼辦？

楓：我知道，舉手投票吧，這樣就很公平了。

師：那我們就舉手投票吧，但已經舉過一次的，下一個商店就不能再舉手了喲！

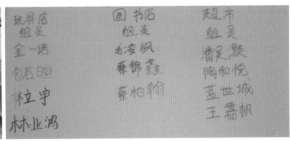

我們在討論決定開什麼店！

　　最後，經投票表決，小朋友決定開設「玩具店」、「書店」和「超市」。並各選
出一位組長，招募組員進行創建。

　　今天決定開店類別的過程，讓我見識到這群大班幼兒個個都相當有主見，爭論
不休。最後，由他們自己想出「舉手投票表決」辦法。這種情境效應也讓孩子們體
認一個民主社會的基本運作方式——多數決的議事模式。另外，我也很訝異他們能
根據各個學習區域的基本性質，而決定哪一區可以開哪種店，例如：益智區可以開
「玩具店」；語文區可以開「書店」；自然科學區是「花店」……。這也許是因為長

期參與於各種學習區域活動，讓他們能深入了解各個學習區域的教材特色與活動內涵吧！

▷ 第 2～3 天：這是我們的商店設計圖

在決定開店的種類後，接下來就要進行第二步了——繪製商店設計圖。我引導孩子們討論一個商店裡有些什麼基本空間布局與設施配備：

師：小朋友們，我們已經討論好要開什麼店了，可是你們可知道開一家店要有哪些設備？要準備哪些東西嗎？

幼：收銀檯、招牌、商品啊、零錢、架子……

（小朋友七嘴八舌搶著說，看來是經常跟父母逛街，挺有經驗的）

師：可是你們三組開的店都不一樣，要怎樣才可以清楚看到每一家店的特色，而且知道每一個設備、傢俱的位置呢？

鴻：我知道，可以來畫設計圖，這樣就能清楚地看了。

師：這是一個不錯的想法，你們覺得呢？

宇：我覺得可以啊，我們玩具店也要畫設計圖。

灝：我們超市也要來畫設計圖。

……

區域前的引導結束後，各小組便開始進行討論應該怎麼繪製商店的設計圖。我們老師也分頭加入各小組，觀察並引導小朋友繪製各商店布局。

玩具店的討論情形

諾：玩具店裡應該要有芭比娃娃、小貓小狗。

宇：我覺得玩具店還要有奧特曼、怪獸、搞笑玩具。

鴻：還有樂高啦！

師：那我們是不是應該先決定要有哪幾區？

暄：那我們先畫畫看。（但才開始畫沒多久，諾就喊說：「不行，你們的奧特曼不可以放在這，這是放小玩偶的」。）

宇：可是這不是玩具店都應該有的嗎？

暄：我們把位置都定好了，這裡是芭比和小玩偶的，沒有你們奧特曼的位置了。

鴻：老師，她們不給我們放玩具的位置。

師：男生和女生喜歡的東西可能不一樣，就像你們放玩具的位置，女生不想把奧特曼跟芭比放一起，男生也不喜歡，那應該怎麼解決呢？

鴻：我有一個辦法，那就是把男女生分開，這樣就不會了。

暄：在中間畫條線嗎？

宇：這個方法我同意，那我們開始吧，就女生畫女生的，男生畫男生的。

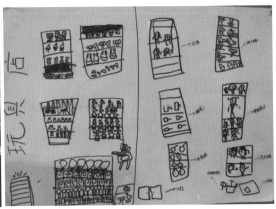

我們用一條線區分男生區跟女生區；男生畫男生的，女生畫女生的

　　說完之後，小鴻重新取了一張紙，在中間畫了一條線，兩邊各寫上了男生區和女生區。然後，兩個男生畫左邊，兩個女生畫右邊。

星空超市討論情形

灝：你們來說說看，超市的設計圖應該怎麼畫？

悅：我覺得超市裡有包包區、首飾區、零食區。

帆：還有服裝區、遊戲區。

城：難道我們要把這些都畫到設計圖上去？

灝：是啊，那大家動手開始畫吧！

師：等一下，你們不先討論一下各區的位置？……

　　（經老師的提醒，小朋友重新討論各區的位置後，再一一畫上去）

你們說位置我來畫！

書店討論情形

翰：我媽媽有帶我去過圖書館，圖書館裡有很多書呢，比幼兒園裡的還要多呢！

鑫：那麼多的書本該怎麼擺放呢？

楓：我知道了，我們可以先按成人和兒童書來分。

鑫：那先在中間畫一條線。（接下來，他們就兩人畫成人區，另兩人畫兒童區）

瞧！我們書店的設計圖很複雜吧！

這是我們超市的設計理念

　　各組討論激烈，但區域時間已近尾聲，幼兒在不捨中暫停繪製草圖。收拾後，我請小朋友分享了他們商店布局的設計狀況：

灝：我們星空超市的設計圖就快要設計完了，我們是先討論然後動筆畫的，是分了很多區域呢……（他一邊說一邊介紹各區的位置）。估計明天就能設計好了。

師：玩具店呢？來，小鴻說一下。

鴻：我們玩具店的設計圖可能還需要點時間，因為在討論和畫設計圖的時候發生了小問題，所以可能會有點慢。

師：什麼問題呢？

諾：是因為我們男生和女生喜歡的東西都是不一樣的，所以出了小問題。

師：那有解決了嗎？

諾：有啊，就女生畫女生的，男生畫男生的！……就是說我們玩具店是按男女生分開的，所以玩偶什麼的都是分得很清楚的。設計圖是快完工了，只不過要再檢查檢查，看看哪裡還需要改進的地方。

師：書店呢？

翰：我們書店的設計圖是分為成人和兒童的，分別放在兩個書架上面，設計圖快好了，只是還要再加上幾把看書用的桌子和椅子。

　　也許是上學期建構「農家樂」所累積的經驗，今天頭一天畫設計圖還算順利，但小朋友還無法完全脫離點狀思考以及各說各話的侷限。另外，這個活動也意外引發「男女有別」的衝突。男生喜歡藍色的，女生喜歡粉色的；男生喜歡奧特曼、怪獸、搞笑玩具，女生喜歡芭比娃娃、小貓小狗。究竟這種差異是天生的，還是社會刻版印象造成的？值得我們深究！

　　隔天在區域開始前，我先引導幼兒回想前一天設計圖的進展狀況。進區後，各組就接續繪製各商店布局：

玩具店

諾：我們會先畫上高高低低的架子。

宇：這是為什麼呢？

暄：因為有的玩偶大有的玩偶小，我們怕放不了，所以才畫了高高低低的架子呀！

鴻：我覺得我們應該多畫幾個櫃子，到時候玩具如果太多的話，櫃子很少，就會擺不下。

宇：那在這裡再畫上一個櫃子，可以了吧！

鴻：可以了，有了這麼多的櫃子，就不怕到時候後玩具太多放不下了，畢竟我們要放小人偶、宇航員玩具、陀螺玩具、搞笑盒子這幾個。

諾：若暄，我們要多畫上幾個櫃子。

暄：為什麼？

諾：你看，我們要有放蝴蝶的地方、有放芭比娃娃的地方、有放小動物的地方，是不是要多畫幾個呢？

暄：好的，我這就多畫幾個！

……

書店

鑫：上一次，我們把成人和兒童分開了，那接下來做什麼呀？

楓：那我們就畫成人和兒童裡面的書啊！

翰：成人跟兒童裡面的書都是不一樣的，所以我們需要分開畫，還有就是書店肯定
　　是有椅子和桌子的！

鑫：書店應該也有賣吃的喝的。

翰：我們要分開畫，我來畫成人書架。

楓：那我來畫看書用的桌子和椅子。

鑫：我來畫兒童書架好了。

　　（三個小朋友互相分配好工作，就繼續著手繪畫書店的設計圖）

超市

灝：上一次我們討論的有包包區、糕點區、首飾區、禮品盒區……，先一起畫出
　　來。

悅：我覺得包包區和首飾區畫在一起，不要隔得太遠。

城：為什麼？

悅：因為包包和項鍊什麼的都屬於裝飾啊，我媽媽出門前都會戴項鍊，拿包包。

帆：那我們開始吧！……

　　經過兩天的時間，各個小組終於完成了設計圖。我便邀請各小組組長向大家介
紹商店布局。也許是全心投入的關係，各組都能根據設計圖詳細介紹自己的商店布
局。從他們繪製的設計圖內容來看，雖然他們還無法表現空間透視圖，但瞧著他們
鉅細靡遺的「交代」商店裡的每個細節的樣子，讓我覺得，真是不可小看孩子們的
觀察力。

▷ 第4～6天：開始動工吧！！

　　繪製好設計圖，今天區域時間還未開始，各個小組就迫不及待想「大顯身
手」，要我帶他們去資源室及倉庫找東西。但我提醒他們，先看一看設計圖規劃的
商店布局和設施，想一想需要哪些東西！實在找不到想要用的，可以到美勞區自行
製作。

　　在從倉庫回來的路上，玩具店小組抱著三個紙箱。我好奇地問說：「你們這箱
子有什麼用嗎？」

諾：因為我們玩具店有很多小小的玩偶，可以把它們正好放在紙箱上。

我們在看設計圖，討論要去找哪些東西

我們從倉庫搬來了需要的沙發，還發現了好多紙箱，塗上了顏色就可以變成擺放小玩偶的貨架

師：原來是這樣啊，那老師有一個問題。

鴻：什麼問題啊？

師：就是你們覺得這個紙箱是就這樣呢？還是說加點什麼？

暄：那就塗上顏料吧，這樣就更好看了。

宇：我同意。

鴻／宇：我們要塗藍色。

暄／諾：我們要塗粉色。

師：兩種顏色？那要怎麼塗呢？

諾：我們先兩人一個箱子，那個箱子等下再說。……

　　過了一會兒，兩個紙箱塗好了，我問說：「有最後一個箱子哦，要塗什麼顏色？」

暄／諾：要塗粉色。

鴻／宇：我們要塗藍色。

師：可是紙箱只有一個啊，你們卻要塗兩個顏色。

宇：我有一個辦法，我們都想塗，那只有把箱子分兩半，我們各塗一半就好了，你們覺得呢？

鴻：我同意立宇的想法。

暄：那我們女生也同意。

　　（不知為什麼，這組小朋友一直出現「男女有別」的爭執）

看看這裡有沒有我們可以用的東西

我們在布置書店的格局呢！

　　書店組在倉庫發現好多閒置的書架，三個人便合力想將書架推回教室，但實木書架著實太重了，最後在老師的協助下，挪了兩個書架回語文區。超市組則從資源室搬回了好多「貨品」，包括：各類食物模型、衣服、化妝品……幾乎把資源室清空了！

　　第三天區域時間結束後，我邀請各小組組長向大家說一說，如何根據設計圖布置格局進度：

帆：我們超市小組都是按設計圖上來的，今天把糕點區、女性用品區、飲料區和首飾區給布置好了。

諾：我們玩具店小組今天主要是把玩偶都擺上了貨架，其他的還沒來得及弄完區域時間就結束了，我們準備明天再繼續。

楓：我們書店前幾天去倉庫又搬來了一個書架，總共有兩個書架，今天我們把成人書還有兒童書給分別擺放上去了，明天準備進行下一步。

　　這三天來，各小組可說是卯足了全力建構「商店」，期間雖偶有爭執，但孩子們彼此間可說是合作無間，更令人讚歎的是，他們意志力的表現，可以有計劃完成既定的任務。但我發現，小朋友所繪製的設計圖跟實際布置的空間格局有很大的

「落差」！即便經過我提醒還是無效。這也許是因為這個階段的幼兒還未能掌握轉換二度空間為三度空間吧。這也應證老師若不能在幼兒的「最佳發展區」提供支援性「鷹架」，那也是白費力氣！

❯ 第 7 ～ 11 天：店裡還少了什麼東西？

歷經三天的時間，每天花了將近一個小時的時間，各小組終於完成了商店的基本布局！孩子們急切想「開店」！但我發現店裡都還少了好幾樣「基本配備」！因此，進區域前，我再度引導他們討論：「你們覺得今天就可以開店了嗎？」一聽我這麼問，孩子們一臉愕然。我接著問：「我買完東西要在哪結帳啊？！還有商店裡的東西是怎麼算的呢？」不等我問完，馬上就有人接話了：

鴻：要有收銀機！

諾：收銀機每一個商店都有的！

暄：那我們等下就開始製作嗎？

鑫：那我等下要去美勞區找找看，有沒有能做收銀機的材料。

悅：我想做一個立體的收銀機。

城：我想做電腦的滑鼠，是無線滑鼠哦！因為我在哥哥家的時候，他的電腦就是用無線滑鼠。

帆：那我就想來繪畫電腦桌面。

師：除了收銀機，還要有什麼？

悅：鈔票。

翰：每一個商店裡的物品都有自己的價格！

師：說對了，那你們商店的貨品要有價牌吧？

鑫：當然要有啊，這樣才能賺大錢！……

最後，大家討論結果是，商店裡還要有收銀機、鈔票、大門、招牌等基本設施與配備。另外，也商討了哪些可以直接搜集，哪些就得自己製作。在接續的五天裡，又看到各組人員忙裡忙外準備各種「家當」：

灝：等一下去美勞區看看有什麼材料可以用來製作電腦收銀機的。

楓：我們要怎麼製作收銀機呢？

鑫：我們可以在這個上面畫上線，把他當作收銀機鍵盤啊！

楓：我來畫吧！

鑫：好吧，等一下如果有什麼要幫忙的，要說哦！……

我們在找製作「收銀機」的材料　　　　　這膠帶怎麼那麼難弄！

瞧！我們在製作書店「收銀機」的「鍵盤」跟「滑鼠」呢！

暄：那要怎麼做鍵盤呢？

宇：我們去什麼都有的廖主任那裡去問問看吧！

　　孩子們連忙跑到總務主任辦公室。

宇：廖主任，您這裡有沒有不用的電腦和鍵盤呢？

主任：只有鍵盤哦，你們要拿鍵盤做什麼呀？

暄：我們要開屬於我們自己的商店。

主任：這樣啊，那你們開什麼店啊？

鴻：有超市、書店和玩具店，玩具店就是我們四個開的。

主任：好的，那我把鍵盤借給你們，要好好愛護，這個鍵盤是好的不是壞掉的哦！

我在組裝最新型的收銀機！

收銀機還缺一個「滑鼠」　　我在測試「滑鼠」的效能

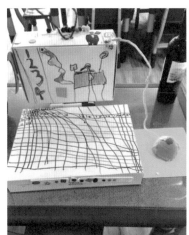

我們的「飲料機」提供三種口味的果汁喔！

諾：我們知道了廖主任，謝謝您的幫助。

鴻：到時候商店開業就邀請您來逛街。

主任：好的呢，謝謝你們，真棒！

　　在製作「收銀機」的同時，我驚訝地發現，孩子們還非常貼心做出「飲料機」與「空調機」，牆壁上還有一個「出風口」呢！

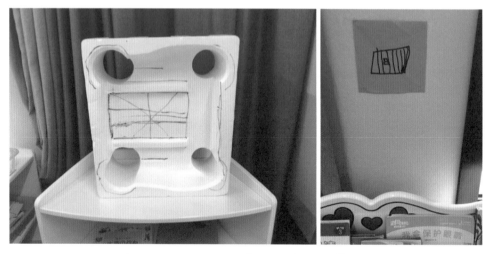

小朋友很貼心的設置了「空調機」與「出風口」

　　完成各種設備後，我便和「店員們」討論著該怎麼制定各貨品的價位：「你們商店裡的物品多少錢？為什麼這麼貴／便宜？」

灝：這個護膚品要多少錢啊？

城：不要太貴了，就 150 吧！

悅：我同意。

我們製作了商店物品的價位牌

帆：這個佩奇沐浴露 350 元，你們說呢？

灝：我覺得也太貴了。

悅：太貴都沒有人買了，還是少點比較好！

帆：可是我這個很好的，又香，好的吧，那你們來說說看要多少錢？

灝：那就 120 吧，中等價錢，你們同意嗎？

帆：還行，那我同意這個價錢。

　　幼兒討論好價錢後就開始進行編寫黏貼價位牌。花了兩天製作收銀機跟價位牌，今天需要引導幼兒進行「開店」創建的最後兩步──製作大門和製作招牌。

師：怎樣才能讓別人老遠就看見你這是什麼商店呢？

鴻：我們需要做一個牌子。

師：為什麼？

宇：因為這樣別人就能一眼知道我們是什麼商店了呀！

帆：我知道了，是招牌。我有在街上看到過，街上的商店門上都有的。

師：那你們各個商店小組進行討論，看看叫什麼名字吧！

灝：我是覺得我們的超市要有一個很好聽的名字。

城：名字好聽就會吸引人來買東西了！

悅：那要叫什麼名字好呢？

帆：超市的名字要很閃亮，叫什麼超市呢？

灝：我們是星星班，就叫「星星超市」。

帆：「星空超市」是不是更好聽一點呢？

灝：那我們還是投票吧，選擇星星超市的舉手？有一個，那星空超市呢？有三個，那就叫「星空超市」囉！

　　另外兩組討論了半天，決定直接就取「玩具店」和「圖書店」一目了然！……

師：那我們應該怎麼去製作招牌呢？

鴻：首先我們先要找一塊紙板，在上面寫上「玩具店」這幾個大大的字。

師：可以的，還有其他想法嗎？

帆：也可以用色紙貼在木板上……。（孩子們紛紛提出各種想法）

商店招牌不但要醒目還要有創意，這樣才能吸引顧客上門！

我們通力合作！招牌做好就可以掛上去了！

　　各家店招牌完成後，我邀請三位組長一一展示他們製作的招牌，並說明其製作方法與特色，彼此可以互相借鑑一下。

宇：這個是我們玩具商店的招牌。

暄：你們覺得我們商店的招牌好看嗎？

灝：是挺好看的，不過我們的應該會比你們的好看。

諾：那是當然，我們在上面裝飾了很多好看的東西。

暄：美工區的材料都快要被我們用光了！

師：你們來給大家說一下是怎麼個製作方法呢？

宇：我們先把字給寫上，然後開始往上面貼愛心。

諾：還有亮片。

鴻：最後給招牌上面的字塗上了好看又明顯的顏色。

師：為什麼塗上這幾個顏色呢？

暄：塗上這幾個明顯的顏色，別人就能看到我們是什麼商店了呀！……

（每組孩子都認為自己做的招牌最棒！）。

製作完招牌，緊接著又和幼兒一起討論大門的製作方法。

師：小朋友們，我們昨天的商店進展到哪一步了？

鴻：我們商店昨天把招牌給製作完成了。

師：哦，昨天呀已經把各商店的招牌製作好了，那有誰知道接下來要幹嘛嗎？

城：老師，昨天恐龍班的小朋友邀請我去喝果汁，我發現他們的商店有大門，我們的商店一個都沒有。

諾：老師，那我們今天能製作大門嗎？

師：今天接下來要做的是我們商店大門，但是你們要先告訴我你們商店要做什麼樣的大門？

灝：我們的門要製作成半圓形，然後從中間開門的。

師：超市的組員也是這麼想的嗎？

帆：我同意吳灝的想法。

悅：我就是想製作這種大門的。

師：好的，超市要製作的大門是半圓形的，那玩具店的呢？

諾：我們商店要製作長方形的，然後還可以打開，只有一扇門的那個。……

暄：可是我想製作可以旋轉的那種大門，我覺得那種大門也很好看啊，上一次我跟媽媽一起出去的時候就看到了。

諾：可是我們不想製作那種大門，是不是業鴻？

鴻：我還是覺得長方形的門會比較好一點。

師：若瑄，現在只有你一個人想要製作旋轉門。

宇：少數服從多數，我們就製作長方形的門。

暄：好吧！

師：玩具店的門製作成長方形一扇門，書店的來說說看。

鑫：我們剛才討論了一下，我們要製作正方形的，可以從中間打開的大門。

師：都已經決定好了，那等下進區域的時候，你們每一個小組再討論一下該怎麼製
　　作。

　　一進區就有小朋友要求要去二樓倉庫看看有沒有可用來製作大門的材料！在我
的帶領下一到了二樓，「超市」這一組的小朋友們就迫不急待在倉庫裡翻來找
去……。業鴻一看到扁扁的大紙箱，就喊說：「這個可以做大門」！然後四個人就
像螞蟻搬家一樣，一起合作把大紙箱從二樓倉庫搬到教室裡，隨即討論如何將紙箱
裁製成大門：

灝：我們大門已經割好了，現在是要討論用什麼來裝飾大門呢？

悅：可以先用顏料來塗啊，後面我們再用美勞區的材料來裝飾。

城：用什麼顏色好呢？

帆：我想要用藍色來塗。

灝：我也要用藍色。

悅：可是我想用粉色來塗。

灝：這樣好了，我們男生來塗另一半藍色，你來塗另一半的粉色。

悅：我同意。

　　（又出現「男女有別」現象）

諾：我們先去美勞區找材料，然後再來裝飾。

瞧！我們從資源室挖到這個大紙箱，然後要把它改造成「大門」！

暗：可是我們不用塗顏色嗎？

鴻：我們也可以裡面是不塗顏色的啊，門的外面塗上顏色就好了。

宇：這樣也可以的，我同意這個方法。

翰：我們書店的門是正方形兩扇門的，可是我們等下先做什麼？

鑫：我們也用東西來裝飾，然後在大門的另一面塗上顏色就好了。

楓：我想要塗紅色的。

鑫：我想要塗粉的。

楓：我喜歡紅色。

師：錦鑫，老師問你，紅色加了白色之後就會變成什麼顏色？

鑫：會變成粉色啊！

師：那不就行了，凌楓想要塗紅色，加點白色就是你想要的粉色了。

翰：這樣你倆就不用爭了，這真是個好辦法……。

　　經過兩週的努力，三家店的布置終於完工！孩子們的成果真是讓我刮目相看！

我們製作的「星空超市」大門，你們覺得好看嗎？

「星空超市」

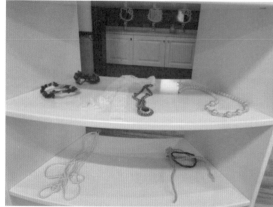

女性用品區

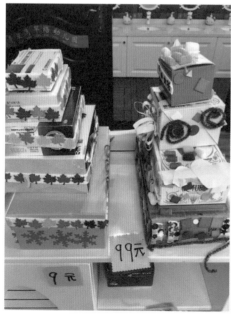

飲料區　　　　　　　　　　糕點區

「玩具店」

玩偶配件區　　　　　男生玩具區　　　　　玩偶區

「書店」

瞧！我們書店的大門可醒目！

收銀機與飲料機　　　　　　　　　　安全出口標示

繪本區　　　　　　　　　　　　繪本劇場

　　相較於前一階段，這群孩子在後續五天搭建「商店」的過程中，他們手藝與創意的表現更趨向細膩。瞧！照片中他們製作的「收銀機」、「飲料機」、「掃瞄機」、與「空調機」，不但組合各種媒材來表現想法，更融入孩子們自己的日常生活經驗，充分展露靈動的生命力！在人際溝通與互動的內涵上，孩子們也更加有默契。看「超商」的那四個孩子一起抬一個大紙箱上樓的模樣，真是教室裡一道美麗的「風景」。而最讓為師者最有成就感的，就是他們面對挑戰時所展現的毅力與耐力！整個過程中都沒聽到哪個孩子說不做了，或表現出無聊厭煩的樣子。除此之外，分組團隊設計，也讓我發覺一些孩子的領導能力。

⠿ 第 12 ～ 14 天：要準備開業了！

　　三家商店創建完成了，接下來就是要準備開業了，我拋出問題：「我們的三家店要準備開業了！可是大家都不知道啊！要用什麼方法，讓大家知道星星班的『商店』要開業了呢？」

鴻：我有一個辦法，可以一個一個去告訴他們呀！

師：但是你不覺得這樣太慢了，恐怕都開業了，你還沒通知完呢！

諾：我知道了，我在跟媽媽逛街的時候，就有人給我們發傳單，傳單上一看就知道了，我們也可以製作宣傳單啊！

師：嗯，一諾這個方法不錯！可是傳單上要有什麼呢？

宇：三樓星星班。

師：你說的是「地點」，還有呢？

鑫：書店、星空超市、玩具店開業啦！

師：對的，這個是必須要有的，這樣別人才知道你開的是什麼店啊！

楓：還要有電話和時間。

師：宣傳單上，這些是不能少的資訊哦！

暄：等下我就去美工區製作。

灝：我只製作我們商店的就好了！

我們「加班加點」的製作宣傳單，準備開業！

　　隔天，經過孩子們的討論，他們又花了兩天時間製作宣傳單與宣傳看板，加強宣傳效果！

　　製作好宣傳單後，我和孩子們討論如何進行宣傳：

師：現在我們的宣傳單和看板都已經製作完成，接下來就要發送宣傳單囉！今天我們要先去送三樓和二樓的，發送宣傳單要怎麼說呢？

悅：三樓星星班開業了。

這是我們製作的宣傳看板,效果不錯吧!

師:然後呢,你不告訴別人我們開了什麼商店啊?

城:我們開了超市、書店、玩具店,歡迎你們下個星期一前來逛街。

師:對的,你要把地點「星星班」,什麼時候、幾點開始營業告訴別人。

　　在我的引導下,孩子們分別到各班和各處室行發送宣傳單:

我們到各班發傳單,還邀請園長媽媽來店逛逛

悅/諾進入西瓜班:利利老師下午好,我們三樓星星班開業了!

師:什麼時候開業啊?

悅:下個星期一開業,營業時間是上午 10 點到下午 3 點。

師:這樣啊,好的到時候一定去,謝謝你們!……

鑫/悅:園長媽媽,好消息好消息,星星班三樓星空超市、玩具店、書店開業了,
　　　　我們邀請您在下一個星期一前來逛街。

園長:那你們幾點營業啊?

鑫:我們從早上 10 點到下午 3 點都在營業哦!

悅:而且我們還有抽獎活動,我們的商店電話是 812,是真的可以打通的……

※ 第 15～16 天：客人不知道我們商店的位置啊！

開業前，除了檢查各貨品外，為了引起幼兒的注意力，我提前在樓下大廳地面黏貼了引路牌，上面寫著：「三樓星星班、星空超市、書店、玩具店開業了」。然後引導小朋友說：「你們今天來學校時，在樓下大廳那裡看到了什麼？」

諾：我剛才在大廳那裡看到我們星星班的商店牌了，上面寫著三樓星星班。

鴻：對的，我也看見了，這這老師是你貼的嗎？

師：那個叫引路牌，你們看如果有其他人也想來我們商店逛街，可是他找不到位置，有什麼方法可以幫助客人找到我們星星班商店呢？

宇：做指示路牌啊，這樣就可以找到我們的商店了！

和孩子們討論過後，各組便開始在美勞區進行製作引路牌。

各組製作、黏貼引路牌

區域結束前，我引導各組組長分享這三周來籌建商店的過程與心得。也許是全心投入與分工合作，每個人都說得頭頭是道，自信的表情寫滿臉上！最後，我提醒各組明天開業要注意的事項！

※ 第 17 天：我們開業啦，歡迎光臨！

經過三週的籌備，今天終於要開業了！孩子們一早來就表現得情緒高昂，連早點都以最快的速度吃完！本想在「開業」前先引導他們一些注意事項，但各個商店的組員都迫不及待的別起各角色名牌各就各位。「迎賓員」站在商店門口熱情迎接前來逛街的客人，「老闆」負責監控全場，商店門口還有隨時為客人服務的「服務員」，收銀檯前則有專門負責結帳算錢的「收銀員」。

逛街去囉！聽說今天有新開業的，有折扣喔！

　　「顧客們」通過宣傳單、海報看板，還有引路牌，都知道星星班的商店今天「開業」了！紛紛前來「光顧」，把三家店擠得水洩泄不通！

園長媽媽，你今天是「客人」喔！

歡迎光臨！

開業的第一天，人山人海！各家店都擠得水洩不通

玩具店營業情形

老闆！一共多少錢？　　　　　　　　哇！這麼多錢，我算不清了！

暄／諾（迎賓員）：歡迎光臨星星班商店，希望您能買到您要的東西！

鴻（服務員）：客人您好，歡迎光臨我們的玩具商店，今天我們店裡的活動物品打
　　　　　　　　五折，快來看看吧！

客人：玩具店活動在打折？

鴻：對的，因為我們商店是剛開業的，所以我們有搞活動。

客人：那你能給我們介紹一下嗎？我是第一次來你們店逛街。

鴻：好的，客人您這邊看，這個是我們的玩偶架，上面的都是些小玩偶，是不是覺
　　得很好看呢？

客人：確實很好看，那這邊的這些是什麼？

鴻：這些是我們搞的活動，意思就是您買了這些小玩偶，它們都有相對應配套的物品，算起來是很合算。

客人：我要這個小兔子玩偶、小狗、小考拉。

鴻：好的我這給您打包，客人往這邊走，來這裡結下帳。

宇（老闆兼收銀員）：客人您好，您的商品總共是 100 元。

客人：不會吧，我才買了三個玩偶，就 100 元啊？你們上面的價錢是一個 20 元，三個應該是 40 元啊！

鴻：客人不好意思哈，我來算一算，一個玩偶是 20 元，三個是 60 元，您也算錯了，三個不是 40 元而是 60 元，收銀員這邊也算錯了。

宇：哈哈，我剛才不小心給算錯了，真是不好意思！

客人：那 100 元給你。

立宇：來，找您錢（「老闆」隨手從收銀檯上抓兩張「鈔票」就遞給客人）這樣算對了吧！

客人：欸！不對啊！你怎麼找我 200 元？？

　　（只見「老闆」對著「客人」傻笑……）

鴻：客人剛才真是不好意思，這個是免費送您的小禮品，歡迎您下次再來！

暄／諾：歡迎下次光臨！

星空超市營業情形

帆／城（收銀員）：歡迎光臨星空超市！

悅（服務員）：歡迎光臨客人，我是商店的服務員，有什麼需要我為你服務的嗎？

客人：服務員，我也不知道要買些什麼東西，你們超市都分為哪幾區啊？

悅：我們星空超市東西可全了呢，有分女性用品區、糕點區、飲料區、首飾區，您看一下要買什麼？

客人：這樣啊，我要買這個護膚品，多少錢？

悅：我看一下，因為這個是名牌護膚品，所以是 110 元一瓶，你要買嗎？

客人：那就買一瓶。

悅：還要別的嗎？

客人：不要了。

灝（老闆兼收銀員）：那我來給你結帳，這一瓶是 110 元。

客人：能不能便宜一點，我下次還會來的。

灝：好吧！今天開業大吉，便宜你 20 元！

客人：那給我包起來。找我錢！（客人遞給老闆 100 元）

　　「老闆」拿起一張 5 元鈔票找給客人！

客人：不對啊！你少找我錢了！

　　「老闆」又拿起一張 50 元鈔票找給客人！

客人：老闆！你真大方送我錢啊！……

你買這麼多啊？　　　　　　　　老闆，今天有打折嗎？

書店營業情形

人太多了擠不進去　　　　　　　這本不錯，可以買回去喔！

這書店有免費的飲料ㄟ　　　　　　　　　　這是多少錢？我怎麼認不得？

鑫（服務員）：歡迎光臨！

楓（服務員）：歡迎您來到我們星星班圖書店，我們這裡可以看書，還可以買書，
　　　　　　　您看看？

客人：你們書店的書有分類嗎？

楓：我們書店有分為成人區和兒童區。

客人：我可以不買書嗎？

楓：可以的，我們這裡跟圖書館差不多。

客人：好的，那我自己先看會兒。

……

客人：這本書太好看了，我決定把它買走，多少錢？

楓：這本書原價是 80 元，今天特惠活動 50 元。

客人：好的，給你錢 40。

翰（老闆兼收銀員）：不對，這本書是 50 元，不是 40 元。

客人：那我還要給你多少？

翰：還要再給我 10 元（終於碰到會算帳的「收銀員」！）

客人：好的。

鑫：歡迎您下次再來！

翰／楓：再見，謝謝您的光臨！

　　第一天結束營業後：孩子們很是開心，激動地紛紛跑過來七嘴八舌的說：「遠

遠老師，你看我們商店賺了那麼多錢，我們發了！」、「遠遠老師，你快看這是我們今天賺的錢，好多呀！」……

鴻：老師，我們玩具店今天第一天開業，也賺了不少錢的，賣出去了好多。

師：經過這半天的營業，你們感覺怎麼樣？

鑫：是很激動，但是我們商店不怎麼受歡迎。

悅：不是說不受歡迎，你要走出門口邀請他們來你店裡，這樣慢慢就會有人來了！

諾：我告訴你們哦，你們商店之所以那麼受歡迎，那都是因為我和若暄。

師：為什麼這麼說呢？

暄：因為是我們兩個站在門口去迎接客人，客人是看我們有禮貌，而且還那麼好看，所以才進來的。

鴻：我們玩具店每一次都很受歡迎，這全都是我們團隊的功勞。

宇：其實你們可以向我們玩具店學習啊，這樣你們的商店就會有人來了！

　　……

　　從宣傳期到「商店」開業，孩子們是越來越社會化了！瞧他們在發宣傳單、接待顧客、介紹商品還有跟顧客「討價還價」時，對答如流又熟門熟路的模樣！讓人忍不住笑出聲來！接下來的三、四天，孩子們的熱情依舊，商店營業也是天天「開紅盤」。不過，一週後，各家「生意」就逐漸冷清了！！

　　歷經五週的「開店」過程，讓我深刻體悟「課程在孩子的遊戲中」的意涵，更讓我反思教育是一門「留白的藝術」，而非一條輸送帶，直接將知識傳輸到幼兒的腦袋瓜裡。過往，主題課程活動的進行，都是我們老師預先設計好各種活動的目標、內容與方法，然後引導幼兒依照既定的流程完成活動。這種方式雖有其組織性，但卻遮住了老師的雙眼，「看不見」真實的幼兒，也忽略幼兒在地的生活經驗興趣與能力基點，也因此禁錮了幼兒靈動的主體性。

　　這次「開店」主題雖然也是我們老師提出的，但我們預留最大的思考空間與時間給孩子。事實證明，我們的決策是對的。從孩子們開始表決蓋哪些店、畫設計圖、動手搭建場景、製作各類「商品」、規劃宣傳策略……，到最後，扮演老闆、服務員與顧客，開始營運。這過程中，不只看到幼兒創意的展現，彼此分工合作有計劃性去完成一件事，也看到幼兒從爭吵中，逐漸學會溝通的竅門。其中，通風口、滑鼠、飲料機等道具的設計與製作，更讓我見識到幼兒敏銳的觀察力，可以注意到我們大人可能都會忽略的細節。最重要的是，每當孩子完成某一階段任務時，喊說：「老師，你看！我們做的」，或者迫不及待想分享的急切心情，那種自信與

成就感寫滿孩子臉上，是我們為師者最感欣慰的事。

「開店」方案也給我的另兩個反思點，一是學習區域的運作方式。我們教室規劃了六個功能互異的學習區，長期以來，除了配合主題課程活動外，都是彼此獨立運作。但這次「開店」活動的進行，孩子們的表現讓我頓悟，學習區域的規劃與運作是有各種可能性；不但可以跨區結合，還可以改變性質等。更重要的是，各學習區域幼兒所進行的活動，何嘗不也是一種「主題活動」。例如：科學區養兔子、種蔬菜；積木區搭建「高速公路」等。或許未來課程規劃，我們還可更進一步，放掉全班統一的主題活動，讓幼兒有更寬廣的自主發揮空間，進行各種方案！！另一個省悟是老師相關學科知識的重要性。教學過程中，能表現老師教學的最高藝術境界就是，能適時且適當的看到幼兒的「盲點」或潛在的能力；引導他們跨越現有的水準。而要掌握這種「搭鷹架」教學藝術，除了掌握每個孩子的發展能力與特質外，更有賴老師相關的學科知識背景。例如，這回在幼兒搭建「書店」過程中，幼兒直接以他們的視角將書分為成人類與幼兒類。由於我本身並未事先蒐集相關資料，也未對書店的運作進行深入了解。因此，未覺察到幼兒的「盲點」加以引導。又如，商店買賣遊戲是一個引導幼兒掌握基本錢幣換算的絕佳機會，但我卻視而不見！在決定進行這個方案時，就應考慮大班幼兒對合成分解數概念的理解能力，而非任由他們胡亂「結帳」！

最後想說的是，讓孩子們自主建構學習區域、發展小主題，也讓我了解「教學相長」的意涵，我們不是教室裡唯一的「老師」！！

第二節　凝視幼兒園現場圖像

如前所言，幼兒的行為表現與發展內涵就像一面鏡子，映照為師者的生命觀、知識觀、環境觀，以及所抱持的幼兒發展圖像。從這些幼兒園裡的實際場景中，我們閱讀出什麼重要的訊息？這些訊息所隱含的意義，對幼兒學習與成長、對幼師個人專業發展，乃至幼兒園，以至整體社會發展的影響為何？綜觀這些教室現場實例所顯現的教育意義可分為三類：

第一類的場景如：「你們兩個都不准再來玩積木」、「老師，他給大象畫頭髮！」、「老師在講故事，你們怎麼可以這麼吵！」、「好似一艘快沉的船」、「排隊喝水」以及「螞蟻雄兵」。這些教室顯而易見的共同狀況是，幼兒的行為表現似乎都很被動，沒有老師的指令就無法自主思維、行動，甚或是「依樣畫葫蘆」地完成

老師要求的作業、美勞作品等，以至無法從作品或學習行為表現內涵，分辨年齡或個性喜好的差異。易言之，他們未能積極展現自主探索、建構的行為，更遑論同儕間的合作、分享或相互協助的行為展現。再者，他們在一天的作息中，有大半的時間花在「排隊」、「等待」、「趕場」等儀式化的集體活動上。此外，這些教室裡，幼兒發生負面的或有礙學習品質的行為頻率很高，諸如：「不收拾」、「破壞」、「吵架」、「打架」、「推擠」、「呆坐」、「分心」、「漫遊」、「原地打轉」，乃至工作時被迫「半途而廢」，未能有始有終完成一件工作。而面對幼兒此等負面行為，教師們自然得耗費相當時間在「指揮」、「分派活動」、「檢查」作業……，乃至「管教」、「處理」幼兒的問題行為，輕則「罰站」、「罰坐」，重則「隔離」、「剝奪遊戲權」。甚或關閉學習區等工作上。凡此現象也讓老師陷入分身乏術、煩躁或惱怒等窘境。但也有老師以「放牛吃草」態度面對教室種種亂象，任由孩童「只要我喜歡有何不可！」

　　不意外的，在此等幼兒園的課程作息安排常如下表所顯示的，每天的作息被切割成諸多小單位，以分科方式架構之，然而這些科目內容卻互不關聯，而課程施行則多以靜態團體活動進行之。

　　在幾乎沒有自由探索活動的作息安排下，教室空間環境規劃上則常見課桌椅整齊排列，而所謂的教具／玩具櫃常是聊備一格的狀態；呈現如下列照片中的景象，要不堆滿了各種讀寫算的簿本，便是凌亂不堪，乃至空無一物。

星期 時間	星期一	星期二	星期三	星期四	星期五
7:30–8:10	常規演練	習字練習	閱讀繪本	習字練習	讀經練習
8:10–8:30	美語複習	美語複習	美語複習	美語複習	美語複習
8:30–9:00	早點	早點	早點	早點	早點
9:00–9:50	資優數學	資優數學	健康操	資優數學	資優數學
9:50–10:40	美語	腦力激盪	故事時間	腦力激盪	美語
10:40–11:30	寫前準備	注音符號	兒歌朗誦	寫前準備	注音符號
11:30–11:50	讀經	讀經	讀經	讀經	讀經
11:50–14:10	午餐／午休	午餐／午休	午餐／午休	午餐／午休	午餐／午休
14:10–14:30	午點	午點	午點	午點	午點
14:30–15:10	心算	體適能	視聽活動	體適能	心算
15:10–15:40	戶外活動	故事時間	戶外活動	故事時間	兒歌朗誦
15:40–16:20	收拾／放學	收拾／放學	收拾／放學	收拾／放學	收拾／放學

在空間與時間皆被「填滿」的學習環境中，老師與幼兒皆無法展現主體的靈動性；人人像是「待充填的容器」，每個人的思維世界皆遭禁錮，而人與人間的社交活動也被框住，擦不出火花來。這些教室場景所反映的是不具成長因素的生命圖像；老師無法體悟人具有自由意志與個別差異，認為所有的行為都可以藉由「獎賞」、「鼓勵」、「忽略」、「懲罰」、「練習」等外鑠機制，連結原本不相關的事物，以建立新的行為模式或消除既有的行為。易言之，所有行為皆源於外在環境的制約，唯有受到外力的推動或刺激，才會運轉。此類「假性」的教育空間規劃與情境氛圍猶如 P. Freire 所批判的教師行為：「……最糟的境況是教師在場，但實際上是缺席的」[1]（1998: 63）。何謂教師「在場」卻又「缺席」？在這些教室中，教師普遍缺乏知識觀、課程觀，而其所抱持的幼兒發展圖像更是模糊不清的，也因此無法積極「參與」幼兒的學習過程；不是以齊頭傳輸方式進行課程，便是放任幼兒遊走。在此前提下，這些教室場裡的幼兒自然無法積極「參與」自身與他者的學習過程，師生間無誠真的「對話」。易言之，教師與幼兒間經常性存在一種「我一物」的「物化」狀態，而非「我一汝」的人性狀態；教師、幼兒、課程／教材及空間／設施間的互動呈現一種疏離狀態，每個人的所作所為猶如在完成一種既定的儀式，無法發揮教育的核心價值與任務。據此，我們亦可說，在幼兒成長過程中「最糟的境況是幼兒在場，但實際上是缺席的」。

第二類教室如場景「老師，他又拿色紙了！」、「一大攤數學教具」、「老師你看！我是巫婆！」、「好似一艘快沉的船」，以及「時間到了」。這些教室看似開放，但老師卻扭曲「開放」的意涵，既不關注幼兒的學習過程，更不介入幼兒的探索內涵，任由孩童嬉鬧奔跑。一旦發生負面行為，即懲處之！場景「時間到了」更是無視幼兒的探索內涵，強勢中斷幼兒進行中的活動。此類教室雖不似第一類教室在空間與時間皆被「填滿」，但老師亦未關注、參與幼兒的學習過程，以致教師、幼兒、課程／教材及空間／設施間的互動呈現一種疏離狀態。

相對於前述兩類教室中，幼兒與教師的「缺席」的狀況，第三類教室如場景「我們要下交流道了」、「剪紙條」、「我要在這裡剪個洞」、「可以告訴我，你為什麼要這樣擺嗎？」、「萬里長城！我們蓋的！」、「當嫦娥遇見太空人」，以及「我們蓋了三家店」的教室中，「人一我」間與「物一我」間皆交融成一片！

這些幼兒園的作息型態以自由探索活動為主軸，空間安排則建置了多元豐富的

1　原文：teacher's presence is an absence

學習區域，誘發幼兒自主探索。時間與空間的「留白」，猶如老子強調的「上善若水」[2]之境界。在此多元開放，如水般的學習環境氛圍下，幼兒們得以依自己的發展節奏或興趣，選擇遊戲內容、玩伴，並自行決定玩法與時間長短等。易言之，這

2　出自于老子「道德經」第八章：「上善若水。水善利萬物而不爭，處眾人之所惡，故幾於道。居善地，心善淵，與善仁，言善信，政善治，世善能，動善時。夫為不爭，故無尤。」其意為：世間最柔弱的東西莫過於水，但它卻能穿透最為堅硬的東西；不見其形的東西，卻可以進入無縫隙的物品中，如滴水穿石的力量。此即柔德所在；柔可克剛。藉此強調人之「不言」與「無為」的處世哲學。

些教室的幼兒們積極地「參與」了自身及彼此的學習與成長，專注又滿足的神情總寫滿他們的臉上。

幼兒階段是心智能力與人格韌度養成的關鍵期，但養成的機制不是到了某個發展時程就自動發生，更不是聽命大人指令行事完成的，而是幼兒每天在玩玩具的當下、在聽故事的當下、在努力地想剪開一張紙、完成一片拼圖、用陶土捏出一隻兔子、洗乾淨一個水彩盤、堆疊積木……的過程中萌芽的；是幼兒在學習等待、排隊中；是在與父母討論晚餐的內容中；是在老師引導下，規劃如何搭建積木長城中滋長的，更是在與友伴爭吵著如何選用積木搭蓋斜坡；嘰嘰喳喳討論蠶寶寶是如何吃桑葉的；一起研究如何在車上裝上駕駛盤；爭執著如何輪流騎乘腳踏車等諸多「成為一個人」的過程中，悄然地發生了。易言之，學習與成長是幼兒在其每日所生活的環境中，依著時節流轉，循著自身的發展時程，對其所「參與」的人事物，與之「對話」的過程中，有所感、有所思，進而反思、重組經驗，融攝於其既有的心智結構，使之質變。同樣地，教師專業的精進也在他能凝視每個幼兒；觀察、了解並掌握它們的學習成長的細微處，進而據之以設計課程與規劃環境的過程中，悄然發生，此即教學相長的最高境界。

俗話說：「一根草，一點露」，每個人皆有其存在價值。教育工作乃「成人之美」，其核心任務即在發展人的心智潛能與人格韌度；不但在於釋放個人潛能，達至個人認同，更在於傳承文化與維繫社會運作，以體現對族群的、社會的、文化的，乃至自然生命的認同。而要達此目的的關鍵機制，即是在生存環境中，得以「參與」自身與他者的生活。「參與」意謂著一個生命體能在其生存環境中，與「他者」互動，發展正向的「人─我」與「物─我」的「對話」關係，形成有意義的回饋機制。而自我亦在此關係中，依著自己身心發展的節奏，循序漸近地發現自我，猶如存釀美酒，在時間流轉中，一點一滴地發酵。此「順時性」與「對話性」機制正是教育活動的任督二脈，是「成為一個人」的關鍵過程，更是人之所以為人的價值所在。在此過程中，人不但會從生活世界中，學習辨識、掌握有用的知識，讓自己耳聰目明，發現自我存在的價值，更能體悟自身與社會、自然環境間的關聯，學習融入群體，關照他者，乃至宇宙生命。因此，在「成為一個人」的過程中，人自會陶養成有主見、有抉擇力、計畫能力、判斷力、解決問題能力、能持之以恆的人，他更能夠等待、控制衝動、延後滿足、面對挫折、管理情緒的人。此外，他也成為一個樂於溝通、協調、分享、利他的人。然，當一個人所做所言的理由皆是因服從權威、畏懼受責或聽從他人的指令時，他是無法「成為一個人」。

學習環境如水般承載、作育萬物，但水能載舟亦能覆舟。環境內涵的良痞牽動著人的發展，其力量對我們生活的影響猶如刀之兩刃，是助力也是阻力。為師者要如何為成長中的幼兒規劃適性的學習環境，才能落實「成人之美」的教育核心任務？

CHAPTER **2**

人類生命圖像與幼兒發展

　　第一章所描述的兩種截然不同的現場教室圖像，其差異關鍵即是，這些教室中的老師能否體悟人的本質與存在價值；能否掌握人與其生存環境間的互動關係，能否掌握幼兒階段的發展特質，以至能否認同幼師之社會性角色。當幼兒園教師對人類生命發展、生存環境、幼兒的基本圖像，乃至自身的角色定位皆是渾沌不清甚至是錯誤時，自然無法參與自身的專業成長，更遑論幼兒的成長。因此，在為幼兒規劃適性的學習與成長環境前，我們得先質問與掌握：「人類心靈是什麼？狀態為何？」、「人的存在價值為何？」、「何為生存環境？」、「何為社會？」，以及「人與生存環境的關係為何？」等根本性的問題等，凡此大哉問是教育現場規劃與施行者首要自我質問與掌握的。

第一節　人之異於禽獸者幾希

　　上個世紀現代理性主義盛行的年代，企圖以物理、化學等自然科學定律說明、解釋人間一切現象。此種不具「成長」因素的「機械觀」認為，萬事萬物皆可化約為精準的律則，然後加以預測、推論，並加以普及化，以建立普世真理，造福人類。現代理性主義所強調的是一種封閉式的線性因果關係，一種支配性的邏輯；若將此現代理性觀點運用於教育相關事務，會呈現何種圖像？

　　在現代理性邏輯框架下，J. Watson、B. F. Skinner 等行為主義學者視人如機械般，將人類所有的行為表現歸因於環境的制約與控制；認為發展只是「量」的變化與差異，人類大腦不過是一只「黑箱」，無須考慮其錯綜複雜的系統運作。在此理性思維架構下，教育者視人類心靈猶如一支空桶、一片白板，人與人之間也沒有個別差異，而知識是既存於世，猶如倉庫內的物品，早已等在那裡，等人搬運。在此前提下，課程的規劃與施行演化為「刺激—反應」模式，或有如 R. Taylor 所強調的，需採由上而下的線性模式；首先需設定精確的目標，然後依這些目標切割學習單位選擇教材、組織及設計教學內容、發展教學程序，最後實施教學評量。當某一目標沒有達成，課程設計者就必須重新檢討這個過程，可能重訂目標、或是重新選擇活動、檢討評量。學習者在此課程模式運作過程中，被視為不具自由意志與發展潛能的承接容器，必須由教師運用各種指導策略與技巧傳輸知識，才得以「裝填」之。然人不是可操弄的靜止物件，在現代理性邏輯框架下，行為主義學者否認人與人間的個別差異性，更否認了人天賦的自我組織、調適、生成、層級轉化、創造潛能等諸多生物有機體之靈動力，也忽視我們所賴以維生的環境之生成本質。更重要

的，人的發展是一條極其漫長的演化歷程，且與其生存環境間有著互為主體的複雜關係。簡約的機械觀或線性因果論點，是無法解釋複雜的人類發展內涵，更不能詮釋充滿不確定性的生存環境。

要掌握人類生命圖像，就需從人作為地球上的一種物種；一種活生生的、存在於世的生物有機體說起。有機體的生命本質即在於其天賦的「自我組織與調節機制」（self-organizing and regulating mechanisms）之靈動力。此天賦本能，讓有機體在面臨衝突或生存威脅情境時，能維持自身的穩定性或修補受損的組織。例如，我們擦傷流血時，除了消毒包紮外，體內的血小板也會自動修補細胞止血。又如某些動物的冬眠狀態等，皆是此機制運作的結果。當生物體能與其所處的環境互動和諧時，其身心即恢復平衡的狀態，然此平衡狀態並非永久的，而是隨著時空的變化，維持一種開放性的動態平衡現象。一旦「自我組織與調節機制」失去運作能力，無法面臨新環境的種種威脅，生物體即會失去生命力，以致消亡。如恐龍等古生物的消失。基於此生物性，J. Piaget 的「發生認識論」（genetic epistemology）[1] 則充分說明人類特有的自我組織與調節的過程。

作為一位動物研究與認識論學者，Piaget（1950, 1952）強調，人類生命系統的運作與學習過程繫乎生物性自我組織與調節本能。其運作的關鍵機制為平衡（equilibrium）與「失衡」（disequilibrium）狀態間的循環。在面對外在環境訊息與內在的基模（schema）[2] 不協調或衝突時，個體會因「失衡」造成困惑或不適而啟動自我組織與調節機制，以恢復身心的平衡狀態。而恢復平衡狀態的方式則是藉由「組織」（organization）和「適應」（adaptation）兩種能力的運作結果。Piaget 認為「所有的基模或理解形式，都源自『組織』與『適應』兩種與生俱來的心智運思歷程」（Shaffer, 2015: 268）。

「適應」是藉由「同化」（assimilation）與「調適」（accommodation）兩種對立又統合的心智活動所構成。當個體面臨問題情境或新的訊息刺激時，通常會先以既有的基模去吸收、解釋之，將新經驗「同化」入既有的心智結構中。然當生物體既

1　J. Piaget 建立「發生認識論」（genetic epistemology）科學門派，終其一生探討有關人類發展與學習的議題，諸如：人類是如何認識、適應生活世界的？我們如何思考問題？是如何獲得知識的？促進人類智慧發展的關鍵機制為何？個體智慧發展的內涵（性質與形式）又是如何隨年齡的增長而改變等（Piaget, 1952）。

2　「基模」（schema）乃生命體對所處環境的覺知、理解、行動或思考的組織型態，也可解釋為「心智結構」或「知識檔案庫」。「基模」是現實的表徵；藉由基模，孩童得以詮釋與組織經驗。對 Piaget 而言，認知發展即是「基模」的發展（Shaffer, 2015: 268）。

有的基模無法應付新刺激時，就必須修改、重建既有的心智結構，以適應新的環境情境，此種歷程即稱之為「調適」。例如，吸吮是哺乳類出生時即具有的動作基模，當母親把新生兒抱著靠近乳房時，新生兒即會自動吸吮乳汁，而當母親無法親自哺乳，改以奶瓶餵奶時，嬰兒雖可能會有一時的不適應，但無須大幅調整既有的吸吮基模，即可適應新的經驗。然隨著年齡漸長，需以喝的方式飲水，乃至咀嚼固體食物時，嬰兒就必須大幅修改或重建原有的飲食基模了。又如，嬰兒抓到東西就會往嘴裡含，認為是可以吃的食物，但當他發現結果並非如他所預期時，就會認知到該物品並非是滿足其飢餓的東西，經驗多了，就會建立新的「基模組」，用以區辨可以食用與不可食用物品的差異。同樣地，剛進入幼兒園的新生之所以會適應困難，乃至抗拒上學，主要原因即在於，幼兒園的作息方式與人際互動氛圍和其原生家庭的狀態大異其趣，因此必須大幅修正原有的心智結構，以融入幼兒園的團體作息運作方式與內涵。

「同化」與「調適」兩種機制緊密合作，相互辯證，同步進行。「同化」維護了既有的心智結構；「調適」則促發心智結構的應變能力與成長。作為高等生物體的人類，自出生階段，即是藉由這兩種機制的聯合行動，循序漸進建置基模組，以適應生存環境的變化。每一個基模組掌管一種心象、概念、一套行為模式或組織知識的特殊方法。藉由各種檔案的管理與建置，我們得以詮釋、辨識日常的所見所聞及所遭遇的各類生活情境。

「組織」則是個體將既有的基模加以組織整合、轉化為更高層次、更複雜的基模的歷程；一種層級複雜化的成長現象。例如：隨著生活經驗的增長，嬰兒會將與生俱來的「注視」、「伸手」與「抓握」等三種基礎基模，漸漸整合為「視覺引導伸手抓取物件」之高層基模。又如：只看過狗的一歲孩童，以為四條腿的都是「狗」，一旦發現貓、羊等諸多四條腿動物的叫聲或其他特徵明顯異於「狗」時，會好奇的想接觸、辨識之，慢慢發展出「動物」→「四條腿的」→「狗」、「貓」、「羊」……之層級式的概念。此等組織整合與轉化能力，是會隨著個體生存環境的變遷，持續進行。

「組織」與「調適」機制可謂是人類做為一種高等生物有機體的基本生存原則。人類自出生階段，即是不斷地在「同化」與「調適」的辯證發展過程中，不斷重組、整合、轉化，以建構更複雜的心智結構。Piaget 強調，在此過程中，生命體不只是「發現」新事物，更是「建構」知識體系與創新。藉由「建構」機制，人得以適應生存環境乃至創造、改變之，而此過程是無終點的；一種隨時因應所處環境

變化而持續運作的動態平衡機制。因此，我們可以說，心智發展繫乎人的主體性與主動性；所有的學習成長乃源自生物有機體自身不成熟與不安定；一種內在趨力與生存環境互動的過程，以適應或解決生存環境的諸多挑戰或衝突。

綜論之，「人之所以為人的關鍵點即是與生俱來的好奇心、組織、生成與創新的能量」（Chomsky, 1957）。在與生存環境的互動過程中，人具有一種無以形容的生成與轉化能力，在轉化出新功能與更複雜的組織機制時，又能維持既有層級結構的穩定性。而此種天賦靈動力並非是抽象的描述分析邏輯，而是一種洞察與區辨整體環境的「情境直觀能力」；一種高度的直觀能力，能在具體、自然的生活情境中，同時辨識、處理許多訊息，抓取整體特徵，並進一步嘗試錯誤，試驗、歸納……以因應環境變數。而擁有最複雜的「情境掌握能力」的生物有機體，即是人類，而此天賦能力在人之初即展現。Chomsky（1957: 563）曾言：「孩童具有非凡的能力，能夠藉由各種……複雜的方式，進行各種歸納、假設和資訊加工」。例如：初生嬰兒能在一堆人臉照片中，辨識其母親，又如兩三歲的幼兒無法在地圖上指認其住家位置，亦無法清楚的說明住家方位，但卻能無誤的自行走路回家。其他如繪畫、扮演能力亦是幼兒掌握生活世界能力的展現。而嬰幼兒對語言的掌握，更是此「情境直觀能力」的最佳註解；新生兒能將聽到的語詞連結周遭的情境，並藉由不斷的嘗試、調整；從「牙牙學語」、「單字詞」、「雙字句」、「完整句」、「複合句」……，短短兩年內，即掌握基本的語言溝通能力。

Piaget 對幼兒心智發展的觀察亦應證「情境直觀能力」的特點。根據其認知發展理論，認為「前運思期」（preoperational period）的幼兒無法理解抽象的概念或不在眼前的事物，必須透過親身體驗、操作或感官經驗來掌握周遭的人事物、解決問題，也因此，他們的思考活動常侷限於「自我中心」與「直覺判斷」。幼兒通常無法從他人的立場或多重角度來觀察、詮釋生活經驗，只能從自身的立場或單一觀點、角度觀察、詮釋之。諸如：幼兒會認為影子、月亮跟著他走；觀看不同角度拍的物品圖片時，會認為是不同的東西；他們也很難理解、體會他人的想法與感受，這也是造成幼兒園班級裡高頻率的爭執、打鬧事件，年紀越小的越不能接受輪流、等待、共用物品或分工合作的安排。除此之外，幼兒也常會根據事物的表象或結果來判斷事物或解決問題，缺乏合理的邏輯推理能力，包括：「並置推理」、「無保留概念」、「無法逆向思考」、「無集合概念」等思考特徵。例如：幼兒常認為蘋果就是水果，卻不認為橘子、西瓜也是水果；同樣十顆排成長條的珠子比放成一堆的多；常認為比較大的東西就是好的；打破十個玻璃杯比打破一個貴重的花瓶還糟糕

等。再者，幼兒敘述生活經驗時，常會從一個特有的概念直接跳接至另一概念，或認為前後接連發生的事，其間必有關係。例如，有人在幼兒園不管是吃點心或午餐時，常會拒食或吵鬧不休，可能是因為他在家裡常常吃完午飯就會被要求午休的不愉快經驗，因而認為「吃飯」與「睡覺」是必然相關的事情。這個階段的幼兒也常常只能將注意力集中在一件事物的局部或細節上，無法以整體觀之。又如，畫爸媽的畫像時，常常很誇張的描繪嘴巴、眼睛等部位，而使得整張臉與身體不成比例。

誇張的臉部特徵是幼兒繪製人像的特徵

　　Piaget 的「發生認識論」，雖為我們描繪了人類心智發展的生物性基本圖像，但卻忽略了社會文化在此過程中所扮演的關鍵性中介角色，尤其是每天一起生活的父母、老師、同儕等「重要他者」的影響力。L. S. Vygotsky 的「社會文化理論」（socialcultural theory）及近代認知與發展心理學的相關研究，挑戰了 Piaget 的一些定論。根據 Piaget 的論點，基模的重組與發展乃是個體與周遭生存環境互動的結果，因此，孩童心智成長乃是純然的自我導向，宛若是一個人的冒險之旅，無須他人的教導，單靠自我的探索即能獲取各種知識，適應生存環境，也因此，Piaget 認為人類心智成長的進程與內涵，具有跨文化的普遍性。然人的生存與成長並非是「孑然一身」。在絕大多數的情況下，我們日常生活無時無刻不與人互動、對話，即便是獨處時，亦是被包覆於整個歷史潮流與社會文化的時空脈絡，無以遁形。人與其所處的歷史文化脈絡，緊密地交織成一個無法切割的整體；人之言行舉止、生命樣態，可以說是其所處社會結構的縮影。Sartre 貼切的以「單一宇宙」（singular universal）來形容人的存在狀況，「人從來不是獨立於世，在漫長的歷史洪流與各層社群文化的洗禮下，人被『整體化』[3] 了（引自 Ferrarotti, 1981: 23）。

3　totalized

　　諸多有關幼兒階段心智發展狀態的研究證實，幼兒並非如 Piaget 所形容的，全然是一位自我中心（egocentric）主義者。諸多嬰兒相關研究發現，出生嬰兒約兩個月大時，即顯現能覺察、理解他人行為或想法的能力而與之互動，尤其是與照顧者間，發展出一種相互理解的親密關係。例如，當一位母親逗弄嬰兒，對之微笑、說話時，嬰兒會慢慢地蠕動其身體、嘴巴與臉龐，甚或發出嗚嗚聲回應之，形成一種「對話」似的關係。這種「對話」雛型亦構成了「初級互為主體性」（primary intersubjectivity[4]）關係，也奠定了嬰兒學習語言，建構意義的基礎。大約六個月大時，嬰兒就能更進一步，以各種方式聯結周遭人事物間的關係，形成「二級互為主體性」（secondary intersubjectivity）的關係（Bates, 1987, 1989），例如：當母親拿湯匙餵嬰兒時，嬰兒即會張口吞嚥，幾回後，不待母親餵食，嬰兒自會張嘴巴等待餵食，假使母親故意拖延，嬰兒可能會瞪眼納悶或鬧脾氣，然一旦發現母親是在跟他開玩笑後，便又會調皮地回應之。又如：當有人將球滾到嬰兒身上，沒多久，嬰兒即會將球推回來，形成一種角色互換的關係。嬰幼兒就是在這種一來一往，「互為主體性」的關係中，掌握周遭環境中的人事物，進而內化以建立或重組行為「基模」。一般而言，五歲幼兒已具備相當的語言溝通能力，亦能掌握、解讀各種社會情境知能。例如：在家用餐與學校或餐廳用餐時，會表現出不同的言行舉止。

　　L. S. Vygotsky（1978）亦不認同 Piaget 純然的生物學觀點。他提出「社會文化理論」，認為個體所處的歷史與社會文化情境在其學習與成長過程所扮演的關鍵性角色。他主張，人類心智發展分為兩個層次，一是自然生物線，二是社會文化線。在生命的第一年，發展的主要動力源于自然生物性的本能，如初生嬰兒原始的注意力、生理反射、知覺與原始記憶方式等。到了生命的第二年，亦即當嬰兒能夠站立行走，並開始掌握基本語言溝通能力時，自然生物線與社會文化線融合為一體，然這過程並不是自動發生的。Vygotsky（1978）強調，人類高層心智發展的主要動力並非源自個體生物性時鐘，而是經由社會文化中介的結果；是在豐富的社會與文化的情境中發生；是透過不斷與他者（各種人際的、歷史的、自然界的文本）間彼此互動的「對話」中開展，進而「內化」（internalization）[5]於個體的心智結構，漸進發展出邏輯記憶、抽象概念等高級心理功能。亦即，初級心理功能經由社會文化及

4　Intersubjectivity 或譯為「相互主觀性」，意謂在某種社會情境脈絡下，互動的雙方在無數一來一往的交談、協商、合作或衝突中，逐漸掌握彼此的意圖、想法、意識形態或觀點。而這種溝通互動過程所憑藉的即是約定成俗的溝通與文化符號系統（通常以語言為主），以及互動雙方所建立的默契。

5　「內化作用」：將外在的符號運作於內在心理層面，重新建構的現象，包含兩個層次的轉換：先發人際間的（interpersonal）再於個人的（intrapersonal）。

符號的中介，重新建構、組織成為較高層次的心理功能。

　　尤其是與日常生活中最頻繁接觸的父母、老師、同儕等人的互動內涵，是影響孩童認識、適應世界的「重要他者」。如果一個人在成長過程中所經歷的文化環境內涵過於貧乏或原始，那麼其思考層次也將停留在低等層次。雖然 Vygotsky 亦認同，人天賦具有某些基本生物性心智能力，然這些能力若未經過社會文化的積極中介，就無法轉化為複雜的高層心智功能，而轉化的關鍵即是人類獨有的「心智工具」（tools of mind），亦即，使用各種象徵符號的能力。Vygotsky（1961, 1978）強調，每種文化／次文化皆會提供其發展中孩童特有的「心智工具」，以適應、改造進而創造生活世界，並傳承特有的生活信念與價值觀，其中，「語言」[6] 是最關鍵性的心智工具。Vygotsky 認為語言是聯繫個人心智發展與社會文化生活世界的關鍵橋梁，因此，語言的獲得可謂是孩童心智發展的里程碑。在成長的過程中，我們藉由「心智工具」在各種人際互動情境中，將諸多訊息意義化，進而內化成個人的心智內涵。如：在每天餵食的情境中，照顧者不斷借由手勢、話語與嬰兒互動，在一來一往的溝通過程中，嬰兒漸漸「內化」各種溝通模式、食物與用品名稱、味道等相關的情境資訊。

　　易言之，人之異於禽獸者，除了直立行走能力外，人類是唯一能使用各種象徵符號，客觀化自身的物種，而其中最關鍵的能力即是「語言」。有別於動物的「在

6　語言是人類獨有的能力，是人類學習思考的根本媒介，讓人得以脫離動物性狀態，成為一種意識性與意向性的存有狀態；藉由語言，我們能客觀化自身，反思生活經驗，為自己的生活世界「命名」，將生活世界意義化，並得以跨越時空，加以傳承、遠播。

己存有」[7]狀態，人獨有的語言能力讓人能超脫動物性狀態，成為「意識性的存有」；一種可自主面對其日常活動，並積極連結自身與生存環境產生的意向性與意志力。易言之，藉由語言等抽象符號，人不但能覺知自身活動與所置身的世界，更能自我客體化，反思自身與自身的行動，為自己的生活世界「命名」，將之意義化，使之成為一個生活世界，進而在變動不居的生存環境中尋找、抉擇定位與方向。此外，人更能不斷藉由學習、實踐、反思、批判與創造等能力，去干預、轉化其所生存的世界；克服或善用種種因緣條件，尋求一個與他者及大環境間更合理的依存關係（Freire, 1998: 52-53）。因之，意識性存有蘊含詮釋性、實踐性與社會性特質，是人類知識與創造力的泉源。而生存環境的奧妙則在其永遠渾沌不明的生成（becoming）狀態，總是滿載多元異質的元素，讓我們得以時時面對各種課題與挑戰，以釋放我們天賦的潛能。生活環境對人類而言，不僅僅是一個物理性空間，更是一個可以不斷超越的歷時性空間（historical space）。藉由此存有特質，人將時間三維化成「過去」、「現在」與「未來」，也因此產生了人類歷史、文化與社會。

作為歷時性與社會性的存有，人常態性地存在於環境圍限與自由意志的辯證關係中，因而，此天賦意識性存有蘊含著開放性；讓人的生涯總處於一種「不完美」（incompleteness）與「未完成性」（unfinishedness）的狀態。凡此「缺陷」，「……，讓人永遠鑲嵌在一種「自我完成」的過程中，去完成我們的不完美或未完成性。此永續的追尋自我的狀態正是人類尊嚴與永續學習的立基點」（Freire, 1998: 52-53）。易言之，人是一種條件性（conditioned），但非決定性的存在。「世界對我們人類而言，是用以創造歷史的素材，我們有自由，有能力作選擇、判斷、奮鬥與決定。人性尊嚴雖可能被否定、拒絕或蔑視，人生境遇雖有可能成為非人性，但卻也同時代表一種希望——人是有能力去介入、改變它」（Freire, 1998: 52-57）。此即人的「自我完成之依他起性」。Freire 強調人的「不完美性」、「自我完成性」與「自我完成之依他起性」乃是人類存在的基本命題；每個人的生命都被鑲嵌在具體的時空中，會受生存的客觀環境影響；生活世界對於我們而言，並不僅僅是一個需適應的載體，更是一個我們可以不斷學習去克服種種困境與挑戰，加以轉化與創造的生活世界。

7　動物缺乏自我意識狀態，其回應世界的方式純然是一種生理本能性的反應，亦即，動物無法客觀化自身，反思自身的行為與活動，使之意義化。也因此，動物不能構築自身生命的樣態，更無法改造生活世界。任何賴以生存的時空環境對牠們而言，不過是一種制式化的物理性空間；是非時間性的（沒有此時與彼時之分，更無所謂今日、明日或昨日的差別）（Freire, 2012: 98-99）。易言之，任何時空環境對動物而言，皆無法個性化或不具個人的生活意義。

　　意識性存有特質使人類「不僅是活著，更是一種存在」[8]（Freire, 2000: 98）。此天賦靈動力，正是人之所以異於其他物種的根基所在，更是作為人類的精彩處。因此，「當我們覺察到自身的不完美狀態，卻不能投入自我的追尋，那將是一種矛盾」（Freire, 1998: 57）。而「歷時性意識」（historicity）[9]彰顯了做人價值在於，能回觀自身，能覺知生活世界總是充滿各種可能性；知曉現實生活非固定不變的，是可以被改造、超越的。人成為自己的生命歷程中，總會遭遇各種「條件」、「自由」與「機緣」，藉由種種因緣條件，我們得以自我追尋、自我實現（Freire, 1998, 2002）。易言之，人的未來不是命定的，總是滿載各種疑難雜症，總是以不確定的樣態，攤在我們面前。自身未完成性的覺察與歷時性意識，使我們成為倫理性的存有，不能逃脫以行動投身於世界的責任，如果人只是被遺傳基因、文化或社會階級決定的機體，那人就不必為自身在世的行動負責，也更沒有倫理性的問題。

　　當人可以覺察自身所客觀化的世界；能將自我與自身的行動分離時，人便能跨越其「界線處境」（limit-situation），也因此具有執行「界線行動」（limit-acts）的能力，不會抱持宿命觀。此存有特質更提醒我們，現實非固定不變的，是可以被改造的，面對壓迫的現實，我們必須去克服各種「非人性化」的現實。生活環境對我們而言，總是交付我們各種「任務」，去克服社會環境中的種種挑戰與困境，以超越現有的生活局面。此人性觀提醒我們，生命的意義即是在諸多渾沌不明的狀態中，尋找那「暫時的秩序」，而宇宙世界則透過眾多生命的表現，展露其永續不斷的創化。

　　Vygotsky（1978）認為，孩童在成長的過程中，自是「能知的主體」（active agents），但卻非是純然自我導向的。他提出「最佳發展區」（zone of proximal development; ZPD）[10]觀點，認為孩童在學習過程中，若能在適當的時機得到成人或能力較高／有經驗的同儕積極的引導，達至「心智上的遇合」（meeting the mind），將有助其重組或建構新的心智基模。「最佳發展區」為社會文化理論的關鍵概念，旨在探討學習與發展間的關係。ZPD 是學習者可以獨立完成工作或解決問題的實際發展（actual development）層次，與需要他人協助、指導才能完成的潛在發展（potential development）層次，兩者間的區塊。易言之，ZPD 猶如尚未結成果實的花苞；是心智發展將熟未熟的敏感區塊。

8　原文：not only live but exist
9　historicity 或譯為時間性意識、歷史性意識。
10　或翻譯為「近側發展區」。

　　綜論之，所有的學習成長乃源自生物有機體自身的不成熟、不安定、不確定與未完成狀態所形成的內在趨力，策動該有機體與周遭事物相互辯證的過程。然生物性本能的展現不是自動發生的，而是條件化的；需有豐富的生存環境加以誘導、釋放。因之，人類的存在不只是存在，更是一種「臨現」（presence）；一種與世界、和他者相互涉入彼此的生命歷程，能夠認知到他人「臨現」的非我（not I）狀態，能夠和彼此涉入，共同開創新的局面，讓未來充滿了無限的可能性，而此歷時性意識的演進是沒有終點的歷程。在「未完成性」與「自我完成性」的策動下，希望便成為人基本的原動力與調味劑，少了它，我們便會陷入「無歷時性意識」（unhistoricity）[11] 狀態；將自身的思考與行動看成不相關聯的事務；認為過往的生活經驗視為無可改變的事實，因而以宿命論面對生活的種種，讓未來陷入可悲的牢籠。

第二節　大腦發展與學習

　　承前所言，知識是由認知主體主動建構而得；人類心智開展是先天生物性時鐘與後天學習機制交織運作的結果，而此發展觀正呼應了人類大腦發展歷程與基本運作方式。

　　嬰幼兒常予人坐不住，無法靜下來的印象，總是不停的想聽、想看、想聞、想說，更是經常爬上爬下或動手到處摸、把弄器物。此階段行為特徵主要的策動力，乃因他們正處於大腦神經元活化與感覺統合的關鍵期。此階段大腦發育的主要任務是接受各種感覺刺激，以建立綿密的神經網絡連結系統，使大腦各區塊能分工合作，因應瞬息萬變的環境需求。而達成此任務的關鍵點，一是神經元之間的連接（活化），亦即，突觸的大量增長，二是神經纖維的髓鞘化（myelinization）。

　　人類胚胎在發育過程中，會生產出億萬個神經元以形成大腦與神經系統。這些神經元浸泡於各種化學物質中，藉由這些物質的調節與神經膠質細胞（glial cell）進行遷移。神經膠質細胞的功能在於提供神經元必要的營養，並隨著腦細胞的成長，將之包覆於一種蠟質的髓鞘（myeline）中，稱之為髓鞘化，以防止神經元活化輸出電流時發生短路現象，提升訊息傳遞的效率。此現象促發腦部快速發育，尤其在胎兒最後三個月到出生後兩歲之間，可謂是腦部成長陡增期（brain growth spurt）。新

---

11 unhistoricity 或譯為無時間性意識、無歷史性意識。

生兒的大腦體積約只有成人的 1/4，但嬰兒終其一生所需要的神經細胞在初生當下即已具備，只是尚未發育完成。兩歲時，幼兒的腦部發育即會增長到成人的 3/4，三歲時更達 4/5（Fincher, 1981; Gazzaniga, 1985）。

　　在淘汰不必要或不好的神經元後，存留的神經元會自動遷移到它該去的地方，呈現特定化的功能，如視神經元、聽神經元等。各神經元就定位後，便開始拉長自己的身體，長出樹突（dendrite）與軸突（axon），以便連結其他神經元，形成複雜的網絡系統，而連結的方式即是藉由神經元間的空隙所形成的「突觸生發」（synaptogenesis）以傳遞／接收神經衝動。簡言之，神經元藉由彼此間的間隙放電或釋放化學物質相連，構成各種特定化神經迴路（neural circuit），讓訊息能夠傳遞、接收。這些迴路形成一糾結複雜的網絡系統，讓我們能思考、感受外在環境的種種刺激（Fincher, 1981; Gazzaniga, 1985）。

神經元間連接的形成　　　　　　　　　　　　神經迴路

　　人在出生之際，腦部已製造超出實際所需的神經元與突觸，建立神經迴路的雛形，以準備因應各種外在經驗的刺激，再根據經驗刺激狀況，進行「突觸修剪」（synaptic pruning）工作。在正常發展狀況下，幼兒大約兩歲時，約有數十億個神經元間的連結，且神經元間的連結狀況遠超過成人，而此期間會產生神經元「突觸生發」現象，亦即，突觸連結的歷程會頻繁發生。最常接受刺激的神經元與突觸會穩固連結，繼續運作。反之，較少受到刺激的神經元則會失去其突觸，處於保留狀態，以待他日修補腦傷或學習新技能，但長期沒有接受適當刺激的神經元則會自動脫落。「突觸修剪」過程好比果農會修剪枝葉與部分果實，以確保來日收成時，果實豐碩。大腦會根據經驗刺激，修剪多餘不用的，並強化留下的神經元，不但增加體積，更朝向複雜化發展（Fincher, 1981; Gazzaniga, 1985）。

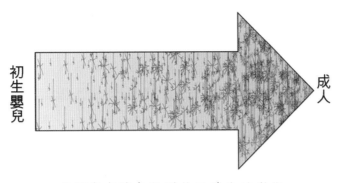

突觸密度隨年齡增長而發生的變化

　　簡言之，每個人神經網絡的基本結構取決於生活經驗的激發；大腦的發展會不停地因應環境的刺激與要求而決定其神經元間的連結方式，包括：連接與否、強弱或改變功能等。「不用則退」可謂是神經元間的連結方式與去留原則，某些能力若未加啟動或永續經營之，過了青春期即會退化或消失。以幼兒的「直觀能力」或「圖像記憶能力」（eidetic image memory）[12] 為例，此能力通常進入兒童期後即漸漸消失，主要原因是上小學後，學校課程偏重讀寫算等抽象能力的學習。而各民族文化傳統，也往往會決定哪些行為能力是重要的，並定義其內涵，而那些對種族生存或社會運轉不具意義的便予以忽略，甚或壓抑之，如，母語學習即是最佳的例證。初生嬰兒對任何聲音皆具敏感度，但各文化脈絡所強調的語言發音系統各異，長期浸染後，某些發音能力自然消失（Gazzaniga, 1985）。

　　神經傳導的速度與活力，決定了腦的運作效能，活化神經元，使之傳導與運作的必要「糧食」，便是透過眼睛、耳朵、鼻子、舌頭、皮膚、關節及前庭等感官接收各種感覺（sensation）刺激，包括：視覺、聽覺、嗅覺、味覺、觸覺、動覺與前庭平衡覺，以察覺外在環境的種種狀況。各種感覺皆有其專屬的神經系統負責傳導與接收，然後在腦幹處組織整合、判斷後，再發出響應指令。如此，中樞神經系統各部位才能整體運作，讓我們能因應各種環境需求，做出判斷與因應方式，此過程即是「感覺統合」（sensory integration）。當物理性感覺刺激傳入腦部時，大腦會以過去的經驗辨別並加以主觀詮釋，而成為主觀的知覺（perception）。例如：幼兒玩皮球時，視覺讓他知道球是圓的，黃色（或其他顏色）的；觸覺讓他知道皮球是滑

---

12 嬰幼兒是藉由「圖像記憶能力」來認識、詮釋周遭環境的刺激。這種本能行為讓幼兒將所看到的事物，如照相機般深印在腦海裡，不會忘記。嬰兒約在六個月大時，就能分辨簡單的幾何圖形，一歲半就能記住一些看過的圖形，持續 15 分鐘至兩天不會忘。而三至四歲的幼兒對圖形的辨識與記憶能力便已發展出很好的基礎，例如，看完繪本後，常會鉅細靡遺地描述某些畫面的細節，但卻說不清楚故事情節。

滑的（或粗糙的）、有彈性的；嗅覺讓他知道球是無味的（或橡膠味）；動覺讓他知道球有些重量，拍球時球會反彈等。當大腦統合這些感覺後，幼兒便學會習得有關球的知識，諸如：球可以滾、可以踢、可以拍，……有各種玩法，很好玩，但不好控制，需反覆練習，而且拍得越大力，反彈力越大等。簡言之，腦部的發展與運作，除了需要各種感覺訊息的輸入，更需要加以統合才能發揮功效。人腦在七歲前，彷彿就是一部感覺處理機，對生活周遭事物的感受與詮釋，主要來自感官系統的直覺映射，而非思考的結果。因此，此階段嬰幼兒發展的主要機制是感覺運動發展，若其生活環境能提供大量且適宜的感覺運動經驗，對其日後各種能力的發展至關重要；多元且正向的感覺能否充分統合，攸關個體成長順利與否，一旦感覺統合失調將導致學習或情緒障礙（高麗芷，2006）。

嬰幼兒期大腦發育的另一重點是神經纖維的髓鞘化。髓鞘化與神經系統其他部分的成熟速度一致，依循既定的時間順序進行。大腦各部位發展速率不同，完成包鞘的時程不一，從最早的運動皮質區與身體感覺皮質區，到最晚的前額葉皮質的眼眶皮質，需歷時 20 年光陰。嬰兒出生時的感覺器官與腦之間的路徑即已包覆髓鞘，因此新生兒的感官運作良好，且隨著腦和骨骼間路徑的髓鞘化，嬰兒漸漸發展抬起頭胸、伸展手臂、翻身、坐起、爬行到站立行走等複雜的動作。網狀組織與額葉皮質則要到青春期後才能完全包覆髓鞘，此正說明嬰幼兒的注意力廣度較短。而嬰幼兒情緒掌控與社交能力較弱的主因，也是因腦部下皮質區與前額葉皮質間髓鞘化的速度較緩慢（Fincher, 1981; Gazzaniga, 1985）。

大腦有無限的容量可儲存訊息，從出生開始，大腦即不斷透過各感覺系統接收、處理訊息，詮釋其意義。若新訊息能與既存的訊息做有意義的聯結，神經網絡便會形成且強化之。語言、情緒、認知、肢體動作、社會情緒等，每種能力的學習，在大腦皆有其對應的區塊／機制，各有其敏感期，需在此區塊機制開啟時加以啟動，方能收事半功倍之效。大腦發展有其既定的順序，若未能依此生理進程而給予適當的刺激，包括：過少、過多、過早或過晚的刺激等揠苗助長或放任忽視狀況，將造成無以挽救的傷害。但大腦發育並非是直線發展，而是呈波狀，在出生到六歲間的高峰期，即是大腦神經網絡連結的「機會之窗」，在此時機內，大腦對某些特定的能力學習特別敏銳，包括：情緒、動作、視力、聽力、語言、音樂，與思考能力發展的敏感期。因此早期生活經驗對大腦發育有絕對的影響力，環境經驗刺激的有無、品質與持續性，決定了神經突觸的數量與連結後的功能，對發展中的嬰幼兒至關重要。

　　凡此現象反映生命早期的腦部發育並非純然依循生物性時鐘，只要時間到了就會自動開展，而是某些「學習」的結果；一種細胞高度反應外在經驗的運作原則，極具可塑性。易言之，人類大腦可謂是「社會性大腦」，是生物預定的發展時程與後天生活經驗刺激「共舞」的結果；基因決定了腦的基本構造形成與運作方式，但早期經驗是神經迴路存廢的關鍵，透過不斷的刺激，大腦決定迴路的去留。因此，從大腦神經發育與運作方式來看，心智發展即是神經元連接的方式與密度，而此又取決於外在環境能否提供適時且適當的刺激。大腦接收、解讀外在環境輸入的訊息時，會活化大腦聯結區，訊息越多元、豐富，活化的程度越高，尤其是新奇的事物會活化與此刺激有關的神經元。神經網絡系統的連結方式／突觸的多寡或傳達訊息的種類，取決於後天環境因素的良否。包括：營養的食物、完善的醫療照護、豐富的探索環境，而其中最重要的是溫暖且穩定的人際關係，而此回饋機制，也正是社會建構論的立基點。

　　簡言之，嬰兒在出生的當下，即已開始感知周遭的一切，亦是學習的開始，因之，保持高密度的神經網絡是學習新事物的最佳時機。成長中的孩童是在與父母、家人等照護者間所形成互為主體性的依附關係中，探索周遭環境；穩定且正向回饋的人際環境，不但具有生理性的保護功能，更能協助成長中的孩童，積極回應周遭環境刺激的挑戰。但過少、過多或過早、過晚的刺激都會適得其反。例如嬰幼兒長期受虐、藥物傷害、營養不良或未能得到適時的人際回饋，都會降低其對周遭環境的好奇心，也因此損害其大腦神經元間的連接，造成大腦神經網絡稀疏的現象而影響發育。又如：幼兒長期在小格子內寫字、反覆觀看閃式圖卡或同時間接收過多的行為指令等狀況，也會引發神經元間的擠壓（neurological crowding）現象，而阻斷突觸自我修剪的功能，弱化神經元的連結反應，以致影響腦功能的專業分殊化。此類「揠苗助長」方式，不但無法活化神經元間的連結，反倒是削弱大腦統整能力，建構有意義的訊息。

第三節　認同的形構與社會化

　　伴隨生理發育與心智能力的開展，幼兒階段另一重要的發展任務即是社會化，在社會化的過程中，形構自我概念、發展自我認同。

　　　　自我是每人對自身特質認同的反身性感受，是相對於他人的類同和差

異的角度而形構的，缺乏此身分認同，人就無以覺察自己是誰，更不知如
何言行。

R. Jenkins（1996: 29-30）

「認同」（identity）是一種人追問「主體性」（subjectivity）的存在境況。一個
人在其成長過程中，總會不斷追問「我是誰？」、「我在別人眼裡是什麼樣子？」、
「我要什麼？」、「我要如何改變現狀？」、「我要在社會上成為什麼樣的一個
人？」、「我要如何成為我？」等覺察、疑惑、掙扎、解放或實現自我的歷程。此
永無止境的自我界定、自我生成的存在狀態，即所謂的「認同」。E. Erikson 的「心
理社會發展論」（psychosocial development）[13] 指出，「認同」是人格發展的核心任
務，更是沒有終點的發展任務。他將人生全程視為連續不斷的人格發展歷程，並以
發自於自我成長的內在因素作為人格發展的動力，而此內在因素具有社會性，因
此，人格發展是個體以自我為基礎的心理社會發展的一個歷程。依據 Erikson 心理
社會發展論，嬰幼兒時期正處於對周遭人事物建立信任感與安全感，發展自主感與
自我控制能力的關鍵期，而此階段同時亦是幼兒展現強烈好奇與想像力的時期。藉
由這些能力的開展，形構其自我認同。因此，家庭和幼兒園能否提供適性的學習與
成長環境，必然會影響個體人格的發展。是助力亦或是阻力決定幼兒能否跨越發展
危機，順利邁入下一人生階段。

人終其一生，會集多種認同於一身，從「自我認同」、「性別認同」、「職業角
色認同」、「族群認同」、「國家認同」……乃至「文化認同」，且其內涵，會隨著各
種政治、經濟乃至文化等社會變遷而改變或轉化。從個人生活領域來看，認同是一
個人在家庭、學校、社區的生活情境中，在各種渾沌不明權力關係的擺盪下，所占
據的「位址」。從公共領域觀之，認同則顯影於各族群、階層間的權力拉鋸關係，
是一個族群所共同擁有的基本信仰、模範及價值之綜合體，藉以能辨識、維繫自身

---

13 E. Erikson（1980）以一條線的兩極對立的觀念來表示不同時期的發展危機，依照人生發展危機性質的
不同，將人的一生劃分為八個階段。他認為，人的自我意識發展持續一生，他將自我意識的形成和發
展過程劃分為八個階段。每個階段皆有其發展任務。這八個階段的順序是由遺傳決定的，但是每一階
段能否順利度過卻是由環境決定的。在人格發展歷程中，個體在每個階段都需學習適應不同的發展困
難，化解不同的心理危機，而這些發展任務是連續性的，亦即，每個發展任務能否順利達成，會受到
前一階段中，心理社會危機解決程度影響。反之，一個階段任務的失敗，會增加下個階段任務的困難
度，或使下個階段任務不可能完成。易言之，在人格發展歷程中，個體在不同時期學習適應不同的困
難，化解不同的危機，最後完成其整體性的自我。所謂的成長，即是克服這些危機或衝突的過程。因
此，發展危機也就是發展轉機；沒有發展危機，個體的自我就無從獲得充分的發展。

或抵抗外在事物對族群環境與成員的威脅。處在相似時空背景的人，對其主體性的追求或旁落、逃避，自然會有著共同的記憶與想望，展現出一種集體的主體性。而認同也可以從時間性的角度，理解為歷史過往與當下間，持續性的拉鋸關係。易言之，「認同」對人生的意義，就在其形構的過程中，不但含涉行動主體對自身存在價值感、生命意義的詮釋與體悟，更是作為某一族群成員的「歸屬意識」。人透過「認同」機制，賦予自身某種「身分」特殊的社會價值與地位，如身為台灣人、身為女性、身為一位幼師、身為父母親、身為子女等的存在意義。此過程機制乃是個體生活得以開展、穩定、轉化乃至安身立命的核心，也是人得以跨越各種困境，尋求自我與他者間理想狀態的關鍵憑藉。然「認同」的形構並非是自發性的生理機能，而是有其形構的過程與機制。

（一）認同的形構

從心理動力學觀點來看，「認同」是個體在社會化過程中，模仿乃至內化某一個人或團體的價值、規範與形貌，成為自己的行為模式的心理機制與過程，亦可謂一種社會人格的養成。在此歷程中，個人將各種「社會關係」內化而形成自我人格型態，以企求內在需求、情感的統合（張春興，1991）。G. Mead（1934）將「自我」分為「主觀的我」（I）與「客觀的我」（Me）兩個層面。「主觀的我」是主動的「我」，具有主動判斷能力，能對他人的行為做詮釋。「客觀的我」是被動的「我」，藉由「反身性」（reflexivity）[14] 將自身客體化的能力，以獲得「概括他人」（generalized others）對自己的一種整合性的圖像 。他以「概括他人」來指稱社會大眾，各種社群或組織團體的互動關係，對個體的社會化具有一定的影響力，因此「概括他人」也可說是社會的化身，其中最具影響力的乃是與個體有親密互動關係的「重要他者」（significant others），如：父母、手足、老師、同儕等。他認為這些「重要他人」是影響個體評估自己形象與行為的主要「參照團體」（reference group）。易言之，「自我」的統合意謂「他者」的存在，「自我」乃是統合（synthesis）自我定義與他者定義下，逐漸浮現成形的。對 Mead 而言，社會與個體間乃是無法切割的整體。所謂社會即是人與人間的社會關係，沒有了社會關係，人的能動性即無法開展，亦無法發展文化。而此不斷自我界定、自我生成的認同機制，其特點在於：

---

14 Reflexivity：反身性——經驗回照自身——所有社會過程得以融入自我的經驗裡，藉此機制，自我得以有意識地站在他人立場調整自身言行來適應社會，透過自我調適來修正在此過程中任何社會行動的結果。因之，反身性是人在社會化過程中，心靈發展的基本條件（Mead, 1934: 134）。

系統性生成力量

從心理動力學角度來看，任何身分認同永遠是多重、彼此蘊含的「社會我」。此多重系統匯聚的力量，有如交響樂團演奏般，樂曲動聽與否取決於各種樂器間彈奏的契合度。Jenkins（1996: 30-31, 66）所提出的「認同化的內外辯證模式」（internal-external dialectic of identification），讓我們進一步掌握身分認同的形構過程。他認為「認同化內外辯證關係是一種人內在自主調節（內在定義）與外在控制的可塑性（外在定義）間相互辯證、浸染的過程；『自我狀態』（selfhood）在本質上為社會認同（social identity），此狀態一方面浮現於自我在多重的人際關係間與他者間的互動，另一方面則形構於個人心靈深處，主我與客我間的對話。主我與客我間永無止境的互動循環，乃是人能動性的泉源」（Jenkins, 1996: 44）。易言之，自我與社會間的關係，宛若資訊不斷來回流動的模控網絡力學活動，亦有如一條巨河中的漩渦；是一種內外力量同時並進的「態勢」[15]，其中心點即是「認同」的內涵，質量與距離則代表影響認同形構過程中，各種內外環境因素所展現的綜合力道，而此過程是一種沒有終點的開放性動態平衡現象。

U. Bronfenbrenner（1979, 1998）之「生命生態系統模式」（Bio-ecological Model）也有近似的看法。他以整體系統且動態的視角，解釋有關人在發展的過程中，與其所處多重系統環境脈絡間，複雜的交互循環現象。他提醒我們，在進行有關人的發展研究時，「……人和環境的特質、環境場域的結構，以及發生在這些場域內及之間的過程，都必須將其視為彼此相互依存，並視為整個系統加以分析之」（Bronfenbrenner, 1979: 41）。在其理論模式中，人與環境的關係被視為是一個生命共同體；人類心智的發展是個體內在趨力與環境力量「共舞」的結果。他以「脈絡中發展」（development in context）概念來詮釋人在社會化過程中，與其所屬的各層社群環境間錯綜複雜的關係。所謂「發展」，是「人類發展是成長中的人，在其所處生態環境下，獲得與該生態環境有關的，更具寬廣與區辨性概念的一種過程，且在這過程中，人會被賦予一種能量，會激發他，並使之有能力去參與活動，以展現該環境在形式與內容上的複雜度」（Bronfenbrenner, 1979: 27）；是「個體對其所處生態環境的了解並與之建立關係的演化（evolving）過程，也是一種個體去發現、維持乃至改造環境內涵能力的增長」（Bronfenbrenner, 1979: 9）。而他所稱的之「環境」，依照人與社會空間相互影響關係，區分為「微系統」（microsystem）、「居間

---

15 原文：moment，也可譯為「力距」，一種環繞中心點的力量；質量與距離的聯合函數。

系統」（mesosystem）、「外系統」（exosystem）與「鉅系統」（macrosystem）等層層交疊如俄羅斯娃娃，形成一綿密的網絡系統，而人的發展在「時間流」（chronosystem）的照映下，與此層層交疊的網絡交織成一綿密、動態不拘的生存系統。

⁝⁝⁝ 在脈絡中顯影

承上所言，認同狀態並非人天生既有的特質，而是形構於特定的社會文化時空場域，在層層的人際關係照映下「顯影」（embody）的。「顯影」乃是認同的核心，一個人是在各層人際社會與歷史文化脈絡中，定義、定位自身，同時區辨自身與他者。

E. Goffman（1983）以戲劇劇本（play）及「框架」（frame）概念，譬喻我們生活所處的各種社會場域，人生歷程有若經歷一場場戲碼，每個場景（前台、後台）皆各有其特定的符號與價值體系，各有其操演、實踐的法則（外顯的、內隱的）。因之，長久浸泡於某個場域的人，自然而然會習得某些特定的行為趨向，進而內化、固著。P. Bourdieu（1977）則以「習癖」（habitus）概念來描述人身分認同形構的微妙狀態。「習癖」可說是人各種習性所積澱的總體，為一種持續性與開放性的性情或行為趨向系統。其具有兩層意涵，表面上來看，意指某個人的喜好、習慣、興趣偏好，乃至一種生存方式與思維架構趨向。然此個人行為趨向卻非個人主觀意志的選擇或天生既有的氣質，而是有其特定的養成的「場域」[16]。他認為一個人的社會位址與成長經驗，會如影隨形在其一生的某個關頭（every moment）發酵為這個人的思維與言行基礎，亦即，當人不經意地做出某個判斷、說出某些話或採取某種思維取向時，其實皆是反映此人在成長過程中，其所處的社會位址所賦予其生活價值取向或世界觀的「顯影」。例如：經歷戰亂變動的人與成長於太平盛世的人，面對生命或死亡的詮釋，自是南轅北轍；當老師的人與行銷人員，對於「課程與教

---

16 P. Bourdieu 所強調的「場域」（field）並非是實體存在的，而是人們爭奪各種重要生活資源或資本的抽象的生活空間／場所。資源或資本非指自由的資本交換，而是在特定的權力關係網絡管控／支配下，相關資源或資本（有形的或無形的）生產、占有、流通與再生產的情形。一個「場域」即是一束長期積累的人際權力爭衡關係，「……是各個相對自主的『遊戲』領域的聚合；不同類型的資本爭衡就形成不同的生活場域」。而「遊戲」的籌碼即是各種經濟、社會與文化資本。Bourdieu 要強調的是，世間沒有一個「場域」的「遊戲」制度是自然產出的，而是經年累月，一群擁有較多資本的人，藉由某些「符號暴力」「正當化」了某些規則，不符合或不遵守該場域遊戲規則者，自被排除在外或異化為邊緣人。例如，各宗教團體、聯考制度，……乃至每個家庭的家規。換言之，權力場域構成了這個世界最基本的「元場域」。當代社會最具代表性的「元場域」即是「國家」。我們的生活世界即是由各個獨立卻又彼此聯繫的「場域」所構成的，每個場域都各有其特有的價值觀系統與規範原則。

學」的看法，自是有明顯的落差。Bourdieu（1977: 143）說：「身體是社會的化身，而社會在我們身體中」[17]；人之言行舉止與生命樣態，可以說是其所處社會結構的內化與縮影，所謂「結構化了的結構」（structured structures）。因此，要理解人生命的過程與內涵，就不能不探究其所處社會的運作方式與內涵，以及與之互動的演化過程中，行為如何發生、維持及發展的，此乃「見樹見林」之理。

1. 主體與群體意識

　　然脈絡中顯影，並非意謂人是被動的接收容器，「習癖」也非無法撼動。如前所言，人乃意識性存有，自會揀選、詮釋其生活經驗，融攝於其既有的認知結構中，漸漸形成其特有的整體人格結構。Freire（1998: 56-57）的人類存有基本命題一再強調，人是「能知的主體」（knowing subject），能察覺自身「不完美」狀態意謂著蘊含著源源不斷的能力，有著諸多潛能等在那！能主動參與、介入其所處的世界，以追求存在於世的最大價值。此觀點亦是 Mead（1934: 134）的「反身性」、Jenkins 認同化的內外辯證模式，及 Bronfenbrenner「脈絡中發展」所強調的。因之，破解「習癖」的關鍵即在「意識覺醒」，能覺察、揭露加諸身上的價值觀；所處場域制度所潛藏的符號暴力（symbolic violence），進而加以解構並重構之，改變場域的型態、內涵或遊戲規則，此即促結構化的結構（structured structures）。

　　H. Blumer（1969）之符號互動論也主張，種種的社會現實並非是一個既存的，等著被發現的客觀實體，而是構築在生生不息的社會互動內涵，我們所知道的、所感受到的與所了解到的「社會事實」，是參與的各個主體對此互動內涵自我詮釋與相互詮釋的結果。人類藉由語言與各種象徵符號「界定」自身對某些情境的定義、詮釋自己的生活經驗，並賦予意義。而「詮釋」、「賦意」並非是由特定的人或因素所決定，乃社群中的人透過互動來建構意義。社會與個人間是一個不斷相互影響、相互創造的變遷過程；來自不同背景與價值觀的人，不斷藉由「意義的協商」發展出共同的「界定」，同處在一特定的情境（如社區、學校）的人們會因經常互動、分享經驗，而對某些事務發展出共同的觀點或習癖。例如：成長於重視人本的學校的孩童，長大後，其言行舉止與人生視角，必然異於填鴨式教育氛圍下成長的人。而當情境改變時，社群中的「意義的協商」又會重新啟動，新的文化價值系統於焉產生，此即「社會變遷」。例如，30 年前與現在，一般社會大眾幼教課程的定義與內涵存在一定的差別。

---

17 原文為：the body is in the social world but the social world is in the body

綜論之，我們所處的世界是一個複雜且不斷「生成」（becoming）的開放系統，總潛藏著諸多課題，等待我們去面對、解決或重新命名。「在自我追尋的過程中，人與其世界存相互依存，能覺知自身與世界間存在於一種命定限制及自身自由；一種互為主體的辯證性的關係（dialectical relationship）」（Freire, 2000: 99）。身分「認同」同時蘊含個別性與社會全體層面，深具辯證性格；一個人追尋、實踐生存意義的動力是生而有之的，但卻不是靠個人獨自冥想而成的；人的主體意識不是事先給定的，必有其孕育與實踐的社會場域與所承載的文化實體。而此存有特質也正呼應人類大腦發展與心智形構的機制。

（二）認同的制度化與組織化

承上所言，個人自我的形構與之所處文化、社會網絡間有著不可切割的關係。人在認同的過程中，雖各自以自己獨有的方式形構其社會認同，但如 Blumer 所言，我們所知道的、所感受到的與所了解到的「社會事實」，是參與的各個主體對此互動內涵自我詮釋與相互詮釋的結果，易言之，人總會在生活的各層面與某些人共享類似的生活經驗，而導致「共同界定」，形成「群體認同化」現象。「群體認同化」形成的關鍵在於「類同」，預設該群體成員間有著最低限度的相似點。然「群體認同化」的效應並非源自如種族、職業別等社會大眾所賦予的社會類別或性別、年紀等生理屬性，而是以具有凝聚效力的意識型態、世界觀的社會價值大傘，將個人的生命經驗與群體發展交織成一體，因而影響個人的生命內涵於無形。誠如 Bourdieu 與 Goffman 的觀點所示，各個社會場域本身即是一種「集體習癖」的操演舞台；常浸泡同一社會場域的人，自會表現出共同的言行趨向；所有的自我統合、個體認同皆是社會性的，反之，所有的社會認同也附著於每個自我。

Cohen（1985: 98）以「共同體」（community）概念，進一步說明一個族群藉由某種或所謂的「象徵性意義」（symbolic construction），有如一把大傘將大家凝聚於其下。例如：在認同「尊重幼兒的基本圖像、我們應提供幼兒適性的學習與成長空間」此教育價值觀的大傘下，將某些人匯聚成幼教群體。在此社會價值的傘下，所屬成員構築自我與族群間彼此相屬的感覺，一種屬於特定場域或擁有自己操演舞台的歸屬感與責任感。而此「共同體」意識不只作用於思考層面，更發酵於心靈層面，讓成員彼此間共享某些價值觀，並建立因應某些生活事務的默契（senses of things）。意即，無須多加說明就能領悟事情是怎樣的，同時也知道該如何應對。例如：當面對家長質疑課程或作息安排時，身為一名專業幼師不會一昧迎合，而是謹

守倫理規範解釋溝通之。又如，當幼兒間發生人際衝突時，也不會立即介入或懲罰，而是以長遠目標為原則，示範人際溝通技巧，化解衝突。但共同體的象徵意義並非強調精準、一元的價值體系來規範所有成員，表現出一致性的行為或共識，而是具包容性的、多面向的，且會隨著時空更替而有所變革。簡言之，「共同體」象徵意義乃是寬廣的概念，所屬成員各自以其分殊方式表現集體類同或詮釋共有的經驗（Cohen, 1986）。

「群體認同化」經歲月洗禮，便會演化為「制度」。亦即，當一群人開始共同習慣性或例行化某些活動模式，並對此有所覺察，以某些共同「論述」作為溝通彼此的平台時，慣性的行為便開始「制度化」。習慣化與制度化是難以劃分的，個體到集體乃是連貫的；集體習慣是種制度化形式，而習慣則是制度化的個體表達模式。

認同的「制度化」的重要性，在於其聯繫了個體與群體；在人社會化的過程中，藉由場域中的「互動秩序」，每個個體與整體社會結構緊密相結，相互涵涉。任何「制度」一旦經時間沉澱、固化，便被大家視為「理所當然」爾之儀式化、「照本宣科」之社會地理景觀。而如此認知或情緒上的可預測性，奠定了安穩的社會，也讓我們得以有餘力開創人生其他面向（Jenkins, 1996: 132）。「沒有規範，就沒有社會或文化……就是這種建立、維繫乃至打破規範能力，人類才得以生存」（引自 Jenkins, 1996: 122）。就如 Goffman（1983）之「框架」（frame）概念所強調的，人生所處的各種社會場域，無論是正式或非正式的，皆有其「互動法則」（interaction order）；任何制度的形成，必然涉及一定程度的社會控制，無論是有形或無形的。例如，在學校場域的老師，每天依既定作息安排，照表操課。而人生歷程宛若一場場有待演出的戲碼，無論前台或者是後台，皆有其特定的閾限。雖然每個「演員」對同一劇碼或許會有不同的體會，會以自身獨特的方式詮釋，然在共享的框架下，仍有一定程度的普遍性，讓劇碼得以持續演出。同一社會場域的人有著共同的文化共通性，同享共同的社會記憶，當然亦承載共同的命運。簡言之，「認同」作為人的一種存在方式，制度化的過程即是群體認同化；我們社會化的過程，即是一個實踐制度化的世界，而其中影響我們生活最廣泛亦深遠的就是各種「機構組織」。我們的生活世界可說是一個被大大小小的「機構組織」所填滿的世界，小自非正式的聯誼會，大至國家體制，即便不是自主加入，亦無可避免地受其影響。

「機構組織」是具有任務導向、有「邊界」的人際場域，可說是特殊類型的制度。為達成組織任務，任何機構需藉由各種規章及上下分層的職分、位階的分派，

有形無形的導引、規範所屬成員的言行，遵循一定的程序做事情。例如，在幼兒園，每個老師皆須依人事組織規章與既定的課程目標、架構及作息安排，進行教學活動，以落實該幼兒園的教育目標。這些程序與人事架構，無論是明文的或內隱的，即是組織特有的「象徵宇宙」，藉以協調各個成員，落實既定的組織目標。在此階層化的人際網絡中，所屬成員經由組織社會化的過程，內化該象徵性知識。每個人也因在組織中不同的職分與位階建置其特有的身分認同（Jenkins, 1996: 139）。

　　我們的生活世界本質上是個制度化、組織化──科層官僚的世界。而無論是大小、正式／非正式的或私有／公立的組織，皆是整體社會的一環，無可逃脫地會受廣大社會分類之影響，亦即，任何自覺的群體都不可能獨立於整體社會之外。然在強調類同的同時，「象徵性意義」大傘下的「群體認同化」必然隱含「差異」，畫出與其他族間的「邊界」。「『邊界』以兩種方式對所屬成員，展露其共同體之象徵性意義：一是公共領域層面或『典型』模式，即所屬成員覺知『邊界』另一邊的人，是如何看待其共同體。另一則是私人層面的，即所屬成員各自以自身的生活體驗，沉澱出對共同體的覺知，此乃『分殊』模式。我們可從『分殊』模式掌握人們對自身所屬群體的想法與象徵意義。」（Cohen, 1986: 13）。

　　易言之，「共同體基本上是鑲嵌在邊界概念中」（Cohen, 1985: 14）。所謂文化共通性乃是一種「邊界」維繫過程中的產物，某一族群成員間的相似性乃是在另一族群照映下所凸顯出來的差異，否則就無法自我宣稱為一個群體。例如，如幼師與小學教師的內涵，彼此間當有明顯的差異，否則不必區分為二。此「差異感」乃是某一族群覺察自身族群文化的核心。然此「邊界」並非實體與固定的界線，界線是可以跨越或重新規劃。隨著時空的變遷，在跨界交流過程中，群體認同化與他者的類別化不斷折衝、擺盪。

　　Marx（1975）的「自為階級」（class for itself）與「自在階級」（class in itself）觀點可進一步說明此群體類同與差異間的相互辯證關係。「自為階級」乃是族群自我定義、共享的社會價值而凝聚的「群體」，而「自在階級」則是由社會大眾所定義、辨識的「類別」。群體認同化乃屬該群體內在定義的的產物，然此定義必然在某種程度上，涉及社會大眾對該族群的看法，如：「你們幼教老師都是有愛心、耐心的……」、「行銷人員都很會講話」。易言之，集體類同暗含他者的定義，所謂社會辨識標籤、類別化；一個族群的群體認同化與生命的延續即是在內在定義與外在定義間的拉鋸、折衝過程中形構、維持的，族群認同（自我定義）與社會類別（他人定義）間的拉鋸是永遠的社會劇目。Marx（1975）強調，動員一個社會類別，使

之成為社會群體，乃是一種政治性過程。其關鍵在於，此內在定義與外在定義間的拉鋸過程涉及規則的運作，「規則」定義了互動的界線，讓各方人士在最低限度的共識下進行互動，而此「邊界」的維持、滲透，乃至重劃構築了一個權力角逐的空間。例如：在幼托合一政策中，有關幼兒園或幼師的定義、「誰可以成為幼師」的爭辯、協商。族群認同的維繫或變遷可謂是一種政治性的操演，「權力」的運作在其中扮演著樞紐地位。

綜論之，制度組織可謂是我們認同化的來源與位址，任何個人的身分認同或群體認同化是在社會實踐過程中，在錯綜的類同及差異關係下；在進出邊界時，不斷試探、協商或跨越時「顯影」的。類同及差異永遠是一體兩面的，在共享的「邊界」上彼此互映，而此一體兩面的機制框架了我們的社會關係。在「象徵性意義」的大傘下，任何群體、組織皆是差異的駕馭與協調，組織構成於對外團結的類同，及內部成員階層化差異所形成的張力中，然此組織內在態勢需與組織外在態勢——非成員的類別化——交相辯證、制衡，此即 Jenkins（1996）所提認同內外態勢辯證模式之集體運作，我們的生活世界總是在群體認同與社會類別間來回擺盪。

（三）論述秩序與生活意義的建構

承上所述，我們所處的世界是一個層層交疊又變動不拘的社會網絡系統，而此網絡系統最關鍵的特質便是制度化，而制度作為社會運作不言自明的一部分，就是「社會控制」。影響當代社會運作最深遠的制度即是「資本主義」，資本主義的運作基調乃是在所投入的既定資本中，求取最大的「剩餘價值」。在此等總體化的架構下，為增加生產力，獲得更多的剩餘價值，就必須藉由各種組織分工、決策系統或責任的分派——科層官僚體制的運作。而為達成組織任務，任何機構就必須將每個人定在職分地圖上的一個位階（職分與角色）上。組織藉由各種位階，將人安置於互動秩序網絡上的一個位階，而每個位址本身即是一個錯綜的「人際場域」，是「由滿載各種不同層級與種類之權力資本[18]所交織、界定之客觀的權力關係網絡」（Bourdieu, 1992: 114）。易言之，每個位址即是一個「權力源」（position-link power），包括：位階、資源、動機、決策與意義的管控等。學校即一個典型的官僚式的組織系統，其中的教師或主管，即是依此機制圖表而擁有不同的權力源。不同的社會場域，各有其不同比重分布的權力內涵網絡。認同的制度化與組織化過程可

18 此指廣義的資本概念，包括經濟資本、教育資本、文化資本、社會資本等。

謂是與資源分派息息相關；不但是賞／罰、資源／消耗、名譽／污名化分派的中心，更是社會結構階層化與社會分層核心，加入某組織意謂獲得某些資源選項，但也同時也失去某些。對於一個族群而言，組織／制度不只是象徵性大傘，更是權力配置、折衝的空間；任何社會身分的認同乃是在權力關係中形構、固著，因之，也是社會資源的個別顯影。一個人是如何被社會辨識的？被歸為哪一類？意謂你會獲得或剝奪某種資源時，自然會影響你對自身的觀感——身分認同化，也因而展現出特有的日常言語特質。當一群人被歸為同一類而產生共同經驗時，意謂一個社會族群的產生（Jenkins, 1996）。現代生活即在此分層、分化模式的生產與再生產中運轉，我們的人生意義可謂是由各種社會類別與資源分派與系統性操控下的產物。

簡言之，我們社會化的過程，即是一個實踐制度化的過程。科層官僚理性策略與社會控制的核心，滿載組織與行政的管理權能，而此過程所憑藉的並非制度或權力網絡本身，而是一種人為的「政治性的操演」，亦即藉由各種論述所交織成的「論述秩序」有形無形地操控組織內人的行為或心智發展方向。

Foucault（1970, 1971）界定任何有形或無形的知識、訊息傳遞的現象為「論述」（discourse）。此看似日常話語但卻不能與之畫上等號，關鍵就在其底層所暗藏的社會脈絡與權力張力。Foucault 特別強調語言建構世界的物質性關係與策略性效力，指出「論述」乃是一種表徵系統，由一組經過人為系統化組織的陳述，藉由各種「文本」諸如交談、演說、報導、各種藝術表現等影音實體或行動，傳達某特定訊息，其意並不是記載世界，而是自身在世界所蘊含的操演行動。在此意涵下，「論述」可定義為一種行動、一種技術或一種事件。我們所接觸、賴以生存的各種制度、組織，文化氛圍，乃至思想行為的依歸，皆是各種論述運作的表徵。

「論述」也可謂是一種社會實踐，「在社會實踐與奮鬥的過程中，人們自會內化各種規範、習俗、各種論述秩序，作為文本產出、詮釋與消費的源頭。此人們賴以生產與解釋文本的源頭，包括人們的語言知識、習性、價值觀與信仰等，在自然與社會生活中的各種生活表現」（Fairclough, 1989: 10-11）。不同場域、不同位階的人各有其特有的「文本」或言談現象，而此語言習性通常不易被覺察及質疑，視之為理所當然，此現象即 Bourdieu（1977）的「習癖」概念。各個社會場域本身即是一種集體習癖的操演舞台。因之，論述與現實間，並非是藉由語言，被動地反映社會現實，而是一種涉入權力關係與社會過程的社會現象，使在此網絡中行走活動的每個人，皆受此論述群的內涵所限制而不自覺。蘊藏物質性的操演效力與建構本質，可謂是「論述」進行之一大特色。某種「論述」的散播定有其說者（社會主流

者或某一社會權力機構）與聽者（社會大眾或員工部屬），不斷藉由意識型態的運行，創造主客體地位，以支撐或顛覆權力關係（Faircolugh, 1989）。而「論述」的操演能量具體展現如下三點所述。

論述秩序

Foucault（1971）以論述實踐這個概念來闡明知識／權力在社會的鉅觀與微觀層次之散布方式。論述作為一種「社會實踐」形式，是文化價值觀與各種社會制度本交織下所構成的意義體系，隱含著一種權力網絡關係，管控我們日常之言行內涵，以及對於事物的思考與欲求。他指出，任何社會或社會中的各個層面、族群，皆有其特定駕馭其成員言行、思考乃至其世界觀於無形的一系列的習俗、規範或條例──「論述群」，構成該社會文化的基石。然任何個別的論述實踐，並非受制於獨立的論述，而是由潛藏於論述底層的「論述秩序」所決定。

「論述秩序」意指，一個社會場域內各種論述實踐及其間的排列、組合關係；一組由社會習俗、慣例所形成的網絡。各論述間相互依存（互為文本的）形成一種強效的表徵系統。以「學校」為例，包括教室、遊戲場、教師辦公室等各種論述實踐的相互串組，形成學校場域特有的表徵系統。又如，「幼兒園需營利導向」、「幼兒階段是語言發展敏感期」、「國際觀的培養」等論述相互幫襯、參照，形成一種深不可測的論述秩序，造成幼兒學說美語風潮，操控幼兒園教師的教學實踐。

Foucault（1981）認為「事務本無秩序，一切都是人類所加上去的」，我們種種思想或行為尺度皆是知識與權力意欲交織下的產物；日常看似不相關的各個生活領域，卻藉由各種論述間的串組，相互涵涉結成一張強效的權力網絡，所謂「真理」不過是在某種論述秩序下被區辨為正道或異類的遊戲罷了。而任何論述組型皆非靜止、封閉性的實體，而是具濃厚的物質能量。皆會隨著時代流轉、政經的變遷或個人的詮釋，各論述間被討論、再製、轉變、更替或消失，彼消此長，時而相容時而衝突，滿載權力關係的張力。

支配性論述與文化霸權

而任何「論述秩序」的運行，總是由特定的意識型態或支配性論述所架構。

Foucault（1970, 1971）強調，一些看似散亂、各自分殊的「論述」，並非是雜亂無章的，乃是鑲嵌於該世代特定的世界觀，或所謂的意識型態／支配性論述。此世界觀不只主導文本的意涵，更左右其他論述與該文本間的關係內涵，且在賦予其正當或非正當性的同時，卻經常隱藏自身的意圖。例如：一般幼保科系會隸屬於家

政學院或家職類高職，而當一個人以「女生很適合當老師」、「爸媽說女生很適合當老師」、「教師工作比較單純有保障」等理由選擇幼師為工作時，皆可看見一種既存的意識型態與支配性論述，在框架教師工作性質，以及女性職場的發展。近來「立足台灣、放眼天下」之意識型態也逐漸成為一種支配性論述，影響我們生活的各個領域。易言之，支配性論述可謂是各種論述間的「黏著劑」，一個人的日常言行背後都有其所指涉的支配性論述與結構性條件；一個人展露於其生活各個面向的言行舉止，可謂是某種支配性論述的肉身。

A. Gramsci（1971）所提出「文化霸權」（cultural hegemony）概念，也引導我們分析國家權力與支配階級是如何形成的，了解主流文化如何鞏固、再製某種不公義的社會關係，進而思考重建社會合理關係的可能策略。根據 Gramsci 的看法，霸權關係就是一種意識型態的滲透現象（the saturation of ideology），某種社會階層或團體之所能位居主流領導地位，一個國家支配階層要維持其權力，不能單靠武力或其他強制性手段，必須建構社會政治秩序，將某種文化與倫理信念注入社會大眾的日常意識中，才能維持其政權或主流地位於不墜。具體的做法是要將社會大眾或受支配階層的文化價值觀吸納重組，使之成為有利主流或領導階層的倫理價值觀及世界觀。易言之，霸權乃是「倫理與智識上的領導系統」（moral and intellectual leadership）或稱之為「文化霸權」，一種方向指引式的社會網絡關係。主流階層藉由建立普遍的社會「論述秩序」，來強調某種生活價值觀。主流階層藉由宗教、媒體與教育機構等種種語言符號傳輸系統，描述社會現實，傳播某種「意義世界」，讓從屬階級主動或被動內化支配階層所規劃、制訂的文化價值觀，成為自己的生活習慣、言語內涵乃至世界觀。而形成意識型態霸權的條件就在於經濟秩序所創造出的意識範疇與結構，滲透到我們日常生活中，知識分子將這些意識範疇與結構合法化，使之披上中立的外衣。

Foucault 的「論述秩序」與 Gramsci 的「文化霸權」概念，不但指出了霸權建立所涉及社會力量的多元性，刻畫社會各族群間，階級力量錯縱複雜的權力爭衡關係，也同時點出意識型態無遠弗屆的穿透力。凡此提醒我們，需以網絡性思維來了解學校組織與教育，關注整體社會中某特定的社會結構階層關係，亦即某種制度化、約定成俗的宰制關係，讓我們洞察各種社會化組織在霸權運作過程中，所扮演的關鍵性位置與功能。為建立並鞏固領導權，現代國家統治或各種社會組織機構領導階層必會操控、動員各種教育與文化等意識型態運作機構，以獲得獲取民心。藉由語言符號所承載的意義，支配階層得以規範社會的生活內涵，將霸權的理念原

則、價值觀加以制度化，因此與其說社會大眾對支配階層權力的「默許」，不如說是對其意識型態的默許，其顯示社會大眾與支配階層間的關聯不但是權力讓渡，同時也是精神上的讓渡。霸權的意識型態支配著社會大眾的生活現實，也決定了階層化的人際網絡。因此，我們也可以說，意識型態的滲透現象，實則是一種「政治社會化行動」。

◈ 治理性與稀釋化

　　Foucault（1971）強調論述的產生是透過諸多程序而控制、組織起來的，並加以重新配置。藉由這些程序原則來約束、規範其他權力或危險的干擾、以獲得各種優勢，並可規避有形實體，此即「稀釋化」現象。「稀釋化」可謂論述形構過程的基本現象，任何具有主旨、中心思想看似清晰完整的訊息或知識內涵，但其所指涉的事物其實已被刻意地單純化、目標化。易言之，原本指涉意義寬廣、複雜的「論述」，一旦經人為的操作、加以變形後，隱藏在論述底層的意義結構就被「稀釋」了，以致任何主體進入該位址時，其行為會被「稀釋」，僅以特定的思維或行動呈現自身。例如：在威權時代，教師被定位為精神國防的一線戰士，無形中，其在課堂上的言行舉止是受管制的。而在標榜課程簿本化、才藝化的幼兒園中，幼兒教師的角色被「稀釋」為知識輸送帶與秩序管理者；其所能展現的專業權能是相當侷限的。

　　Foucault 所提出的「治理性」（governmentality）觀點，進一步說明「稀釋化」的運行方式，也提供一個窗口讓我們了解，主流者／各級組織或政府的權能如何藉由特定的論述秩序，進入社會的每個角落，管控我們生活的每個領域。「治理」意謂「構築他人行動的可能範圍」（Foucault, 1982: 221），「一種組織、程序、分析、回饋所構成的總效應；一種精算與策略，以讓特殊又複雜的權能得以操演，而凡此皆有其目標對象，作為知識政治經濟的原則，以及作為其基本安全裝置技術」（Foucault, 1994: 220）。

　　各級組織或政府作為一種政治形式的權能，對下屬／民眾負有管理重責，下屬／民眾意謂國境內的人民與所有物，是可計量與儲藏的。此特質讓政府得以掌握、確保人民的各項需求。Foucault（1971）借用基督教牧區中牧人與羊群的關係，譬喻各級組織或政府與下屬／民眾的關係。牧人要對每隻羊的生活與行動擔起照顧之責，而羊群要做的不是幫忙做事或參與決策，而是對牧人的服從，「服從」乃是自我控制的源頭。類似的，政府的牧區式權能，即在確保人與事務的安全與繁盛，在

此同時也關照每個人的需求。為順利執行此牧區權能，各級組織或政府必須透過各種制度的推動，以及機構組織設置加以「規訓」。亦即，藉由組織的監視、標準化、差異化、考核審查等策略，將組織內的每一個人的身體與心智「包圍起來」，進而有形無形的導引、規範所屬成員的言行，引導成員遵循一定的程序做事情，以確保組織運作績效能符應社會需求。而此規訓權力施展於末端的權力機構時，其具體的技術則展現於空間配置、例行活動、行為監控、作息時間組織及績效考核等日常管控策略。

　　簡言之，政府或機構組織，藉由各種規訓權能，持續不斷地緊密管控方式，監管群眾或所屬成員於無形。如此無孔不入的權力網絡，讓在其中行走的人，不知不覺地內化此意義體系，表現出特定且一致的言行舉止。

　　在 Foucault 的理論架構下，「問題化」成為一個關鍵概念。「論述」具有指導性、規範性的能量，其主要任務即是區分事物間的「同」與「異」，予以標籤化、類別化。藉此區辨能量，選擇客體，「排除」差異的事物。易言之，在「正當化」肯認、納編符應論述定義的人事物的同時，也排除、否定了某些人事物，將之「問題化」。而問題化很自然地發酵為「邊緣化」，亦即，當人們逐漸習於某一「論述秩序」時，就被視為理所當然爾的「正道」，不符論述定義或違反其規範者即被視為破壞社會運作秩序的「異類」，被社會「邊緣化」。據此，任何看似中立客觀的論述秩序底層都隱藏著強大的權力意欲，防堵某些知識意義的多元發展，框限社群中各個主體的行動於無形，讓大家安於角色，不知或不想踰越邊界，生活世界自然井然有序。

　　Goffman（1983）認為，我們活在各種結構性「框架」中，個人的言行往往會內化框架中的互動法則而不自覺。任何看似中立客觀的論述秩序底層，都隱藏著強大的權力意欲，防堵某些知識意義的多元發展，以框限社群中各個主體的行動，安於角色，勿踰越邊界，讓我們生活世界井然有序。易言之，任何行動主體進入某種人際位址時，其行為內涵即會被稀釋、形構成為某種樣態，一旦有人跨界，即會被視為離經叛道。在我們華人文化脈絡下這種論述秩序的規範力道，在教育場域之師生論述與兩性論述中特別明顯，例如我們對「教師」角色言行，乃至服裝儀容的期待。每個社會／社群，各自有一套不言自明的知識體系來「規範」、「定義」乃至「禁止」社群中的人，在某個情境下，什麼是可以說的、誰可以說、什麼時候說、在哪裡說，以及該怎麼說等。亦即，藉由「正當化」某種「知識」，視之為「真理」，將人們加以區分、差異化，不符合或違反當道論述者則被視為「異類」。在

既有的論述體系中，一切被歸為「異類」的事物就像是被囚禁的心靈、被壓抑的慾望。此規訓性權力性格的可怕即在於，將社會某一族群問題化、邊緣化於無形。亦即，強加某特定生活方式於某一族群上。Foucault 提醒我們，要關注「問題」是如何被定義的？而此定義又是如何影響社會中的某一群人。

　　Foucault、Gramsci 等學者有關「論述」概念及「霸權」運作的剖析，讓我們了解論述、意識型態與主流階層間，錯縱複雜的結盟關係，可謂是社會運作的「基模」。也讓我們體悟論述／權力如何在社會鉅觀與微觀層次運作於無形地進入個體的知識庫存，從而建構了個體的行動意義。因之，個體的行動並非是他絕對主觀意識的呈現，乃是受到權力關係的制約，一種社會建構。權力的效應是透過論述的形體達成的。

　　我們的歷史文化可謂是由各種論述相互牽扯所組成，反之，任何論述秩序的組型，皆是由各種文化傳統、社會制度，經由各種權力關係的中介，並以意識型態的方式加以結合而成為一個整體，藉之以表徵特定世代知識系統。某一社會、族群藉由某一論述秩序的組型，傳達其存在意義以立諸於社會，並藉之與其他社群互動。我們的政治、經濟等各層面的生活世界，乃至人本身的定義，皆涉及論述的形構與規範。因此，若說各種社會制度、組織是人認同化的源頭與「位址」，那麼，人在形構認同的過程中，所置身的各個時空「位址」，即是一種權力網絡，也是各種論述交織的「場」。

（四） 非倫理性的存有狀態

　　承上所述，認同的制度化、組織化，乃源於人是習慣性的動物，對規律、穩定的生活或所謂「確定感」、秩序感的企求，讓我們在生活上得以預測，無須一再重新定義情境，造就我們行為的習慣化或例行化。而此「惰性」正是讓主治者／主流者得以施展其「牧區」權能的依憑；藉由意識型態的滲透與論述規訓權能，「稀釋」了主體論述。論述／權力可謂是透過人的自我管理或所謂的自我道德規範而運行的；主治者／主流者藉由儀式／例行性行為、組織制度、倫理規範、信條等規訓權力的施展，猶如一把巨大的傘，罩住了整個社會與個人生活。誠如 Bourdieu（1977）「習癖」觀點所提示，一旦一種「論述秩序」在特定的時空場域，符合特定權力結構的利益，吸引眾多人爭相參與，被大量「複製」、傳輸時，即會成為我們認識世界的關鍵視角，而此「行為趨向」一旦養成便很難撼動。同一場域各個主體的自我意識、觀點或經驗被收編、壓抑成為一種人的「族群」，消弭了個體間的

分殊性。

易言之，我們每天其實是由一些理念架構在主導自己的日常生活，但卻常深信自己是一個價值中立的人，每天在一個不帶任何意識形態的機構工作。層層交織綿密的官僚網絡，很技巧地讓我們都成了「客體」，被「物化」以符應各種規格化的體系邏輯運作。尤其是網絡中的基層者，常在毫無覺察的狀況下，參與此管理體系而得以維持生活現狀，為某些特定的經濟或價值利益服務，甚而接受一元化的意識型態形構自我的職業認同，缺乏對自身工作的控制權，成為非倫理性存有狀態。社會不公義的論述秩序、不合理的人倫關係，即是在此種「論述實踐」中，無聲無息地鞏固，乃至再製政治、經濟、族群，以及性別之差別待遇。規訓性權力性格的可怕就在於，當某種「論述秩序」的運作成為主流，不符論述定義或違反其規範者即被「問題化」；被視為「異類」，很自然地就被社會「邊緣化」，形成一種遍在的「宰制」現象。

此正是批判理論學者所要強調的，我們活在各種人倫關係中，但並非所有的關係皆是「正常」的。某些人倫關係易於扭曲人的自我的形構，乃至異化而阻礙人存有價值的開展，而人倫關係的常態或非常態，總是由某一意識型態所架構而建立之。可怕的是，扭曲人性的人倫關係總是潛藏在我們的日常生活中，我們習以為常地以某些錯誤或虛假的意識型態架構我們的生活而不自覺，而此扭曲人性的人倫關係常緣於制度化、組織化的群體生活。

P. Freire（2000）對壓迫情境的形成過程，以及對既得利益者與受支配者意識狀態的剖析，可說是與文化霸權觀點「英雄所見略同」。他以為所謂「宰制」（oppressed）意指在任何人際互動情境中，當一方在客觀上去操控另一方，想要支配周遭的一切，將人客體化為物來看待，因而阻礙其追求自我肯定，無法成為一個可擔負責任的個體時，就構成宰制的情境。宰制情境的可怖在於，其並非是透過武力達成，而是一種「馴化」過程；是父權式的社會運作機制及囤積式教育體制交相運作的結果。Freire（2000）認為所謂的社會事實經常操控在少數的統治精英中，這些精英為社會大眾決定了什麼才是主流價值，什麼才是文化的典範。他認為在此過程中，支配階層透過社會福利、補助等機制來軟化民眾的抗爭或消蝕既得利益者權力的心智，而這些主流價值與文化典範，再透過囤積式的教育科層體制的傳輸，教育出一代代符合出主流社會所期望的世界觀與行為模式的社會公民，也因此社會既有的秩序或利益結構也因而得以維持、固化。

Freire 痛陳此種「馴化」過程不是基於尊重生命的行動，而是一種立基於不公

的秩序的假慷慨與假慈悲——一種「死亡之愛」；讓受支配者學習適應社會環境，接受一種自我陶醉式的福利接受者，阻擾人們追尋的驅力與創造力的開展，使之成為「局外人」，為主流／支配階層存有，而非在「為己存有」的結構中。掌權者一代代傳承，他們在宰制氛圍的型塑下成長，產出強烈的佔有欲，所謂存有便是佔有，便是支配。而在此宰制性結構中，主流／支配階層也擔心會失去階級利益與身為主宰者的自由，即便對宰制情境有所覺察，也會對改革有所遲疑，甚至產生一種防衛機制。主流／支配階層感到興趣的是「改變受宰制者的意識」而不是「改變宰制的情境」，唯有維持不公的秩序，其慷慨行為才能師出有名。

　　長期在此不公義社會結構運作下成長的人，會呈現什麼圖像？主流／支配階層與受支配者都不可避免地陷入「無歷時性意識」（unhistoricity），一種歷史與社會性真空的狀態，認為所處的當下都是命定的，現狀是無法改變或無須加以改變的；無法認知到所謂的社會秩序，其實是一種論述、意識型態與主流階層間的結盟關係；一種人為操縱的關係。

　　長期缺乏歷時性意識的受支配者，其共同文化特徵是「沉默」——沒有聲音的一群；認為所處的當下都是命定的，現狀是無法改變的。所謂存有對其而言，是去位居於主流階層之下，在情感上依賴主流階層，不自覺的向主流階層的行為模式看齊、崇拜，甚至內化了主流階層對其看法，發展出自我貶抑的性格，成為客體化狀態；很難將自身與其所處歷史與社會的動盪、衝突或變遷融為一體，抱持決定論面對歷史與社會的現實，認為人是既有的種族、文化、階級與性別的產物；不相信自己有能力可以改變現狀，無法認知到所謂生活現實，不過是其執行主流／支配階層任務，為其利益服務的成果。

　　習慣於遵從權威的人，會內化制式的知識與政治權威，人的行動和思考空間受到嚴重壓縮，像是受到制約，缺乏自我建構、自我觀照能力，更不具有批判意識與思考習性。久而久之便成為一群反智，被異化了的人，也因此在不自覺的狀態下，為未來演練成為一群無聲的公民。易言之，宰制情境干預了人性根本價值的開展，改變人們原有的意識，甚或將其意識予以吞沒，使之無法自我追尋，成為非主體性的存有。相對地，無歷時性意識的主流／支配者的危險性在於，無法認清不公義結構的歷史社會脈絡，不但找不出真正的病根，甚或認為弱勢族群的狀態是天生的，自然也就找不出真正的病根，對症下藥。而當這群人成為教師時，也會習慣性以權威的方式，傳遞制式化的知識予下一代，形成一種惡性循環（Freire, 1998, 2000）。對主流／支配階層而言，教育便是用以服務統治者意識型態的關鍵工具（Freire,

2000）。

　　而更糟糕狀況是，當受壓迫者面臨解放的機會時，卻又經常顯現進退維谷的兩難的情緒，形成一股對改革的抗拒力量。Freire 稱這種既渴望又害怕「誠真的存在」（authentic beings）的心理狀態為「雙重意識」。Freire 認為「沉默的文化」與「被宰制的文化」是一種惡性循環的現象，長期在此傳統社會與教育結構運作下成長的人，面臨解放的機會時，卻又經常顯現進退維谷的兩難情緒，形成一股對改革的抗拒力量（Freire, 2000: 95-96）；一個長期被剝奪自由的人，雖然渴望自由，但又害怕自主後所需承擔的責任或可能失去的利益，因此寧可躲在權威者所規劃好的屋簷下聽命行事，也不願出外自行謀生。而位居權威者，也視掌控在下者、弱勢族群，或對之施予援助，為理所當然爾的事。

　　M. Weber（1976: 181）曾慨嘆資本主義社會「對財貨的關注，以及理性行為與科層組織的要求，貶抑人類存在價值到了令人絕望的地步」。在資本主義科層體制總體架構下的當代社會，其特徵在於認同化的外在態勢壓抑了內在態勢；認同的制度化、組織化常讓人在自我追尋的過程中，不自覺陷入非倫理性的存有。

（五）論述結構的開放性

　　誠如 Weber（1976: 181）所言「系統吱嘎作響，涵蓋不全，因之總有操弄的餘地」。資本主義社會雖「貶抑人類存在價值到了令人絕望的地步」，然總有些可自決的空間。Foucault（1994: 346）也強調，即便真理政權是牢固、隱晦的，但「任何權力關係都有逃脫的空間或破解的可能性」。

　　如前所述，「論述」是透過特定觀點再現既定社會實踐的一種語言運用，任何論述、意識型態皆有其形成的時空脈絡，從生成、成熟以致衰退，所涉及的皆是知識、權力與資源分配的過程。然各種不同層級與種類之權力資本的分布與組織方式並非靜止不動的，而是一種持續性的流變狀態，因之，總有其開放的潛在空間與可能性。簡言之，論述與社會結構間存在一種辯證（dialectical）關係；論述的形構一方面受到社會結構的制約，包括階級結構、社會關係、制度機制、規範等。然相對的，論述對於社會結構的相關向度，亦能發揮建構的作用，包括社會認同、主體位置、社會關係、知識與信仰體系等。亦即，論述作為一種社會實踐，不僅是再現世界，賦予世界意義，亦具有建構乃至改造世界的能量，而其關鍵就在我們能否覺察知識、權力與資源分配的過程。權力關係既是根植於社會，就會產出「正當性的權力」，如地方行政首長或學校主管的行政權責，然任何權責的「正當性」皆不具有

不被檢視的豁免權。

　　凡此提醒我們，任何改革必須先覺察原有的主體形構歷程，才有開拓不同建構的可能。Mclaren（1988）認為意識型態乃是一種知識、權力與資源分配的過程，兼具正面與負面的作用，可能是追求社會願景、烏托邦的指引，也可能是如 Marx. 學者們所說的「錯誤的意識」（false consciousness），合理化既存的權力結構或文化社會的運作。因之，我們需追究、檢視習以為常的生活運作中，所潛藏的意識型態；關注整體社會中，某特定的社會結構階層關係或某種制度化、約定成俗的人倫關係，撈出其論述組型，進而重建個人與其生活世界間的合理關係，達成自我與社會集體的增權益能。然要如何追究？

　　面對人倫困境，早在 19 世紀 Marx 之「資本論」所揭示的再製概念，即針對19 世紀資本主義社會，工具理性所造成的人性「物化」、「自我疏離」的狀態進行批判。Marx 學派積極引導我們找出阻礙人性發展的源頭，及其背後所潛藏的錯誤意識。Marx 主義者以靜態「擁有」的向度剖析意識形態與非人倫間關係，認為社會資源運用不公所形成的宰制與被宰制的關係即形成一種霸權關係，一種破壞性的關係，因之揭露資源分配問題成為該學派分析的重點。然 Marx 的普羅化、純然的經濟生產關係或新 Marx「去能」觀點，卻有過度簡化人倫關係之嫌，也低估了人的能動性。而如前文所述，主體不是先驗的存在或完整統一的，而是在特定時空政治與文化背景下逐漸形成的；人活在各種關係交織的社會網絡，以及由這些關係所導出的種種活動之中。尤其在複雜詭變的後現代社會關係網絡中，每個人都不可避免地崁入社會分工的體系，每個人皆具有多重社會身分，因之，衝突乃是人聚集生活的基本模式，在宰制與被宰制的關係中進出輪轉，乃是生活的常態，世間沒有一式一樣的宰制關係，也沒有絕對的宰制或被宰制者。尤其在當前多元複雜的社會，階級的主體性並不明顯，在權力間交相作用下，也很難找到一個清晰的對象，進行控訴。問誰擁有權力以進行改革，以為找到主體問題，即可找到解決問題的方法，殊不知主體不斷在位移，每當我們參與社會活動、每一次的思考或談話時，主體性就會經歷重組、再造。沒改變的是我們對主體所占的「位置」特性的描述。Giroux（1988）認為，解放的目的並非在奪權、製造價值對立或以暴制暴，而是基於對生命的熱愛，尋求人存有價值的開展。這是一種哲學人類學的覺醒，要找回行動主體與社會結構間的合理關係，營造我—汝間共生共融的關係。

　　Foucault（1994）認為將權力視為「靜態的實體」，很容易陷入宰制者—被宰制者之二元對立的困境，反倒忽視「發生了什麼事？」此一蘊含複雜經驗本質的問

題。他認為權力不是一種物質，而是存於人與人間的某種特殊的關係；權力關係是一種行為模式，此模式並非是立即地、直接地作用於他人，而是作用於他們的行為，連環地，一個接著一個，作用於可能的、未來或當下的行為。權力常被誤解為一種暴力或應承（consent）。暴力是施加於身體的行為，以阻止他人可能的行為，而應承則是放棄權力與自由。權力並非是對抗性的，而是「生產性」（productive power）的；權力不是強徵他人的意志或頑強抵抗他人的意志，權力是以行動影響、組織及建構他人行動的可能性。更重要的，權力關係只能在自由的基礎下才存在。

　　Foucault（1983）要強調的另一重點是，權力只有在運行的當下才存在；只有在人們於組織制度中相互溝通、計畫或工作時才會展現自身。權力不是一個可以被少數人士或特定階級擁有的物件，它也不是一種溝通關係或完成事務的能力，而是一種不斷變遷的運作策略關係。溝通——藉由語言——有助於權力關係，而完成事務需借助於權力。權力、溝通與能力相互糾結成一種系統或規訓以界定或說明目標、工作以及社會制度的權力關係。易言之，形成特定權力關係的關鍵是「論述」本身，而非運用該論述的人或社群，亦即，權力的效應既是透過論述的形體達成的，那麼社會的運作邏輯，不再等同結構的邏輯，主體性是被形構的論述對象，因之會隨著論述的形構而改變。

　　權力可謂是無所不在，有如毛細現象滲透到我們每日生活的細瑣處、存於所有的社會人際關係中；有如在一個無數個點間，連結成交錯複雜的網絡中，不停四處流動，根本找不到頭尾。而任何在此網絡行走的人，也無一可逃脫地捲入其中。據此，知識與權力乃是一種共生關係，權力不是破壞性的，是生產性的，形構了知識與各種社會關係，是一切意義生成的基礎，是組成社會文化架構之必要條件。易言之，所有的知識皆預設或構成權力關係，因之，我們要聚焦的並非權力本身，而是其蘊含的「機制」（mechanism）；我們所要掌握的是論述形構的軌跡，以「語境」（intertextuality）[19]的觀點來解讀權力，如「它是以怎樣的方式運行？」，「其效應如何？」等（Foucault, 1983），讓權力展現自身，挖掘隱於各種價值觀、制度運作下的關係網絡及其運作法則，藉之以凸顯知識、主體間交相運作的關係，也凸顯我們對生存其中的主體存在境況的追問。

　　Foucault 再三提示其研究工作的重點並非是權力本身，而是主體性，以及人追

19　亦譯為「互為文本」。

求主體性的方式。認為，一旦人成為語言及經濟的客體、被歸為某個族群或階層或覺察自身的主體性，人就會追尋其主體性。Foucault 認為「主體性」有兩層意涵，一是個人的控制與依賴，另一則是藉由對自我知識的覺察所形構的自我認同。兩者意涵皆涉及對權力的征服以追求主體性。因此，我們研究的重點應放在權力關係而非權力機構本身。他認為可從兩個層面詮釋權力關係，一是從捲入權力關係的當事者，另一則是權力關係本身。個人的宰制境況可能源於權力關係內的衝突，但涉及一個族群或階級的宰制境況，則是導因於權力策略與權力關係的相互糾結。Foucault（1971）強調，我們一旦能辨識宰制境況的權力關係內涵，就有超越的可能性。他提出五個面向，以檢視權力的正當性，包括：(1)在此權力關係內涵中，是否是多元性考量，如：文化、政治、經濟，乃至個人層面的差異，是否是該權力關係的源頭或結果？(2)慎思該權力關係的宗旨，是否是為了維繫某種特權或止於技術性而已？(3)慎思該權力關係施行的方式，是透過語言、法條或隱而不宣的管控策略？(4)慎思該權力關係的制度化方式，是鬆散的或嚴謹的組織？是一種習癖（habit）或只是一時心血來潮的結果？以及(5)要達成該權力關係結果所需的條件為何？一旦檢視權力關係的多元性、宗旨、施行方式、制度化的合理性，就能挑起人的意志能量，讓該權力關係得以控管，確保開放的可能性。

　　綜論之，論述可說是中介人類社會性組織的關鍵機制，主體與論述間存在一種對話、辯證關係。「論述」作為一種「社會實踐」形式，是社會、文化與制度所交織構成的意義體系，帶著權力意欲框限主體行動，稀釋、窄化知識意義的範圍，亦即，論述總隱含著一種權力關係，管控我們日常之言行內涵、對於事物的思考與欲求。然作為人存在的主體能動性，亦會以自身經驗、知識啟動文本、參與論述活動，乃至質疑論述的正當性。易言之，在鞏固／框限現存之主體身分、社會關係與認知信念的同時，論述亦具有解構之功能，其關鍵就在於，我們能否覺察某種程度上的選擇存在於論述之中，一旦辨識加諸於我們身上的（論述）枷鎖，我們就能掙脫它，重新定義社會與文化的內涵，創造新的權力關係。

CHAPTER **3**

人與生存環境

承前所述，人之所以為人的意義就在於，我們天賦的自我組織、調適、生成、轉化與創造等靈動力的展現，然這些生物性本能的展現並不是自動發生的，需有豐富的生存環境加以誘發、釋放之。同樣地，人主體性的追尋過程，也無法自主完成自我，而是條件化的；它需要一把適當的鑰匙才能將之啟動，而這把生命之鑰即是人賴以生存的「環境」。易言之，維持生命力於不墜的關鍵即在於生存環境源源不斷注入的新元素；當環境新元素被長期阻斷時，個體所面對的即是發展停滯甚或是死亡。Urie Bronfenbrenner（1979）強調，人類發展與學習可謂是一種「脈絡中發展」（development in context）的現象；是一連串機緣的開展；一種潛移默化的、沒有終點的迂迴建構歷程。因此，除了掌握人類發展的內在基本圖像外，「何謂生存環境？」、「環境的向度為何？」、「人與生存環境間的關係為何？」等大哉問，亦是教育者需釐清與重視的議題。

第一節　生存環境的定義與意涵

《韋氏辭典》定義「生存環境」為：圍繞人們的事件（circumstances）、事物（objects）或情況（conditions）」。Pillari（1988）認為環境涵蓋物質、社會和文化三個範疇，其中物質環境（the physical environment）主要由人造環境（the built environment）和自然環境（the natural environment）所組成；社會環境（the social environment）則包含各種人事組織與人際關係網絡。文化環境意指傳統價值、規範、知識、信念及社會互動模式等。Evans 和 Schmid（1989）則從生態系統視角，將環境分為「生理環境」（the physiological environment）、「物質環境」（the physical environment）和「心理環境」（the psychosocial environment）。「生理環境」包括身體健康、有機組織等因素，「物質環境」包括溫度、採光、色彩、作息內涵、桌椅櫥櫃安排等情境因素，「心理環境」則包括情感、情緒、價值和期望等因素。

這些定義讓我們了解生存環境並不是一個靜止的物件，亦非單純的空間規劃或燈光、色彩、溫度等物理性條件的安排，更不只是一棟可以讓一群人在其中行走、居住的建築物或堆放傢俱器材的「容器」而已。「三十輻同一轂，當其無，有車之用也。埏埴而為器，當其無，有埴器之用也。鑿戶牖，當其無，有室之用也。故有

之以為利，無之以為用」[1]。老子的生活哲理提醒我們，環境規劃的關鍵在於「用」而非「有」；不在梁柱、門窗、樓板，乃至桌椅櫥櫃等設施或各種教材等有形物質（實）的呈現，而是能否與生存於此的生命體充分「對話」；從人類圖像、生活哲理等形而上（虛）的視角觀之，思考如何透過實際的空間與器物安排，誘發人與人間，以及人與物間的良性互動。而此亦是場地論學者 Lewin 所強調：「人先創造環境，爾後環境塑造人」，形式與功能間的相輔相成。環境規劃即在「虛」與「實」間所構成的時空中，彰顯其「境教」藝術。

Malaguzzi[2] 曾倡言「環境是幼兒的第三位教師」（Edwards et al., 1998: 195）。每個人從呱呱墜地開始即被嵌入許多環境系統中，在地理距離上，從最密切的家庭環境、學校環境、社區、國家，以至地球生態。在時間縱軸上，從自身發展的各個階段、每日作息內涵、月、年、四季交替，到最深遠的歷史文化環境。而各層環境系統間又相互糾結成一體，影響著我們一生的發展。易言之，人與其生存環境間並非是單向式的影響關係，而是一種變動不拘且互為主體的整體性關係。而 M. Foucault 的權力空間化論述、P. Bourdieu 的場域論，P. Freire 的批判教育學，以及 A. Gramsci、M. Apple、H. Giroux 等新馬克斯主義學者，則更進一步以社會批判的視角，揭露人所處生活場域中所潛藏權力結構與文化資本的運作，洞察人與其所植基環境脈絡所潛藏知識與權力的關係，更是教育工作者不可輕忽的議題。

第二節　生命生態系統論

詮釋人與其社會性環境間，複雜多變關係的理論架構，莫過於心理學者 Bronfenbrenner（1979）所提出「生命生態系統論」（Bio-Ecological Systems Theory）。他強調忽略了環境的複雜度，或未掌握發展個體對其所處生活環境的主動詮釋與建

1　出自老子《道德經》第 11 章。「三十輻同一轂，當其無，有車之用也」：「轂」是古時大木車車輪中心的小圓洞，車軸由中心點小圓孔向外周延，共有三十根支柱輻軸，外包一個大圓圈，便構成一個內外圓圈的大車輪。藉此構造以承擔「任重道遠」的負載。「埏埴而為器，當其無，有埴器之用也。」：和泥（埏）黃土（埴）製陶器時，必須揉搓成中空的形體，才能讓人裝填存物，發揮容器的效果。「鑿戶牖，當其無，有室之用也」：一座屋舍的意義不在四周的牆壁或門窗，而是內在用以住人、養人的「空」。「故有之以為利，無之以為用」：老子以三種日常器物形象暗喻「相需為用」的處事之道。人們常常為視覺能看到的現象所蒙蔽；只掌握「有」或「存在」的部分。殊不知「空」、「無」的部分才是關鍵。車軸、容器與房舍之所以能發揮作用，乃是因其「中空」的本質。老子藉此強調「空」、「無」所隱含的大智慧；所謂「有容乃大」，人生大道猶如一條長遠的中空管道，「空」意謂著空間；意謂著廣闊，更意謂不可窮盡與不可測度的深遠力量；「有」之所以精彩，乃因「無」發揮了作用。

2　Reggio Emillia 幼兒學校系統創辦者。

構能力，勢必導致對「發展」本質的理解偏見，不但無法透視孕育個體人格與行為發展的源頭與歷程，也無法充分回答「人所以成為今天的我」或「不同的環境脈絡是如何造就不同的我」的發展意涵。

　　Bronfenbrenner（1979）以俄羅斯娃娃層層套疊的特質來比擬人在發展的過程中，與其所處多重環境脈絡間的交互循環現象。如下圖所示，「生命生態系統」，依照生存其中的人與社會空間相互影響關係，區分為「微系統」、「居間系統」、「外系統」與「鉅系統」（micro- mexo- exo- macro- system）層層交織形成一綿密的脈絡系統。此外，人的發展歷程在「時間流」（chronosystem）的照映下，與此層層交迭的網絡又交織成一變動不拘的生存環境系統。人與環境的關係在該理論模式被視為是一個生命共同體，人類心智的發展是個體內在的趨力與環境力量「共舞」的結果。因此，要了解人的行為內涵與發展，就不能不探究人的行為是如何在與其所處的各層環境互動的演化過程中，發生、維持及發展的。此「脈絡中發展」（development in context）現象正是 Bronfenbrenner「生命生態系統論」的核心概念。

（一）微系統

　　「微系統」（Microsystem）是發展中的個體互動最直接、最頻繁的生活場域；是「成長中的人在特定的，面對面的生活場域（具有特別的物理、社會與符號性內涵）中，所覺察到的日常活動、角色及人際關係模組。而此模組能激發或干擾成長中的人，去參與當下生活場域中長久且漸進複雜的人際互動與活動。」（Bronfenbrenner, 1992: 227; 1994: 1645）。「生活場域」指的是人們可直接參與、互動的生活脈絡，其中的「日常活動」（molar activity）[3]、「角色」與「人際關係」構成了此微系統的主要因素，亦是能策動發展的「基本過程」（proximal process）[4]。然個體所處的微系統並非永恆不變的，會隨著人事的變遷而有異動。對大多數的嬰幼兒而言，第一個微系統即是與其關係最密切的家庭環境，而隨著年紀增長，其微

3　有別於開門、散步、吃飯、睡覺等日常習性或慣性行為，Bronfenbrenner 所指稱的「日常活動」乃是具策動發展能量的「質性活動」，如閱讀、與友伴一起遊戲等。

4　proximal process 亦可稱之為「最佳過程」。Bronfenbrenner 強調：「人類發展模式終其一生，尤其是在早年階段，是由逐漸複雜的互惠性交互作用過程所形成，此交互作用發生在，具有主動性及演化性的生物心理有機體與其所處當下外在環境的人、事物、與象徵符號之間。此交互作用必須建立在相當長期且規律的基礎上才能發揮效果。這種處於當下環境的持久性交互作用，即稱為「基本過程」。此種持久性「基本過程」模式通常會顯現在如：餵哺或安撫嬰兒、幼兒獨自玩耍、幼兒彼此間的互動遊戲、專注閱讀，學習某種新技巧、草擬計畫、問題解決、關懷他者、執行複雜的工作等生活狀況」（Bronfenbrenner & Pamela, 1998: 996）。

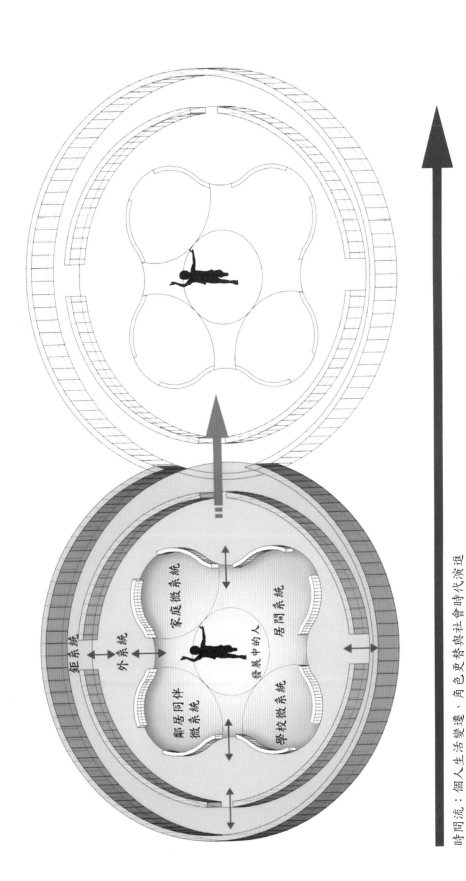

時間流：個人生活變遷、角色更替與社會時代演進

生命生態系統基本結構圖

系統也跟著擴展至幼兒園、鄰里間的同儕團體等。易言之，在微系統遷移擴張的同時，個體的生活場域也邁進了「居間系統」。

　　成長中的個體雖深受「生活場域」中人事物的影響，但相對的，其自身的身心特質或習氣亦會影響微系統內的人事物。例如，難養型、過動兒或早產兒恐會造成父母的情緒壓力。同樣地，特殊幼兒的入園，亦會造成帶班教師的壓力或影響原有班級既有的人際互動氛圍。再者，微系統內，任何兩者的互動關係內涵，還會受生活場域中「第三勢力」（the third parties）的影響，例如母親與新生兒的互動品質會受父親對母親的態度影響；協同教師間關係的良否會影響師生互動關係內涵。Bronfenbrenner 稱這種現象為「第二級效應」（the second effect）。這種「第二級效應」再擴展時，就變形成 N+2 system，就像是樂器的三重奏、四重奏⋯⋯以至像交響樂團的「合弦關係」。Bronfenbrenner（1979: 77）假設：「在發展脈絡下的二元關係，其運作效能取決於第三類關係的存在與否及其實質內涵。當第三類關係間彼此的關係良好，並支持二元關係時，那將強化、提升二元一位關係的發展潛能，反之則否。」據此，微系統內個體間的關係，可謂是一種多元且互為主體性的動態關係，難以判定誰是「因」誰是「果」。

二　居間系統

　　「居間系統」（Mesosystem）是「成長中的人所積極參與的兩個或多個生活場域間的互動關係。例如，對孩童來說，家庭、幼兒園及社區間的關係；對大人而言，家庭、工作及社交生活間的關係。所以，『居間系統』也可說是一種『微系統』。」（Bronfenbrenner, 1992: 227）。人在發展過程中，就是靠各種「居間系統」擴展自己的社會環境。易言之，隨著人的生活範疇的擴展，進入新的「微系統」場域時，居間系統便產生。但其先決條件是，場域間會有正式或非正式溝通管道的建置，更重要的是需有人積極參與個體的兩個生活場域。例如，幼兒在幼兒園的學習表現，不只會受幼兒園本身生態環境內涵的影響，也端看其父母是否積極參與幼兒園的活動；能否建立緊密的親師合作關係。

　　Bronfenbrenner 認為「多元生活場域所產生的動能及其間的互動關係，亦將決定發展的內涵」（Bronfenbrenner, 1992: 227）；「在個體的發展過程中，若與其切身的微系統間能密切合作、相互支援，那個體便能在這些系統環境中獲得優勢，助其發展，反之則會居於劣勢，而妨礙其發展」（1998: 1016）。「微系統」與「居間系統」可謂是孩童成長過程中，最具關鍵性影響力的生活場域。

(三) 外系統

　　「外系統」（Exosystem）是「由兩個或更多生活場域間的連結與互動內涵所組成，而其中至少一個場域是發展中的人所未積極參與的，但其間所發生的事件會間接影響該個體所處當下生活環境的內涵」（Bronfenbrenner, 1992: 227）。

　　在現實生活中，有許多發展個體未實際參與的生活場域，但該場域所發生的事件與發展中的個體間，亦會左右彼此的運作方式或生活內涵。如，父母對工作滿意程度、其工作機構的福利制度、社交關係等都會影響成長中的幼兒；一個失業的父親或在社會中孤立無援的家庭，都有可能是虐童事件的「推手」。又如，當地社區的環境生態、所發生的事件、政府頒布的法令政策（如，幼照法、新課綱等），皆屬外部系統，都會影響幼兒園的運作內涵與方向，也間接影響了幼兒的學習與成長。相對地，早產兒，身心障礙兒的出生也會影響父母的工作與社交生活；新住民孩童的劇增，亦促使政府訂定相關政策，以協助其就學與文化適應問題。

(四) 鉅系統

　　「鉅系統」（Macrosystem）是型塑或改變微系統、居間系統與外系統的「模子」，是「一個文化、次文化或其更廣闊社會脈絡的微系統、居間系統與外系統等次級系統的支配體系，特別指涉具發展策動力的信念系統、社會資源與機運結構、人生選擇權、生活模式，和根植於這些系統的社會交換型態。『鉅系統』可以看作為一個文化、次文化或其更廣闊社會脈絡的『印記』」（Bronfenbrenner, 1992: 228）。

　　Bronfenbrenner（1979: 26; 1992: 28-30）認為一個民族或社會文化（次文化）體系對個體成長的影響是全面性的。諸如家庭育兒方式、消費方式、人生追求的目標……無一不受文化意識型態、風俗習慣與社會結構所框架。不同國家與民族文化，不同社經位置、宗教信仰或其他次級文化，像是個基本「藍圖」，形成一股無形的穿透力量，處處影響處於該文化型態下，個體的行為發展。例如：不同的東西文化教養觀，造就了迥異的親子關係與家庭氛圍。又如，長期以來，在「萬般皆下品，唯有讀書高」、「書中自有黃金屋」等華人傳統教育觀的罩棚下，影響著我們幼兒園，以至中小學的課程施行方式。而其中，最能詮釋鉅系統無所不在的影響力便是各種社會角色的定位與內涵。「角色」具普遍性意涵，當我們以「角色」概念來論述某種社會職業的種種樣貌時，實意謂社會大眾對於位居某一社會「位址」者

的一套「期待」與「規範」。期待是指預期承擔某一角色者「可能」如何表現，而規範是指希望他「應該」如何表現。「角色」概念具有濃厚的社會結構性意涵，並非無中生有，或由行動主體自身定義而產出。如韓愈所言：「師者，傳道，授業，解惑」，此千百年來標記我國教師角色的神聖內涵，至今仍是一般社會大眾所定位的教師角色。

　　和其他次級系統一樣，鉅系統的「印記」力量亦不脫離交互影響的關係。個體的發展雖身受其所植基文化體系之影響，但反之，個體或某一群體也可能改變或創造文化。例如：新課綱的頒布，即是以幼兒發展圖像為藍圖，試圖扭轉幼兒園現場傳統的育兒觀，以落實幼兒本位教育方針。又如：新住民的劇增，亦有形無形地影響社會結構與既存的文化價值觀。再者，各種社會「角色」對個人雖有其決定性的支配影響力，但影響程度卻取決於該行動主體對社會角色的詮釋，唯有行動主體內化某一社會角色內涵，認同才會形成而固著成為其人格的一部分。易言之，認同的形構，源自行動者對自身信念與實務的深層反思，乃是一種踐行—反思—踐行的內在循環力量，而社會角色的踐行則源自外在力量的約束。行動主體與各種社會角色間，乃是透過「扮演」而產生關聯，與其自身的存在境況並不能直接畫上等號，當某人扮演某種角色時，多是因為社會分工的需要，以維社會整體的和諧、統整。在個人的生命中勢必同時得扮演許多不同的角色。面對自身的存在境況與多重角色間的拉拒，不可避免的會陷入自我矛盾與角色衝突，但矛盾與衝突的解決，勢必得透過行動主體地自我反思與實踐；在各種角色間折衝、轉化，賦予角色新意，以走出倫理困境。此即 Jenkins（1996）所提認同內外態勢辯證模式之集體運作。我們的生活世界總是在群體認同與社會類別間來回擺盪。教師群體認同化乃屬該群體內在定義的產物，然此定義必然在某種程度上，涉及社會大眾對該教師的看法。

（五）時間流

　　「時間流」（Chronosystem）是指各環境系統運作的「穩定度」、「一致性」與「可預期性」。例如，在幼兒發展階段，其所處幼兒園環境的可探索性、噪音控制程度、作息安排良否、家園間的互動內涵與頻率等（微系統及居間系統）；家庭搬家次數、轉學次數、父母婚姻狀況、母親工作的時間與換工作頻率等（外系統）。而當此概念擴展至「鉅系統」時，則指個體在其人生進程所處的歷史世代或某個階段所發生的重大社會時事的頻率，例如，戰亂世代或父親長期離家從軍；經濟蕭條時代，父母長期失業；經濟起飛，婦女投入職場等，對成長中的幼兒有著決定性的影

響力。而這些影響力的程度也端看個體「參與」的時機或個人的價值觀。例如父親長期失業或離家從軍，對幼兒與青少年的影響程度是不同的；而樂觀的人會比悲觀的人較易適應生活環境的改變（Bronfenbrenner, 1998: 1019-1022）。

而隨著個體發展階段的運轉，生態環境各系統間互動內涵的改變，可用「生態變遷」（ecological transition）的概念詮釋之，即「當個體在其所處環境之角色或生活場域發生改變，或兩者同時改變時，就會產生生態變遷」（Bronfenbrenner, 1979: 26）。其意指發展個體本身或其所處環境特質的一些變與不變的現象；可能是短期的「生活變遷」或長期的「生活進程」。如下頁圖所示：新生兒的到來、母親與新生兒返家、保母照護（微系統變遷現象）；入園、上小學、小學畢業、進入青春期、轉學、輟學……大學畢業、進入職場、換工作、結婚、生子、搬家、離婚、配偶生病……退休，政府新政策的實施（居間系統及外系統變遷現象）、移民國外或與不同社經地位或文化背景的朋友交往（鉅系統變遷現象）等。而任何事件的改變程度或改變的時機，都有可能產出一種「動能」，促發發展的改變。而此轉變可能是正向的，亦可能是負面的。例如：新生兒的到臨會影響母親與第一個孩子的親子互動關係；青少年期生理與認知的改變，可能會引發親子間的衝突；父母離婚對子女行為發展的影響，會因子女當時的年紀而異；幼兒園草創期與穩定期對教師專業成長或幼兒學習成長的影響是不同的；戰亂、經濟蕭條時期與政經穩定期對個體發展的影響等狀況，都會促發個體身心發展的「質變」（Bronfenbrenner, 1994: 1646; 1998: 1019-1022）。

第三節　微系統的運作內涵

Bronfenbrenner 特別強調發展中的人，每天所面對微系統中的「日常活動」、「人際關係」與「角色」等三個向度所構成的「生活場域」內涵。這三個向度不但是影響個體發展之「基本過程」（proximal processes）的實質內涵，更是生命生態論的核心概念。

一、日常活動

「日常活動」的定義是：「一種持續不斷的行為，其自身擁有某種動能，會被該情境的參與者覺察並賦意」（Bronfenbrenner, 1979: 45）。有別於打蚊子、閃躲車輛等一般偶發、短暫的行為動作，或如與人打招呼、敲門、上街購物等單純的日常

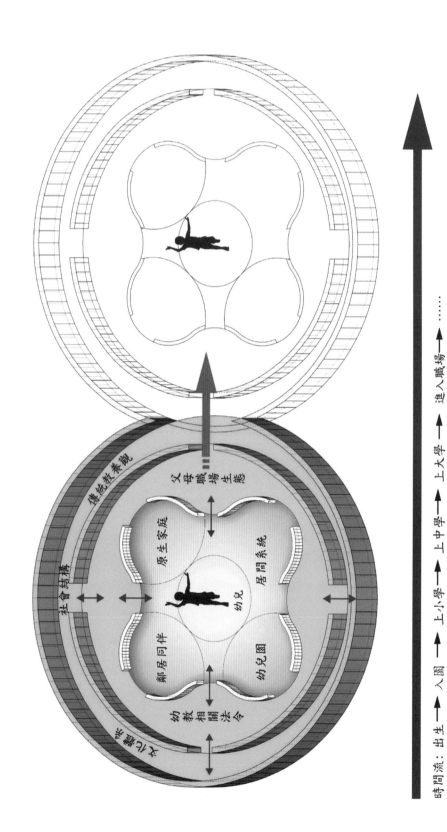

幼兒成長生命生態系統基本結構圖

時間流：出生 → 入園 → 上小學 → 上中學 → 上大學 → 進入職場 → ……

（經濟起飛）　（父母離婚）（搬家）　　　（經濟蕭條）

行動。Bronfenbrenner 以「質性活動」（molar activity）來表達日常活動內涵的重要性。「日常活動」是一種帶有時間因子，具有特殊「樣態」、「慣性」的連續性活動，會被參與者「賦意」，如閱讀書籍、搭蓋積木、與人討論溝通等。更重要的是，在「日常活動」中，個體會有一種強烈的「意向」，使之專注於進行中的工作，並將之完成。而這種「意向」自會產生一種「態勢」（momentum），有如 Lewin 場域論所強調的，一種張力系統（tension system），而形成一股「圍籬」，讓當事者不自覺地排拒外力或他人的干擾，凝聚心力，持之以恆地完成活動。如第一章所描述的「我們要下交流道了」、「剪紙條」、「我要在這裡剪個洞」、「我們蓋了三家店」、「萬里長城！我們蓋的！」以及「當嫦娥遇見太空人」等現場實例中，幼兒們所展現的專注力，有如藝術家般進行創作，讓旁人不敢恣意干擾。

　　Bronfenbrenner 認為，「日常活動」的內涵不只是發展中的人，最直接且最重要的成長指標，亦代表促發並影響個體成長的環境力量。易言之，個體所進行的「日常活動」，代表其心智成長的程度與內涵，而生活場域的「重要他者」所進行的「日常活動」，則是影響該個體成長的主要力量。但此並非意謂發展中的個體是被動接收環境訊息，而是會主動對其所處生態場域內涵加以賦意，無論是單獨行動或與人合作的活動中，行為主體皆能清楚地覺察自身與他者的行為，詮釋諸多訊息，以作為行動的方針。成長中的孩童即是在每日的各種「日常活動」中，建立其獨有的行為模式並內化為心智結構。

（二）人際關係

　　由前文可看出，對人類成長具關鍵性影響的「日常活動」，乃建立在各種「人際關係」的內涵。Bronfenbrenner 對「關係」的定義是：「當某人在某個場域中，關注或參與另一個人的活動時，一種關係便形成」（1979: 56）。

　　「日常活動」雖是個體當下生活場域的經驗，但「人際關係」的建立，是提升「質性活動」複雜度的重要向度。在人類發展的過程中，個體從單獨活動，漸進發展為兩人活動，以至多人活動；在我們的生活場域中，很多機會都是（或必須）與他人處於共同活動狀態。因此，能否與他人建立堅韌、親密的人際關係，乃是人發展內涵的重要指標。

　　Bronfenbrenner（1979）以「二元一位」（dyad）關係或稱「雙人系統」的概念，說明對人發展最重要的人際關係內涵。「雙人系統」關係基本上可分為三種功能形式：

1. 觀察式

　　「觀察式」（observational dyad）意謂，當某個體專注於另一個人所進行的活動，而另一人也覺知該個體的行為，並給予某種程度的回應。例如，母親哺乳時，對輕撫嬰兒、喚其名，嬰兒則回以微笑或舞動四肢；一位幼兒興致盎然地觀看母親準備晚餐，母親則不時給予解說或與之聊天。又如，「我們要下交流道了」例子中的老師，她之所以能在適當的時機，提供適當的鷹架，讓幼兒跨出當下的發展水準，並非是隨機、偶發的教學引導，而是由於該名老師長期且有系統地觀察這些幼兒發展，所培養出的專業敏感度。

2. 共同活動

　　在「共同活動」（a joint activity dyad）中，雙方都覺知彼此一起參與活動，如：親子共讀時，母親隨著故事情節發展提問，而幼兒則指著畫面予以回應；兩位幼兒分工合作搭積木時，一來一往地溝通、協調。這種「共同活動」的關鍵因子為「相互性」（reciprocity）與「動能擺盪」（balance of power）。「相互性」意指兩人關係像是打乒乓球一樣，有來有往，是處於一種互為主體性的協力關係。而在這種兩個個體不斷互動的過程中，會產生一種「動能」，讓雙方能持續「活動」的進行，並參與更高層次的人事物。而在「雙人系統」的互動過程之初，通常一方會處於主導或強勢地位。相對的，另一方則為配合性角色或處於弱勢，形成一種「動能擺盪」關係，這種關係是人終其一生都會涉入的。當發展中的人漸漸體悟雙方「權能」互動關係的奧妙，並有較多的機會「演練」時，主導「權能」便會逐漸移轉至其身上（較弱勢的一方），在此同時，也洞察、掌握其中相關的知識概念或技能。例如，經常沉浸於親子共讀氛圍中的幼兒，又常得到父母的鼓勵自主閱讀，那該幼兒自能掌握閱讀技巧並內化為一種文學鑑賞力。易言之，權能擺盪與移轉概念強調的是，發展中的人在權力關係中的主動性，更重要的是，這種「動能」具有時空穿透力，會在另一時空繼續發揮其影響力，亦即，當情境類似時，即會誘發已建立的言行模式。因此，Bronfenbrenner 認為人的成長狀況：「反映在沒有他人的激發或引導下，他所能接收、維持『日常活動』內容的多樣性與結構的複雜度」（1976: 55）。例如，從小培養的閱讀習慣自會終其一生而不墜。又如，在「我們要下交流道了」實例中，幼兒間建立了協商合作的互動模式，以有效達成共同目標。若此模式一旦內化為其心智結構，那日後遇到類似的人際情境，即會展現出此良性的人際互動能力，在職場也應會是個善於溝通協調與分工合作的人。反之，成長於負向人際關係氛圍（如：父母失和、家庭暴力等）中的幼兒；經常觀察到大人以怒罵、搶奪、毆

打等方式，解決人際衝突的話。那長大後，很自然地也可能會以非理性的方式解決諸多生活問題。

3. 主要雙系統

在共同活動的場域中，參與的雙方較易發展出正向且強烈的情感關係，進而形成「主要雙系統」（a primary dyad）。在「主要雙系統」中，當事者會孕育出彼此心靈相通的感知力，即使雙方相隔兩地，但彼此仍然具有如影隨形般的影響力，如親密的親子、師生關係或夫妻關係，這種雙系統可謂是激勵學習與成長的最大動力。

這三種人際功能型式間，存在著一種層級式關係。當「觀察式」發展到某一程度即會邁入「共同活動」，然後再發展為「主要雙系統」關係。當所有的狀況都能被考慮時，就是最適於人類的「發展性的二元關係」（developmental dyad）。Bronfenbrenner 將此「二元關係」視為人類發展生態的關鍵角色：「當發展中的人能在日趨複雜的相互性活動中，與他人發展出一種永續的情感依附關係，並從中轉化權能關係時，其學習與發展便得以被激發。」（1979: 60）。「雙人系統」的關係還強調雙方相互影響的現象，意即，如果一方經歷發展變遷，那另一方亦會隨之改變。我們可以用樂器的「二重奏」來形容「雙人系統」關係的特質。當重奏和諧時，會產出令人心弦激蕩的樂音，但當重奏不協調時，則是令人難以忍受甚或想逃避或將之終止的。

簡言之，一個人在發展之初能否在正向且強韌的人際互動中，進行各種日常活動，可謂是關鍵性的「發展任務」；「二元一位」關係不但是發展所植基的關鍵脈絡，更是微系統建立的基石；是發展中的人藉之以擴展、建立三元、四元以至多元人際系統（N+2 system）的基本條件。

（三）角色

在微系統中，另一影響個體發展的關鍵向度為「角色」。傳統上，「角色」蘊含「權」與「位」之意。亦即，當一個人在社會上占據某種「位置」或擔任某種「職分」時，意謂掌有某種權能，並藉此權能影響相關的人事物。相對的，社會大眾亦會期望其擔當某種「責任」，並表現出符合該「位置」的公共意象，無論有形無形；成文不成文的都代表一種期許或行為規準。例如，在華人文化圈，社會大眾對「教師」角色行為的期許與規範，相對高於其他職業角色。

生命生態系統取向的「角色」觀，則以微系統中的「相互性的活動」及「人際

關係」之關鍵特質為基礎，深化傳統的定義為：「角色是日常活動與人際關係的綜合體，當人位居某特定的社會位置時，會被當事者期望，也會被活動中的相關他者所期望」（Bronfenbrenner, 1979: 22, 85）。此定義，不只是指個體年紀、性別、親屬關係、職業、社經地位、宗教信仰等社會「位置」，更意涵生命生態系統之「二元一位」觀。亦即，「社會期望」不只意含對當事者的期望，還包括在此社會脈絡中與該當事者相關人士的期望；不只意涵行為活動的內涵，更意涵雙方關係的內涵。因此，生命生態系統取向之「角色」觀，滿載相互性活動與正向情感，以及權能擺盪、移轉等「二元一位」的關鍵內涵，而親子關係與師生關係正是此生態「角色」觀的最佳代表。

　　「角色」是微系統中運作的基本元素，但「社會期望」乃是源于社會文化或次文化脈絡。亦言之，「角色」是植基於「鉅系統」的意識型態與組織架構。這層關聯，讓「角色」具有穿越時空的巨大力量；是強大文化社會力量的「強制性」運作，處處左右人的行為與發展。因此，生命生態系統取向角色概念中的「社會期望」，帶有「權能」性質，對微系統中的「日常活動」與「人際關係」的運作具有「整合」的效應。尤其當某角色是位於某強大社會組織結構下時，如學校的老師、政府機構行政首長等，對人類行為與發展的影響更是無遠弗屆。

　　「角色」對個體發展的另一關鍵影響則是「角色轉換」。從生命生態系統變遷角度來看，「角色轉換」更是人終其一生都在面臨的生命現象。而這種「角色轉換」的現象多半是發生在「居間系統」，例如進入幼兒園、升學、畢業、進入職場、結婚、……換工作、退休等，都是「角色」與「生活場域」同時改變的「生態變遷」。許多研究證明「角色轉換」對人心智成長的關鍵影響力，認為人格成長即是個體歷經各種「角色」漸進分殊化的結果。這種分殊化顯露於兩個互補的面向：(1)個體與各種不同的角色互動，如在家庭中的父、母、手足、祖父、祖母；在家庭外的鄰居、玩伴、老師、親戚等；(2)個體歷經自身角色的轉換，從不斷增加的角色中，增加自我認同的複雜度（如，學習同時扮演好女兒、孫女、姊姊、學生、同伴等）。因此，Bronfenbrenner（1979: 104）認為：「人類發展是透過與各種人際角色的互動，及涉入不斷擴張的角色劇碼而形成的」。基於此觀點，我們應深思，家庭與學校是人類社會化過程中最重要的生活場域，如果不能提供足夠或適宜的角色示範，或讓發展中的人涉入各種不同的角色運作時（如，單親家庭、家庭暴力、不良的班級經營、不適任教師等狀況），對發展中的人的心智成長可能造成的「破壞力」可想而知。因之，如何讓成長中的個體觀摩並參與家庭與學校各種社會角色的運

作，乃是發展的重要課題。

綜論之，Bronfenbrenner 所主張的「生命生態系統論」強調：「個體對其所處環境的了解並與之建立關係的漸進開展過程」，「而這種了解與關係的建立，會形成一種『能量』，讓個體得以去發現環境的特質，進而去維護或改變它，這就是『成長』；一種持續不斷的動態過程」（1979: 9-10）。其關鍵概念為：

- **在脈絡下的發展**：人的學習與發展不可能發生在「真空狀態」，而是植基於某些環境脈絡。

- **多重且互為因果的脈絡層級關係**：人與環境的互動是多重且複雜的，因此要理解人與環境的互動內涵，不能以單純的線性「因」「果」關係看待之，而應從「脈絡系統」架構分析之，以理解其多重且互為因果的脈絡層級關係。

- **個體主動詮釋、賦意的能力**：脈絡互動論主要立基於人對其環境具有主動詮釋與建構的能力上；強調環境並非是一個客觀存在的「事實」，發展中的個體會主動詮釋其所覺知的情境「現象」並賦予意義，而此種賦意的內涵是有可能隨時空變化而改變的。因此，要了解一個人的發展過程與內涵，我們就必須去了解這種「賦意」的內涵是如何產出與改變的。

- **他人的積極介入**：對個人發展影響最直接且最深的發展關鍵在於，其生活周遭是否有人長期關注其學習與成長，並與之「對話」。

- **個體適應與再造現實能力**：人生宛如穿越一個變動不居的時空通道，我們終其一生，不斷面臨角色的轉換與生活場域的變遷，而此正也是生命力的催化劑。易言之，人與環境的互動關係雖錯綜複雜，但有一定的「軌跡可循」；在與環境互動的過程中，人會不斷面臨許多來自於「生態變遷」的壓力，而破壞原有的生活穩定性，然基於生物性的本能，該個體自會調整、重構自身的心智結構以適應環境，或者改變、再造環境，以符應自身發展的需求，達至穩定的狀態，並維持一段時間的正常運轉。然正常運轉到某一階段，一定又會碰到「外力」的介入，如入學、搬家、懷孕生子等角色與生活場域的改變，而又呈現不穩定的狀態，生命個體便又開始另一適應或重構環境周期。人生就是不斷在這種「穩定—不穩定」的循環中，向前邁進。「生命生態系統論」所認為的「發展」至高表現，就是這種生生不息的「再造現實」能力（growing capacity to remold reality）。

- **社會共生與支援系統**：在個體發展的過程中，尤其在面臨「生態變遷」的壓力時，其適應與再造環境的能力，取決於該個體是否有情感上與物質上的社

會共生或支援系統，是存在或缺乏？是支持或破壞？都會影響該個體心智發展的內涵。例如：父母對自己角色內涵的定位或認同與否，取決於其工作作息安排與彈性程度、托育安排、親朋好友的協助、社區醫療品質等，而這些社會支援系統能否發揮其功能，又取決於政府公共政策的制定與否與內涵。

第四節　道法自然和諧共生

Bronfenbrenner 借用生物生態學概念，強調以「共生」為其理論的核心概念，但卻只聚焦於人文歷史與社會性環境，並未論及人與其他物種、大自然乃至浩瀚宇宙間的互動關係，實為其理論的一大漏洞，而華人文化所傳承的道家與佛家的生活哲學觀正可補其缺漏。

> 「道，可道，非恆道也。名，可名，非恆名也。無名萬物之始也，有名萬物之母也。故恆無欲也，以觀其妙；恆有欲也，以觀其徼。兩者同出，異名同謂，玄之又玄，眾眇之門。」[5]
>
> 「有物混成，先天地生。寂兮寥兮，獨立不改，周行而不殆，可以為天下母。吾不知其名，字之曰道，強為之名曰大。大曰逝，逝曰遠，遠曰反。故道大，天大，地大，人亦大。域中有四大，而王居其一焉。人法地，地法天，天法道，道法自然」[6]。

老子認為天地之初，陰陽未分，世間無名無相，可謂是一種「沌呵其若樸，混呵其若濁」模糊不清的狀態，姑且稱之為「道」。「道」生天、地、萬物以及人的活動過程都是「自然無為」的，其所指稱的「自然」乃「自己而然」、「本來如此」，所謂「無狀之狀」的自然；既沒有什麼，也不為了什麼，本來就是這樣，並非「道」之上還存在一「自然」實體。「自然」與「道」，名號雖殊，其實是一而二，二而一的關係。而此深邃渾沌狀態卻蘊藏著巨大的能量與無以量計的訊息「淵兮似萬物之宗。……湛兮似或存」[7]，「道」似人而非人，似神而非神；似無而有，似有實無，是先於具體事物而存在的；是虛空之間的一切有形世界與無形世界的起

5　老子《道德經》第 1 章（帛書甲本）。
6　老子《道德經》第 25 章。
7　老子《道德經》第 4 章。

源，也是世間人事萬物運行的總法則。然「道」雖是天地與萬物生成的根源，卻「生而不有，為而不恃，長而不宰」[8]。

「道法自然」即「道」依照自然而然的形式來運轉這個世界，不受任何外在意志制約的獨立狀態。所以老子又說：「天地不仁，以萬物為芻狗；聖人不仁，以百姓為芻狗。天地之間，其猶橐籥乎？虛而不屈，動而愈出。多聞數窮，不如守中。」[9]。「道」作育天地萬物後，功成身退隱身於後，不居功，不據為己有，更不索取任何回報，聽任天地萬物各自依著自身的內在韻律運轉發展。老子比擬天地之間好比兩頭開口的風箱「虛而不屈，動而愈出」，雖然是中空的管道，卻可以不斷運轉往外送風，亦即，萬事萬物皆是因「空」衍化而出。「是以聖人處無為之事，行不言之教；萬物作焉而不辭，生而不有。為而弗恃，成功而弗居」[10]。萬事萬物各有其內在秩序，都蘊藏著一個看不見的韻律與脈動，此即所謂的「常道」，週而復始的流轉，如各行星的運轉、草木一歲一枯榮、潮汐潮退，動植物的生長。外在世界如此，人的成長與內心世界亦如此。因此，老子強調：「故恆無欲也，以觀其妙」，提醒我們要時時保持清靜無為；「空」的狀態，盡量不予干預，使之以自身本有的韻律軌道發展，才能覺察其能量內涵與運行方式。也因此，「道」看似「無為而治」，其實是「無不為」。

天地之間，萬物之間，人與人間，人與萬物之間，雖各有其發展特質、方式與調性，卻能如交響樂般，和諧共鳴。宇宙是生命的有機體，是所有純淨能量流動的韻律所組成的有機體，一旦我們能進入這節奏韻律，符合其節拍，就會充滿生機，反之則否。最能說明此「天人合一」和諧共鳴現象的，即是千百年來在華人世界傳承與運轉的節氣生活[11]。先民根據四季寒來暑往的氣溫、日照長短、降水量等季節天候變化制定了一套準則，以進行春耕、夏耘、秋收、冬藏。經千百年來的傳承，逐漸演化為各種日常養生與民俗活動，諸如：「白露身勿露，赤膊變豬玀；寒露腳勿露；冬練三九，夏練三伏……」。節氣生活可謂天文、地

8　老子《道德經》第 10 章：老子認為「道」（自然）生化萬物是無目的、無意志的，不為己有，養育萬物而不仗恃己用，做萬物之長而不主宰其行為，可謂是玄德。

9　老子《道德經》第 5 章。

10　老子《道德經》第 2 章。

11　在以農立國的時代，先民在長期的農耕實踐中，逐漸認知到季節更替和氣候變化的規律，並進一步結合日月的運行位置，將一年平分為二十四等分，並予以每等分專有名稱，分別為：立春、雨水、驚蟄、春分、清明、穀雨、立夏、小滿、芒種、夏至、小暑、大暑、立秋、處暑、白露、秋分、寒露、霜降、立冬、小雪、大雪、冬至、小寒、大寒。若將地球軌道比喻為一條環形道，那麼二十四節氣就好比是道路上里程的標誌，到了什麼樣的氣候，二十四節氣的名稱，是反映一年中各時期氣候寒暑的變化，以指導農民安排農事。

理與人類活動的完美結合。「天人合一」現象亦可從人生病時的症狀變化得到驗證。人會生病可謂是體內正氣與邪氣相互鬥爭，正不勝邪以致陰陽失去平衡的結果，而其臨床症狀表現又涉及天氣的陰陽消長。一般而言，多數疾病在白天或上午症狀較輕，然到了晚上或下午，其病症會加重。這現象導因於白天和上午，人體陽氣增強，加之天之陽氣的助力，所以陽盛陰衰；正勝邪，因此緩解了病症。反之，晚上或下午，人體陰氣漸盛，又有天之陰氣的襲入；邪勝正，以致病情加重。此外，有些時疫性的疾病，往往會隨著季節性的變化而產生或消失。凡此生活現象即道家所強調的「人法地，地法天，天法道，道法自然」；天、地、人三者之間和諧共生，共同遵循「自然」法則。

　　承上所言，人在天地之中，只有人的韻律是變數；是決定性因素。所以人是「天上地下，唯我獨尊」。「天人合一」就是天地人處於和諧的共鳴狀態。當我們應天符地，調整心靈韻律與生活節奏時，即能達至「啐啄同時」[12]效應，離「道」亦不遠矣！然當人無限自我放大，以人類中心主義睥睨萬物，無視天地的運轉節奏與和諧共生之道，那所要面臨的即是一場接一場的浩劫！近半世紀來，全球生態危機已是人類不能不面對的生存議題。

　　早期農業社會，人類順應自然時序生活作息，生產力雖低，但與大自然和諧共生。但工業革命後，隨著科技發展、資本主義與全球化的推波助瀾，認為人類凌駕於自然之上，開始無止境的開發、利用大自然資源。美其名是造福人類，但實則是對大自然生態進行破壞與掠奪，導致地球生態失了平衡，超越大自然能涵容的地球行星邊界。諸如：大量開發原始森林與地下資源，破壞了植被與地殼結構，造成土石流與物種滅絕；各大都會無止境使用核電及石油燃氣，排放核廢料與二氧化碳，加之各軍事強權競相發展核武，無限制進行試爆，凡此皆嚴重破壞了大氣層與地殼的穩定結構，造成氣候變遷與極地冰融。近廿年來，突發性的風暴、海嘯、森林大火、地震與乾旱更是層出不窮。這種種生態浩劫可謂是大地的反撲；是人類違反「天道」的惡果。又如，長期以來我們為獲得更高的農業收成，大量施肥、噴灑農藥，甚或施以基因改造，以求得最佳的經濟效益，然這些舉措的代價是，我們不但切斷了與大地自然的聯繫，種種化學藥劑長期滲入土壤之中的同時也進入生物的組織中，以至於當我們食用自己栽種成果實時，也陷入中毒和死亡的惡性循環中，人類已然掉入自己設置的「科技陷阱」。而世紀病毒 SARS 與 COVID-19 更是人類干擾其他物種棲息習性所種下的惡果。試想幾年後又出現一種比 COVID-19 更具攻擊性和傳染性的病毒時，我們可以阻止人類這個物種的滅絕嗎？人類總以為自己很強大，可以凌駕於自然之上，然而事實證明芎蒼之下，人類無比脆弱！新冠病毒的肆虐，迫使人類慢下腳步，野生動物找回原有的棲息地；汙濁的天空得以恢復其本色，凡此讓我們覺悟，人類在整個地球生態運作的角色。

　　據此，生態環境保護議題，不僅僅是自然界的問題，更涉及我們的世界觀與存在方式。因此，解決生態問題除了需借助科技外，更需翻轉我們固有的價值觀與信

---

12 這是南宋鏡清禪師的警世機語：母雞孵蛋 21 天之後，雛雞從蛋殼內喙尖部位的蛋殼往外頂，開始破殼，叫作「啐」。母雞則順勢由外啄起突出部位，叫作「啄」。兩者一來一往相互呼應，雛雞便能脫殼而出，反之，啐啄若不同步的話，小雞便無法存活。此禪語強調：凡事若能靜待時機成熟，拿捏得恰到好處，也就是契和機相同，感和應相交。

念。不然，缺乏人類的反思與自覺，科技的發展對於環境生態恐無利反增害。

　　我們常忘了人類並非是地球上的唯一存在物，地球是由諸多物種共同生活一起的「生物群落」（Biocoenosis）。在這一集合體中包括了植物、動物和微生物等各種物種族群；是生態系統中生物成分的總和。所謂「生態系統」便是在一定時間和空間範圍內，由生物群落及其環境組成的一個整體。這一整體具有一定的範圍和結構，各成員間借助彼此的能量流動、物質循環和信息傳遞而相互依存，由此而形成具有組織和調節功能的複合體。易言之，地球上的每一生命體，不可能不依賴其他生物而獨自生存。地球的生命史可謂是生物及其周圍環境相互作用的歷史。因此，在相當程度上，地球上植物和動物的自然形態與習性都是由生態環境所形成。就地球整體運行而言，某種生物有可能改變、破壞地球生態環境而造成巨大的生態反作用力，而目前只有人類具有這種力量。人類對地球生態襲擊至劇的即是空氣、土地、河流及海洋！

生物群落示意圖

　　然人類科技再萬能也無法控制天地萬物運行的「自然之道」。如果有任何物種可以掌控天地萬物，也會被另一種方式加以制約，乃至予以反撲或吞噬。「自然」並不是因為人類而產生，而是人類因「自然」而生，人類必須順應「自然」的道理，而不是強加人為的操縱去改變「自然」。通過「自然無為」的過程達到「萬物為一」的目標，這也正是莊子所言：「天地與我並生，而萬物與我為一。既已為一矣，且得有言乎？既已謂之一矣，且得無言乎？一與言為二，二與一為三。自此以往，巧歷不能得，而況其凡乎！故自無適有，以至於三，而況自有適有乎！無適

為，因是己」。自然界是有機聯繫的整體，人對自然環境的依存是人類生存和發展的基礎和前提。

除了強調世間萬物各有其內在秩序，「道」亦揭示「陰陽調和」對生命運轉的關鍵性。老子《道德經》第 42 章：「道生一，一生二，二生三，三生萬物。萬物負陰而抱陽，沖氣以為和。人之所惡，唯孤、寡、不穀，而王公以為稱。故物或損之而益，或益之而損。人之所教，我亦教之。」萬事萬物，包括人體運行皆蘊含陰陽／正負兩股力量相互調和，陰極生陽，陽極生陰，周而復始生生不息。例如栽種果樹，當枝葉過於茂盛時就得適時修剪，才得「損之而益」獲得豐收。如果任其生長，或揠苗助長，不斷施肥卻不加以修剪，不但無法開花結果，反可能因過多的肥料而讓整棵樹枯死，這正是「益之而損」。為人處事亦如是，要「沖氣以為和」，使陰陽調和，損益適當，從而形成新的統一體，使之永續生存。

陰極生陽，陽極生陰，天下之事物極必反。過於機巧的人類已逐漸遠離生命的純淨能量與運轉法則，總想藉著宗教、科技尋找解救之道，這無疑是緣木求魚，人類唯一能做的就是回歸「自然之道」。莊子言：「汝遊心於淡，合氣於漠，順物自然，而無容私焉，而天下治矣」。人類作為地球生態環境的一分子，唯有尊重地球的自然規律，與萬物共存共榮，是我們解決災難唯一的方法。聖嚴法師曾倡議「心六倫」[13]，其中之一便是「自然倫理」。他認為自然是人類共有的「大身體」，我們須珍惜唯一的地球。「自然倫理」的關懷主體便是自然生態，包括生物與非生物的資源和環境。因此，除了直接保護有機生態之外，還包括間接保持各種資源之間的平衡和永續；不破壞、不浪費地球資源，進而去保護、改善地球環境，使地球更具有未來性，也使人類的生存空間更有安全感。

據此，人生在天地間，其思想情緒與行為尺度的最高法則也當是效法「道性自然」的法則與「無為」的本質，保持「清淨無為」的狀態，遵從萬事萬物本有的發展規律，不強加自身主觀意志橫加干涉。然「無為而治」並非「無所作為」，任其發展，事物就會自然而然的成就自身，更不是事不關己的任其遭受破壞。從道家生態哲學觀看來，天地萬物為有機的整體，具有不可分割的整體性，而且有內在和諧的生長規律，不應該以人為的方式去破壞或改變自然生態的平衡法則。人們只能

---

13 法鼓山聖嚴法師倡議「心六倫」，指的是家庭倫理、生活倫理、校園倫理、自然倫理、職場倫理與族群倫理。每個人在六倫中所扮演的角色是多元的。無論作為何種角色，都要有守分、盡責、奉獻的正確觀念，時時做到尊重、關心他者，建立起「心」的倫理。（https://www.ddm.org.tw/event/spirit/page02_03.html）

「因勢利導」地保護自然生態，以達「以輔萬物之自然，而不敢為。」[14] 因之，「無為」看似消極，實則「無不為」！強調不做違反萬物自然的本性及內在和諧法則的活動。面對大自然生態的運行，我們需避免揠苗助長，以個人的主觀意志代替客觀規律，壓制其本有的態勢或意志，而是運用人類的智慧維護自然的和諧與平衡，探索其本有的發展與運行態勢，使之展現自身，再順勢而為，導其生長，以至水到渠成「清淨自正」與「無為自化」；所謂「致虛極，守靜篤。萬物並作，吾以觀復」[15] 近年來，有機栽種與生態建築即是此「清淨自正」與「無為自化」的最佳實證。老子相信，「道」不是為萬物做主，而是順其自然。「自然」沒有任何固定的模式，它生化萬物，萬物皆按其各自的本性自然生長，無欲無待，不存在強加的任何因素，從而保證了自然生態的和諧，以至源遠流長。而人修大道，就當效法道的自然本性，順應天地自然變化的規律，尊重自然界一切生命。

　　老莊的「道法自然」與「和諧共生」思維與漢傳佛教的世界觀「緣起論」不謀而合。佛教學說雖未涉及生態學，但作為其宗教文化體系與生活哲理基礎的「緣起論」卻蘊含深奧的大自然生態思維。

　　佛家哲理強調「緣起」是宇宙生成與日常現象的原理；世間一切森羅萬象，如山河大地、花草樹木、微塵沙礫，乃至日常生活百態等，都是由無數的條件，無數偶然的遠／近因緣和合而生。反之，也會隨著因緣離散而滅，所謂「諸法因緣生，諸法因緣滅」；「此有故彼有，此生故彼生」。世界上的事事物物既非憑空而有，也不能單獨存在，必須依靠各種偶遇的關係、條件和合才能成立，而一旦這些關係、條件離散或消失，事物本身亦即不存在。因此，「諸法無我」，而「無我」的本性為「空」，我們所看到一切現象的「有」，並沒有實在的自體，此「緣起性空」正是佛法的核心論述：「色不異空，空不異色；色即是空，空即是色，受想行識亦復如是」。而「空」正是為了成就「有」；生與滅不是對立的，生蘊含著消散、滅絕，反之亦然。所以佛法再揭示：「是諸法空相，不生不滅，不垢不淨，不增不減。是故，空中無色，無受想行識；無眼耳鼻舌身意；無色聲香味觸法；無眼界，乃至無意識界；無無明，亦無無明盡，乃至無老死，亦無老死盡；無苦集滅道；無智亦無得。以無所得故」[16] 龍樹菩薩所著《中論》亦強調：「以有空義故，一切法得成；

14　出自老子《道德經》第 64 章。
15　老子《道德經》第 16 章，老子強調唯有保持極靜、純然的狀態，我們才能體悟世界（道）運行的方式與奧妙，也才能看清世界生滅往復的變化。
16　出自玄奘法師所譯《般若波羅蜜多心經》。

若無空義者，一切則不成」。惟有無實體、無自性，才能因緣和合，成就萬事萬物。倘若現象是恆常不變的，各有其不變的自體、自性，不會相互影響、轉化，例如，植物不會進行光合作用；無所謂食物鏈；各種微量元素都無法轉變為其他化學物質；人的成長過程也不受其生活環境影響等。那我們的生存世界，包括我們人類將是一灘死水，永遠靜止不變。此即「法不孤起，仗境方生」[17]，就如生態系統論所強調，「緣起論」亦認為世間萬事萬物皆是由於相互作用，互為因果而生成。因此，生命的本質是流變的，無獨立性與恆常性，更沒有固定的差異或絕對的意義。而此緣起變動不居的特質也揭示我們，生態系統內的各個元素相互依存成一模體；各個生命體、元素是有限的，但統合成的宇宙卻無限的。易言之，不同生命形式間存在能量相互轉化的無限可能性，讓我們的生存世界生機勃勃！

　　能量相互轉化也意謂系統的開放性，此觀點也正是「渾沌理論」所強調的。「渾沌理論」（chaos theory）為 1970 年代在自然科學領域中崛起的新的科學典範（paradigm）。其基本理念認為自然與社會系統皆蘊含隨機性、非線性、無序性與不確定性等現象，以致很難依循一定規則予以控制或預測等。這種新的典範被稱為「非線性動力學」（nonlinear dynamics）或是非均衡系統模式（nonequilibrium system）。而其中以 I. Prigogine 所提出的「耗散結構」（dissipative structure）理論為代表。

　　所謂「耗散」意指系統與外界進行物質與能量交換。「耗散結構」則指一種自我組織、穩定化的有序結構。Prigogine 從熱力學觀點，認為在遠離平衡狀態的、非線性的系統內蘊藏諸多變化的因素，在這些因素彼此聯繫、干預的狀態中，決定系統可能演化的方向。然前提是系統本身必須是開放且有正負反饋機制的非線性動力過程。藉此機制，系統不斷從外界引入「負熵」以抵消內部「正熵」的增加以達新陳代謝。當系統內部某個參量的變化達到一定的臨界值時，通過漲落，系統才可能由原來的渾沌無序狀態轉變為一種在時間、空間或功能上相對有序狀態。

　　「熵值」（Entropy）概念是德國物理學家 R. Clausius 於 1854 年提出，為一種對物理系統之無秩序或亂度的量度，系統越亂，熵就越大；系統越有序，熵就越小。依照熵增定律，越是孤立的封閉狀態，越是資源稀少或體量小的系統，就越有混亂與崩潰風險。易言之，熵的增加即意謂有效能量的減少。每當自然界發生任何事情，一定的能量就被轉化成了不能再做功的無效能量，因此，耗散了的能量即是構成所謂的污染或消亡。既然根據熱力學第一定律，能量既不能被產生又不能被消

17　《金剛經》：法不孤起，仗境方生。道不虛行，遇緣則應。

滅，而根據熱力學第二定律，能量只能沿著一個方向——即耗散的方向——轉化，那麼污染就是熵的同義詞，它是某一系統中存在的一定單位的無效能量。易言之，熵是一個與外界沒有物質交換的封閉系統內熱力學狀態函數；是不能再被轉化做功的能量的總和的測定單位。Clausius 要強調的是，宇宙中任何一個孤立系統，其系統內部與外部環境若沒有能量交換，系統會自發性地朝向混亂無序演進，終至崩潰消亡，而此觀點已被廣泛運用到生命科學與社會科學等領域。

　　知名物理學家 Schrödinger 認為：「生命就是個減熵的過程」。在封閉系統，「熵值」只會不斷增加。反之，在一個開放系統中，生命物質會藉由原態穩定地保持負熵狀態。以現今的觀念詮釋，此生命物質量可被稱為外在刺激與信息。我們所生存的生物圈並不是一個孤立系統。有機體內部秩序的提升，是以散熱到體外而增加周遭環境中的亂度，而維持其有序狀態，而整個宇宙的亂度是有增無減的。世間萬物的形態、結構和運動都不過是各種能量的聚集與轉化形式的具體表現而已。一棵樹、一隻動物、一個人的衰亡，乃至一幢大樓的傾頹、一輛汽車的毀壞後，但它們原來所包含的能量並沒有消失，而是從一種形式轉化成為另一種形式的，移轉到同一環境的其他地方或物種。反之，動物的誕生、高樓拔地而起，樹木山川的生成等，皆是源之於其他地方能量的耗損。

　　「渾沌理論」的出現可謂是對牛頓以來的物理學家所強調的規律性「普世真理」典範[18]進行革命性的反動；打破了宇宙現象是可以控制與預測的幻覺。全球化時代是個後現代化時代，已無法以封閉式的機械觀解釋、因應詭譎多變的生存環境，不管是物理的、化學的、生物的乃至社會的、經濟的系統發展局勢與日常事務，取而代之的是生物生態系統主導的世界觀。生物聚落／生物生態所特有的「自我組織」與「自發秩序」機制。而此機制的運作關鍵除了源於新刺激、元素的引入，更源於生態系內物種的多樣性，每個物種皆有其獨特的本質與自主性，而物種間的差異性造就了一個生態系的永續穩定與平衡發展。易言之，保持生態系統的多樣性／差異性與開放性，才能維持系統的平衡，確保其在穩定中漸進發展。生物系統／聚落中每個生命皆是獨特的，皆有其存在價值與意義，而一個社群乃至社會文化的精彩即在強調此生命個體的自發性與多元差異，抹煞了個體間的差異性便無社會文化可言。

---

18 Einstein 的名言：「上帝不擲骰子」，認為世間萬事萬物都可找出定律加以預測。實證論者認為，宇宙現象具有簡易性（simplicity）、線性（linearity）與確定性（certainty）的特質。因此，可簡化為某些固定的變項加以操弄或予以解釋。然而此種方法論卻無法解釋混亂無序的自然或社會現象，因而只好將之視為誤差而加以忽略。但此論調卻往往造成見樹不見林的缺憾或因忽視細微枝節而造成無以挽回的巨大損失或災害。

　　老莊的「無為」與佛家「緣起性空」學說超越人類本位立場，觀察並探究宇宙與人生的真實本質，強調眾生平等，世間萬物，都具有其內在獨特的品質與存在價值，皆是生態圈不可或缺的一環，彼此依存，互為一體。因之，大自然有其自我更新、自我調節、自我提升之內在機制。據此，每一種生物、非生物都有生存的權利，惟有互相尊重、依持，整個生態系統才能在穩定、平衡中生生不息，欣欣向榮。簡言之，生態聚落中物種的多樣性與相互依持的特質，可謂是地球得以運轉的關鍵。作為人類，面對這樣一個萬物平等的宇宙，我們不應該過於干涉自然，甚至踐踏破壞自然；我們應該謙虛地尊重自然、親近自然，把自身真切地看作萬物中最平常不過的一個，從而把我們自身從人與自然對立的主客二分的思維框架中解放出來。

　　在教育現場，無論學校整體或是一間教室皆有如一種生態聚落，為師者如何模擬自然生態，創造多元異質的渾沌環境條件，讓生存於此的每個個體，皆能相互轉化出無限的可能性。在「放空」的前提下，讓每個個體依著自身的成長韻律釋放其本質，也因此，為師者才得以感知每個個體的「原貌」，行「不言之教」，不予過多的干預。也唯有如此，才能培養自身的專業敏感度。而不斷引入新能量與物質，優化環境結構，使之滿載正能量。

　　綜論之，我們的生存環境是由「社會性環境」、「物理性環境」與「時間性環境」所交互構築成的生存環境。三者若能充分交融成一體，則處處蘊藏著生命的契機，反之則否。我們的幼教場域是否是個開放的生態系統？是否保有「自我組織」與「自發秩序」機制？亦或是一個孤立的系統，放任慣性的熵增趨勢，朝向混亂無序演進終致毫無生機可言？

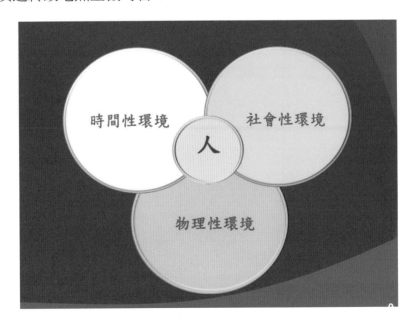

　　第一章幼兒園現場的諸多案例所涉及的人文性、時間性與物理性環境規劃向度，大至課程模式的選擇、園舍規劃、秩序管理，細至教材教具的呈現方式、座位安排、動線安排等。這些案例提醒我們，學習環境規劃的藝術即在「虛」與「實」間的相輔相成，更重要的是，這些虛實元素又是如何與人對話？達成其「境教」藝術。當教室充滿了整齊排列的課桌椅，當一天的作息被「填滿」，以致老師與學子皆無法展現主體能動性時，一切都是教育理想與理論皆是也是惘然；放任具萬物慣性的「增熵」行為，永遠比改變慣性輕鬆省事。

　　生存環境蘊藏著生命契機，學習環境規劃的關鍵不在於樑柱、門窗，樓板乃至傢俱、設備的美醜、多寡與耗費，而是這些建築材料與設施所營造出的空間內涵，能否與生存於此的生命體充分「對話」；能否從人類圖像、教育哲理等形而上的視角觀之，掌握「留白」的藝術，思考如何透過實際的空間安排，誘發人與人間，人與物，以及人與大自然、宇宙間的良性互動，乃是教育的最高境界。

CHAPTER 4

尋找自然之子：
幼兒園學習環境基本圖像

　　幼兒進入幼兒園意謂由個人家庭生活進入組織型團體生活，可謂是其人生進程的關鍵階段。而幼兒園作為幼兒學習與成長關鍵性微系統，師生關係亦是如親子般，屬二元一位體；是形塑其人格動力的關鍵人際關係內涵。

　　無論是從個人生命意義的追尋或社會運轉所需，教育目的無他，唯有促進主體化知識，讓每個生命展現其生命的靈動力。而此演化過程繫乎人的未完成性與自我完成性，此乃人類尊嚴與永續學習的立基點。為師者的工作價值即在「人之依他起性」起作用。易言之，教師若不能覺察人類基本圖像，洞察社會運作的本質，那不但無法踐行「成人之美」，更可能成為宰制人性開展的打手，而這正是後現代課程觀所要強調的。

　　由第一章所描述的幼兒園現場圖像可知，幼兒的行為表現與發展內涵就像是一面鏡子，反映為師者的幼兒圖像、知識觀與課程觀。最糟的教育方式即是未能體悟生命自主自發的靈動力與需求時間的演化淬煉；漠視每個生命體的主體性與分殊性。任何教學策略若不能回歸人本，掌握人與生俱來的面目，但求止乎方法、技術，那何異於禽獸之訓練或工廠標準化、規格化的生產線？如何面對真實存在的人，是所有教育形式的核心任務；任何知識的傳授都不能干預人天賦潛質與開展時程！我們要能閱讀孩子言行所潛藏的成長契機，營造無宰制的生活與學習環境，落實幼兒教育工作的核心價值。什麼樣的學習環境才能讓幼兒展現自身？！讓教師展現自身？！

　　全球知名的人本幼教課程模式，諸如：河濱街（Bank Street Approach）、華得福（Waldorf Kindergarten）、高瞻（High/Scope Preschool Program）、瑞吉歐（Reggio Emilia Approach）、日本東京的富士幼兒園，以及實施開放式課程模式的本土幼兒園等。這些幼兒園雖各有其側重的理論或哲思，但在學習環境規劃及課程運作上卻有著共同的關鍵的圖像，開展教師與幼兒的集體權能。這些圖像包括如下。

Waldorf Kindergarten

第一節　眾聲喧譁

　　進入這些幼兒園的第一印象是，孩子們好忙，而忙碌的身影交雜著喧譁聲此起彼落。他們或獨自一人專注工作，或兩三人，乃至七八人聚在一起，從容自在地專注於某件工作，自信又滿足的神情寫滿臉龐。不特別注意的話，很難發現老師的身影，但這並不是說老師不在場。多數的情況是，老師正與孩子們一起工作，有時則是在一旁提供協助或專注地觀察、記錄孩子們的工作過程。

　　W. Doll（1993）界定後現代知識為「動態的」、「開放的」、「不確定的」，猶如浩瀚宇宙般深不可測。因此，他以渾沌理論的耗散結構為基礎，剖析課程不能是簡單的線性課程模式；以事先設定既定的目標、教材或組織流程，灌入學習者的心智。他提出「課程即複雜」（curriculum as complexity）觀點，認為「只有當系統本身處於未確定狀態，才會進行自我組織，易言之，只有當混亂、問題或干擾因子（負熵）出現時，系統才能繼續運行，以恢復平衡狀態」（Doll & Gough, 1999: 233）。而此即生命生態系統觀所強調的，生命源自渾沌狀態。唯有在此渾沌世界中，每個生物體與其生存環境內外的各個有機體／元素相互碰撞、相互依存，方能發揮系統自我組織、再生秩序的能量。「趨異性」可謂是人的本能，包括日常生活

中陌生的行為與事物，或因距離、背景、地域、文化，乃至日夜四季等天候變遷所產生的差異。新刺激、異質元素可謂是我們生活的活化劑，不但是活化我們大腦運作的營養劑，更是我們進行心靈新陳代謝的重要「氧氣」。這也正符應漢傳佛典「緣起論」所強調的「法不孤起，仗境方生」[1]，萬事萬物都不是固化的；一切事物或現象皆是諸多關係相互碰撞的「偶然組合」或互為因果而生成。易言之，異質共生與多元融合是生命運轉的基本原則。物種的多樣性與相互依持的特質，不但是地球得以運轉的關鍵，更是人得以生存的基底；因緣合和讓我們的生存世界生機勃勃！

　　教育場，無論學校整體是或一間教室皆有如一種「生物聚落」，為師者應模擬生物體所生存的渾沌世界，創造宇宙生成與運轉的狀態，讓生存於此的每個個體能相互轉化出無限的可能性。此外，更需不斷引入異質或外力因子（負熵）以維持其動態平衡狀態、持續運轉。因此，課程的規劃與運行需模擬生物體所生存的渾沌世界，呈現一種眾聲喧譁的狀態，有著各種模糊的、不確定的、偶發的，以及異質的元素，以貼近學習者的生活脈絡與生命經驗。在此環境下，學習者得以依循自身的生命節奏，浸泡在各種混亂、干擾或挑戰等「失序」狀態，積極「參與」自己與他者的學習與成長。於此同時，學習者也得以自在地串連系統內各元素，包括：個人的、師生間、同儕間、人與空間、教材設施間，以及在地社區、社會、歷史文化、大自然，將之統合成一體。易言之，系統內各元素內涵是有限的，但經主體生命反思、轉化出的意義世界卻是無限的。

　　Malaguzzi 一再強調空間是孩童的第三位教師，空間應蘊含各種教育的可能性：「我們重視空間，因為空間具有組織並提升不同年齡層間積極互動的功能；能創造優質的環境，促發各種變化、活動與抉擇；激發各種社交、情意與認知層面的學習。凡此都有助於孩童的福祉與安全。我們同時相信環境有如一座水族箱，反映生活中人們的種種意念、價值觀、生活態度以及文化」（Edwards et al., 1998: 177）。人與環境的關係宛如「生命共同體」，是個體內在趨力與環境力量「共舞」的結果。在眾聲喧譁的學習環境中，自然營造一個絕佳的「生態群落」；不同的生命樣態在各自展現其獨特性質的同時，也成就了各種生命形式間相互轉化的無限可能性；各元素或成員間借助彼此的能量流動、物質循環和信息傳遞而相互依存，由此而形成具有自我組織與調節功能的複合體。

1　出自《金剛經》：法不孤起，仗境方生。道不虛行，遇緣則應。

第二節　留白的藝術

　　這些幼兒園予人印象深刻的第二個特點是，幼兒們所展現的無盡創發能力與意志力！如第一章所描述的第三類教室場景，幼兒或是一人或是小組，乃至十多人一起的集體藝術創作或科學探究；或一時的即興創作，或是連續數天乃至數周有計畫性的「工程」。

　　幼兒天生具有如湧泉般迸發的想像力與好奇心，但必須在無框限的生活環境中才得以施展。在空間規劃上，這些幼兒園的共同特色是，無論是室內或室外皆規劃了各類的學習區（遊戲區），如扮演區、建構區、科學區、沙水區、閱讀區、工藝區等，多樣豐富素材、教具或情境，誘發幼兒主動探索。在作息安排上，則皆有大段的自由探索時間。除了在時間與空間開放外，在課程運作及教材提供上，亦以極大化的方式誘發幼兒的好奇心、表達自己的意念與生活經驗的機會。時空的開放與教師的「放手」，讓幼兒們在思考與人際互動上得以無限「暢遊」，充分展現主體的靈動性。易言之，這些教室的日常境況是，每位幼兒能依著自身的興趣喜好、能力階段與發展節奏，從容不迫地選擇自己想參與的活動、玩伴、進行的方式或進行的時程。反之，如第一類與第二類教室場景中，在時間作息與空間皆被填滿的情況下，幼兒的好奇心與想像創作能力早已被壓抑、剝奪得無影無蹤！幼兒甚或不知道自己擁有創造的潛能！

　　在課程架構與運行上，這些幼兒園規劃了多元豐富的學習區，在課程模式上皆採主題或方案式課程。如現場實例方案中「我們蓋了三家店」、「萬里長城！我們蓋的！」及「當嫦娥遇見太空人」所描述的，此類課程模式多由幼兒自行主導，可能

是一人獨自探索或兩三人小組進行，或五六人共同分工完成。過程中，幼兒皆有著相當自主與創發的空間。而要達到這樣的課程運作成效，讓幼兒充分釋放潛能，得歸功於這些幼兒園提供了相當多元的「鬆散」素材，任由幼兒進行發想、創作。而資源室的設置更有如「寶藏庫」般，讓幼兒「尋寶」以完成計畫或激發更多的點子！

豐富多元的資源室有如寶藏窟，是老師設計課程的後盾也是幼兒創作的靈感泉源

多元的材料讓幼兒盡情探索、組合、試驗！

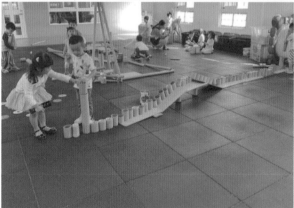

　　眾聲喧譁與時空留白的課程架構及運作，意謂課程是沒有起點與終點的「循環性」，亦無法以清楚的界線來規劃各過程階段，甚或老師與學生角色的分野都帶著模糊性。此境界猶如老莊生活哲學觀所強調的「大象無形」[2] 現象；認為人間最恢宏、崇高的氣派和境界，往往並不拘泥於特定的事物或格局，而是展現「氣象萬千」的境界，所謂大象化無形，有意化無意！不顯刻意，不過分地主張，要能相容百態；無形態無框架才能容納一切形體！易言之，最宏偉的形象就是沒有形象。

　　「眾聲喧譁」、「大象無形」的境界也可以「水性」來比喻。老子《道德經》中有多篇以自然界的水性來喻人、教人。其中第 43 章曰：「天下之至柔，馳騁天下之至堅。無有入無間，吾是以知無為之有益。不言之教，無為之益，天下希及之。」水性至柔，所以它在任何環境中都能應對自如與變通。水能遇冷成冰、遇熱成汽；在方則方、入圓則圓。因此，水看似無形卻有形。而水不見其形，所以可以穿越任何障礙，甚至進入沒有縫隙的物體中，此即「柔德」所在。易言之，世界上最柔弱的東西莫過於水，但它卻能穿透最為堅硬的東西，此即滴水穿石之境。弱能勝強，柔可克剛，水不但無堅不摧、無孔不入，亦能推動巨石、掀翻巨輪。再者，水性至柔卻柔而有骨，憑著「萬折必東」的天然意志，即便是九曲黃河，關山層疊、百轉千回，多少阻隔也沒有絲毫停歇，一路遇阻則分、遇孔則入，日復一日，年復一年，以深不可測的浩瀚之勢漸形成滔滔湖泊、浩浩江河，最終東流入海形成洶湧澎湃。易言之，水的凝聚力極強，一旦融為一體，就會朝著共同的方向義無反顧地前

2　出自《道德經》第 41 章：「上士聞道，勤而行之；中士聞道，若存若亡；下士聞道，大笑之。不笑，不足以為道。故建言有之，明道若昧，進道若退，夷道若纇，上德若谷，大白若辱，廣德若不足，建德若偷，質真若渝，大方無隅，大器晚成，大音希聲，大象無形，道隱無名。夫唯道，善貸且成」。老子強調「道」本身無名、無相、無形、無體，也因此「道」的至高至境界為：「最潔白的東西看起來像是污濁的；虛空之境無所謂東西南北方向或方隅；成就非凡的人，一般較晚成熟；宏偉的樂音聽起來往往單調；宏大的氣勢景象似乎沒有一定的格局」。

進，故詩人李白有「抽刀斷水水更流」之慨嘆。

《道德經》第八章更強調：「上善似水。水善利萬物而不爭，居眾人之所惡，故幾於道矣。居善地，心善淵，予善天，言善信，正善治，事善能，動善時。夫為不爭，故無尤。」水性至柔，無聲無息地滋潤萬物，只往低處流，不嫌一滴一池，不論清澈渾濁與否，皆以平常之心，以大度能容之胸懷接納相融於一體。簡言之，水性至柔不爭，總是將自身處於深淵低勢，看似「無為」，但卻「無不為」。如何模擬「道」的運行方式，無名無形「是以聖人居無為之事，行不言之教，為萬物作而弗始，為而弗恃也，成功而弗居也」。上善若水隨物賦形的環境氛圍下，也意謂著教育的最高藝術——「留白」；老子藉由水的特質，讓我們體悟「不言」之教與「無為」之益，猶如東方詩畫美學的「空境」，引人無限的遐思；是創造靈感的泉源。這些幼兒在如水般的學習環境中，每個人皆能依著自身的成長韻律釋放其本質。也因此，為師者才得以感知每個個體的「原貌」，行「不言之教」，不予過多的干預。也唯有如此，才能培養自身的專業敏感度，不斷引入新能量與物質，優化環境結構，使之滿載正能量。

第三節　混沌中自有其秩序方向

　　環境如水，但水能載舟亦能覆舟。這些教室經常性地同時有 20 或 30 多人任意走動、交流的教室，看似紛亂、喧鬧的場面卻是亂中有序，各得其所。這主要歸功於整體空間配置與動線安排得當，以及能有效建立生活規範，誘導正向的人際互動行為。除此外，這些幼兒園活動面積與使用人數的比例（社會密度）合理，因此少有因擁擠而產生人際衝突的場面發生，而其空間配置亦能充分結合空間場所、活動性質與角色功能等機制，並支持各種人際互動與探索學習。因此，無論是行政人員、教師、家長或幼兒，皆能各得其所。除此之外，這些教室的教材教具及幼兒所需之各項生活用品的擺放與呈現方式皆能清晰有序，讓幼兒方便取拿、歸放，且能自行操作，有效掌握學習目標；不需經過詢問、尋找或在使用時，造成破壞、遺失、肢體衝突或無效學習等負面行為。人性化的空間規劃與設施安排，讓生活於此環境中的每個人皆能如魚得水。

幼兒活動區、保育區與教師區分界明確，各得其所

以清晰有序的方式呈現日常用品與教材，讓幼兒方便取拿、歸放，培養其自理性

　　這些幼兒園的另一個亮點是，幼兒所表現出的正向社會性性格，包括：自律、遵守常規、利他、分工合作、樂於分享、積極參與社群活動等。易言之，幼兒間少有肢體衝突，亦少有破壞、攻擊等負面情事發生。凡此現象除了歸功於合理的物理性環境規劃外，更有賴於教師提供機會誘導幼兒樂於分享、分工合作，並共同建立班級生活規範與遊戲規則。若說學校教育的價值在提供情境與機會，協助個人達社會化，發展正向的「人—我」關係，以傳承文化、維繫社會運作，進而體現族群、社會文化認同，以創造共同的社會價值，達至多元融合，共創未來。因之，對於正

值社會化發展關鍵期的幼兒，如何促發其正向的人際互動關係網，培養其社會性格，應是幼兒園教育目標的核心。

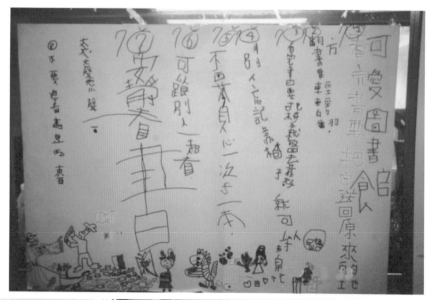

建立遊戲規則是誘導幼兒社會化的前提

樂於分享互通有無是融入群體的活化劑

與同伴一起完成一件工作，是童年最美的記憶！

第四節　強韌的師生「對話」關係

　　「老師似乎很閒，沒事做！」是這些幼兒園常常予人的印象，但事實正好相反。如在第一章所描述的幼兒園第三類教室現場，雖情境互異、學習者的心智狀態亦各有不同，但其中的共同點是，老師會根據班上幼兒發展狀況，提供各種豐富且適性的學習環境，誘發他們主動探索；讓他們浸泡在各種問題或挑戰性情境，使其既有的生活經驗、認知基模進入衝突、矛盾等「失序」狀態，進而其促發經驗的重

組與改造，達至心智結構的質變。在此環境氛圍中，同儕間自然而然地積極參與彼此的學習歷程，互搭「鷹架」。此外，老師更能針對這些幼兒的興趣或探究走向，以及個別發展狀況，提供適時且適當的引導。

一群五歲幼兒耗時約兩周，合作搭建了「萬里長城」，有步道、階梯、敵樓、望高台、避雷針⋯⋯，末了還貼心為遊客搭蓋了「廁所」與「停車場」！

　　凡此專業素養是無法一蹴即成的，而是教師耗費相當的精力與時間「以孩童為師」；長期藉由各種觀察記錄策略（如：拍照、錄影、保留作品、討論分享⋯⋯），掌握幼兒的身心特質、生活經驗、興趣走向與個別差異狀況。此外，園方會積極規劃各種研習並組織教學會議，除了讓老師得以沉澱、反思自身的教學經驗，更鼓勵老師分享教學心得或討論如何規劃或更換適當的教材與設施，使之能配合班上幼兒的發展需求。藉由這些專業策略，有系統地引導幼兒重新檢視其想法或深化、擴展原有的學習內容與概念。易言之，教師的關鍵角色不是讓學習變得順利或達成既定

的目標，而是協助孩童找到自己興趣、所要的或更深入、聚焦自己的問題所在，有效學習。例如：在場景「我們要下交流道了」中，三位才四歲半的孩子原本各玩各的，老師「多管閒事」地在一旁答腔、提問，甚至說起「風涼話」！而她也不過問孩子間的爭執，任由他們爭執（互搭鷹架）。幾番嘗試與錯誤中學習後，這群幼兒不但一起搭建了結構複雜的大斜坡，而且一玩就是 40 多分鐘，還意猶未盡。這結果除了老師提供了蘊藏數學教育意涵的「單位積木」、寬廣的活動空間與充足的探索時間外，最關鍵的力量就是老師長期觀察、記錄這些孩子發展狀況，認為他們的搭建技巧、空間概念與社交互動水平應「不只於此」。因此，她嘗試鷹架之，看看有多少成長的空間，而結果也出乎她意料之外。又如「可以告訴我，你為什麼要這樣擺嗎？」場景中，原本自以為完成遊戲的幼兒，老師看出其盲點，適時反問、提示之；誘導他反思自己的誤區，最終有效的掌握該教具的學習目標。同樣地，在「剪紙條」的實例中，若無老師適時的示範、引導，小女孩恐會放棄使用剪刀，或需花費很長的時間自我摸索。而「我們蓋了三家店」、「萬里長城！我們蓋的！」、「當嫦娥遇見太空人」等方案進行過程中，老師亦步亦趨地跟隨幼兒的建構過程，製造各種問題情境，並適時提問／挑戰，此外，更積極鼓勵幼兒成立「工程小組」，藉由每天事前的回想、提醒；事後的分享、反思等策略，徹底釋放孩子們的潛能，成果非凡！

　　與這些實例相較之下，第一類與第二類教室的場景可謂是毫無生機可言，看不見幼兒也看不見老師。而其關鍵即在於教師普遍缺乏知識觀、課程觀，而其所抱持的幼兒發展圖像更是模糊不清的，也因此無法積極「參與」幼兒的學習過程；不是以齊頭傳輸方式進行課程，便是放任幼兒遊走。在此前提下，這些教室現場裡的幼兒自然無法積極「參與」自身與他者的學習過程，師生間亦缺乏誠真的「對話」。

　　Freire 一再強調：「沒有教學不蘊含學習本質」[3]（1998: 31），提醒為師者，教學若不能從學習的經驗中開展，那亦不可能讓任何人產生學習！而「向學習者學習」是其中的關鍵。易言之，眾聲喧譁、留白、開放並不意謂老師可以用散漫的心態，放任學習者隨性漫遊，毫不介入。更不是讓學習者為所欲為，陷入「只要我喜歡有什麼不可以」等危險之境。如前所言，心智結構的轉化不是自動發生的；一個人學習與發展的品質，繫乎在此過程中，是否有「重要他人」長期關注、參與其生活，能適時適性地介入、引導，以建立強韌的「權能擺盪」關係，使之得以以自身

3　原文：there is no teaching without learning

的生命節奏，積極「參與」自己與他人的學習與成長；在潛移默化中得以轉化生活經驗，創造意義。而建立此強韌的「權能擺盪」關係的關鍵機制即是「對話」（dialogue）。無論是自我的、同儕間的、師生間的、人與物品設施之間，乃至與其他物種或歷史文化、大自然間的「對話」。長期以來，在強調「技術理性」的教室中，只有老師擁有「話語權」，學生都像患了「失語症」，尤其在教師與幼兒權力地位懸殊的幼兒園中，幼兒只能聽令行事。P. Freire 的「批判教育學」、A. Gramci 的「文化霸權」、J. Habermas 的「溝通理性」觀點，便是要解構此「話語霸權」現象，喚醒每個人詮釋「文本」的權力，而最重要的基石便是從幼兒階段開始。幼兒園作為人跨出家庭後，最重要的微系統，如何讓教室中的每個人都能自在地詮釋文本，並與他者對話，建立溝通理性氛圍，是至關重要的。

　　W. Doll、P. Freire 等後現代學者，特別重視「課程即對話」（curriculum as conversation）觀點。Freire（2000: 92-93）強調：「沒有對話就沒有溝通，沒有溝通就沒有真正的教育」[4]；「對話」不是一般會話，也並非是一種技術或策略，而是一種溝通，一種求知過程中必要地相互涉入的社會性關係，藉之以引發「智識性」的好奇心。此外，「對話」更意謂一種自我開放的可能性，讓人對自我產生好奇，不斷促發對生活經驗的探索與反思，也唯有如此，人才能真正涉入他者的世界，對他者的好奇與關懷，能夠站在對方的立場，理解對方的處境與需求。因之，「對話」關係是一種「智識性關係」（epistemological relationship），意謂觀察、詮釋、試驗、與他者的意念分享、爭辯、溝通與協商，更蘊含對生活經驗的反思、批判等主體化歷程；是對每個生命主體的尊重；是無法被任何形式的科技所替換。易言之，在「對話」關係中，自我與他者統合成一體。Doll 則以「共舞」來形容課堂的「對話」關係，在此關係中，老師與學生身分統合成一體，實踐了教學相長的教育美學。P. Freire（1998: 30-31）認為教育工作的核心，不應是老師單方面傳輸知識內容或技能的過程，而是老師與學生間共同協商所產出知識的過程。啟動「對話」機制可謂是專業教師最需掌握的「鷹架」，否則教學成為一種馴化，陷入知識囤積之境。教師若不能體悟「對話」關係在教師專業上的意義，那教師角色是可以被取代的。

4　原文：without dialogue there is no communication, and without communication there can be no ture education.

第五節 綿密的課程社群網絡

　　這些幼兒園的第五個共同特點是課程運作時所潛藏的綿密人際網絡，不只是幼兒間頻繁的交流互動，包括師生間、親師間，乃至與社區的交流亦是相當綿密。易言之，家長與社區的相關人士亦經常性參與幼兒園的日常課程運作。Malaguzzi 曾言：「……我們把幼兒學校視為一個整合性的生命有機體；一個大人與孩童可以分享生活與建立關係的場域。幼兒園是一個不斷調整自身，永續運轉的結構體。因此，我們需隨時調整體制，就像海盜船得隨時維修船帆，才得以在海上持續航行！……」（Edwards et al., 1998: 175-176）。而此動力不是靠幼兒園一己之力就能完成，需結合社群力量，包括家長、社區乃至整體社會。最佳的結合方式便是實施在地化的「統整式課程」[5]。此種課程強調整合各學科知識的內在邏輯，並與幼兒身心發展特質間求取一個平衡點，相當符應幼兒階段的發展需求。此外，更強調整合幼兒各層的生活圈，包括：在地社區（鄉里）、家庭、歷史文化與在地地理風貌。

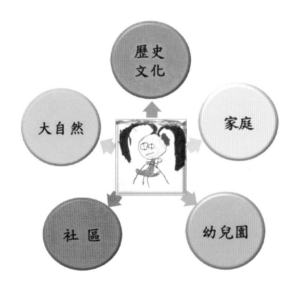

課程需整合幼兒各個生活範疇

　　例如：在「當嫦娥遇見太空人」、「萬里長城！我們蓋的！」、「我們蓋了三家店」等實例中，這些小方案課程不但整合了各個學科領域，也讓幼兒身心各發展領域得以整合。更重要的是，藉由這些在地化的課程方案，串連了幼兒學校外—學校

5　「統整式課程」意謂將兩個或以上互異、各自獨立卻彼此關聯的事務，以一中心點（論題）加以串聯，組織成有意義的整體。統整式課程涉及知識的整合、經驗的整合與社會的整合。

內之間的生活經驗；串連當下的生活經驗與歷史文化，也整合了各層級社會生活（家庭、社區、國家、世界……）；孩子們創建過程中，除了得助於師生間、同儕間相互「鷹架」，園方及家長提供的物力資源，以及其他班級的協助皆是相當關鍵的鷹架網絡，少了這些社群的資源／支援，這些課程應不會進行得如此精彩！而「萬里長城！我們蓋的！」、「當嫦娥遇見太空人」、「春節、廟宇」等方案中更整合了歷史文化與現代生活。瞧！孩子們在萬里長城旁蓋了停車場與廁所；將廟宇的圖騰卡通化，皆是精采的歷史文化與現代生活的「對話」！

開店是幼兒最愛的主題，瞧！他們設計的麥當勞門面是不是比實際的麥當勞店面來得有創意！

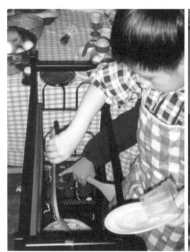

小朋友煮麵、炒菜的架式一點都不含糊

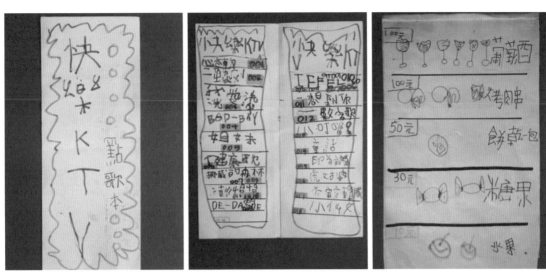

小朋友再製 KTV 點歌單與點心單，展現超高的記憶力

幼兒創建的廟宇門神與濟公皆被卡通化了！

傳統節日活動，不但是幼兒連結在地社區文化的窗口，更是民族認同的平台

家長協助蒐集各類廢棄品，提供創作素材資源

家長參與主題活動，與幼兒一起完成作品

Dewey（1938）強調「教育即生活，生活即教育」，學校教育需喚醒學習者的生命經驗，以避免陷入自我疏離之窘境。Doll（1993）以「宇宙」模體形容此開放、有機課程的運行狀態，認為「課程即宇宙」（curriculum as cosmology）。宇宙的概念是相互關連與依存，意謂課程環境中的各個元素之間，存在彼此互受互予的關係。此觀點亦是 Bronfenbrenner 的生命生態系統論所強調的，人是在層層交疊的脈絡中發展，而這些大小環境脈絡並非各自孤立存在，而是相互依存成一網絡系統，此即佛家「緣起論」所強調的世間萬事萬物互為因果，無法辨識誰是主導者，也無法確認起始點與終點，即便是微系統內的每個生命體或各個元素，亦是相互依存成一個小宇宙。在一個宇宙系統中，各個生命體、元素是有限的，但統合成的宇宙卻是開放的、無限的。因此，課程規劃與運行須有社群觀（curriculum as community），需以網絡而非線性方式串連各元素，包括個人的、同儕間、師生間、在地社區、社會、歷史文化，大自然，乃至整個地球生態，皆需統合成一體，以貼近學習者的生活脈絡與生命經驗。尤其是幼兒每天所面對微系統中的「日常活動」、「人際關係」與「角色」等三個向度所構成的「生活場域」內涵。這三個向度不但是影響個體發展之「基本過程」（proximal processes）的實質內涵，更是生命生態系統論的核心概念。

第六節　重視時間的醞釀與變化

承前所言，有效的教學引導需長期關注學習者的興趣喜好與發展狀況，彼此情感的投入，以建立強韌的「權能擺盪」關係，適時且適當地協助或引導，並隨時調整鷹架，以提供新的挑戰。易言之，「對話」性關係蘊含時間性。心智開展的關鍵點在於時間的醞釀；是一種循序漸進、慢慢熟成的過程。而此熟成過程並非靠物種內在機制自動發生的，亦非由環境刺激外鑠，而是需在「渾沌」的環境中，透過「對話」機制，包括「自我的」、「人我間」、「物我間」，乃至與在地的歷史文化、大自然的等，讓每個學習者在各種對話性關係中，得以依著自己身心發展的節奏，循序漸進地發現自我與他者；得以「參與」自身與他者的生活，形成有意義的回饋機制；猶如存釀美酒，在時間流轉中，一點一滴地發酵。而「存釀美酒」要求的是釀酒者的長期關注酒糟發酵狀況與環境的穩定度，就如 Bronfenbrenner 所定義的「時間流」，強調各環境系統運作的「穩定度」、「一致性」與「可預期性」。唯有在穩定、可預期的環境中，才可能發展出有利學習與成長的「二元一位」關係，投入

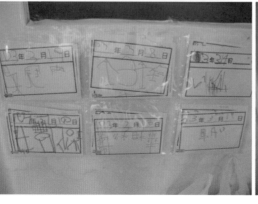

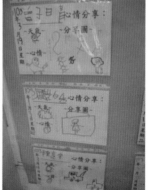

彼此的情感，長期關注學習者的興趣喜好與學習發展態勢，適時地予以回應。

　　Malaguzzi（1998）強調：「我們應尊重成熟與發展所需的時程；尊重開展做事與思考工具所需的時程；尊重孩童如泉湧般，不斷變化的能力開展，無論是緩或快；是精明或迷糊。這是文化與生物性智慧的度量衡。」以幼兒書寫能力發展為例，幼兒書寫發展會經歷「鬼畫符」→任意組合筆劃／部首→形似→可辨識的漢字→正式書寫等階段，而此過程歷時約需五年！在此過程中，幼兒的字體常有左右或上下組合顛倒的狀況發生，或未能把握字與字間的距離，如原本應是姓名「楚中天」，卻讓人看成「林蛋大」。此外，幼兒還會自創符號表達自己的心緒或想傳達的意念。

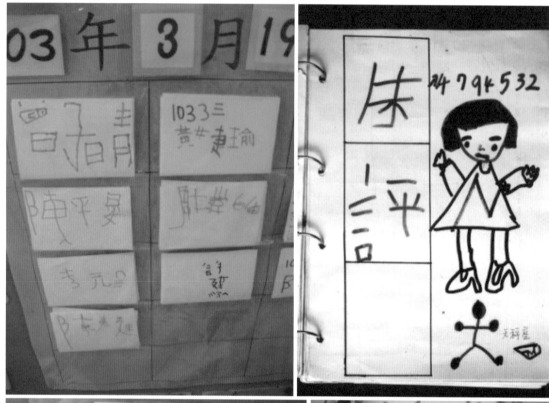

　　語言的獲得與學習是一個相當活躍充滿冒險與驚奇的歷程；一個充滿主動性、創造性與建設性的過程。只要讓幼兒生活在一個充滿各種文字、符號的情境中；一個鼓勵閱讀書寫的生活環境中，他們自會覺察文字／符號是很有用的，生活中的各個層面都需要，而此正是學習書寫閱讀的關鍵動機，即便不太會寫也認字不多，但就是愛講、愛聽、愛寫、愛看。幼兒掌握語言的方式與形式往往不符社會約定俗成的語言規則，然此正是過程讓他們得以不斷發現、假設、模仿、試驗、修改，乃至自創。在閱讀書寫過程中，他們自會使用各種策略來了解或表達意義。諸如：

- 不同的事物有不同的字／外型差異
- 字型與事物間的關係
- 字音與字型間的關係：一字一音（中文特色）
- 知道字是由許多「零件」組成的（中文特色）
- 字與字間是有區隔的
- 書寫是有方向的（如從上而下；從左到右）

　　簡言之，幼兒是積極的文字使用者，從局部→整體，約略籠統→細節化、精確化，逐漸掌握文字的形式與使用法則；從任意書寫、自創形式漸漸邁向約定俗成的形式。凡此過程需在充滿文字刺激且鼓勵使用文字的環境中，方可達成；讓幼兒在生活中慢慢發現文字的妙用，進而以自己的學習節奏及方式掌握文字的書寫原則。

　　再以幼兒搭建積木能力發展為例，幼兒積木作品結構演化從個人隨意觸摸、把玩→排長條／疊高→架橋／圍堵／對稱圖形，最後進入命名階段，而此歷程約三年，不但作品漸趨複雜且具象化，幼兒間也會相互合作，共同完成作品。

1. 階段一：認識積木

　　對一、二歲的幼兒來說尚未發展出搭建能力，因此剛接觸積木時，總是抱著積木走來走去或放在口袋裡、塞到某個地方再拿出來，要不就弄成一堆「據為己有」！再不然就將積木搬過來、挪過去。偶爾還會咬咬看！這些在大人眼中看似無聊的舉止，卻意謂著孩子正在認識、探索這個新物件；覺得它硬硬的、滑滑的、平平的、重重的，有好多「樣子」！漸漸地，他知道這種東西叫「積木」！雖然他無法說出每一種形狀的名稱，也無法理解幾何圖形的原理，但他卻能從觸摸中深刻體會每一種形狀的特色。

2. 階段二：重複性疊高與排長條

　　到了二歲半左右，幼兒會將積木排列成一長串或疊成為高塔狀。這種過程對他來說是一大挑戰，也極具吸引力，他會聚精會神地不斷重覆同樣的動作。一開始，幼兒或許不能了解或說出自己在做什麼？但在不斷觸摸、比較與實驗的過程中，幼兒會漸漸「內化」靠近、分開、好高、好長、短的、一個接一個之次序等概念。然後他會比較哪一塊比較長（短）、比較大（小）或誰的塔比較高（矮）等。這種「比較」事物間關係的動力，便是測量之始。單位積木的特質很容易讓幼兒「發現」可以用同樣大小的積木，來比較自己與同伴間的作品，也可以數出他的作品是用幾塊長的／短的；大的／小的等。

3. 階段三：架橋／圍堵／對稱

　　當幼兒大約三歲半時會邁入第三階段的建構行為，他們的作品常會出現「搭橋」、「圍堵」（用數塊積木圍出一個空間）及「對稱」三種形態。在此階段，他們會漸漸注意（在意）積木的形狀。比如：在架橋時，得先排兩塊一樣的積木做橋柱；排列對稱圖形時，左邊擺了什麼，右邊也一定要找到同樣的積木擺放才行。在這種區辨、尋找及比較各類形狀積木的過程中，「分類」的概念便衍生了。另外，空間概念也隨時隨刻「出現」在幼兒的「實驗」過程中。如：車子從橋「下」、橋「上」走過；動物走「進」、走「出」柵欄；把動物「圍」起來，有人靠「近」、走「遠」了等。還有，要多大的範圍才能將一群動物關起來？要搭多高的橋才能讓車子通過？要拼多少積木才能湊出一個飛機場等。這些都是掌握面積、體積概念的開

始。另外，他們在拼湊、比較積木時也會「意外地」發現積木間的比例與組合關係；同樣的立方體或平面，可以由各種方式組成。這些現象都能讓幼兒深刻體認部分與全體間的微妙關係。在此階段的幼兒還會發展出另一個重要的行為能力，便是會開始嘗試與他人共同搭建一作品或交換意見等，不像前兩個階段總是各搭各的，即使交談，也是「各說各話」。

4. 階段四：命名（實質建構期）

　　當幼兒約四歲半時，其建構技巧越來越純熟，所表現出的作品漸趨複雜且具象化。因此，此階段的幼兒會開始替自己的作品命名。而這個階段的幼兒對積木尺寸及形狀的需求，更是「挑剔」。比如：搭一個斜坡、搭一座碼頭、模仿一輛汽車等，都有其特殊的需求。他也會開始精確地「數」積木，還差幾塊就可搭成一間房子，這裡多了幾塊等，「量」的概念已從以前一堆一堆的粗略印象發展到一塊塊點算的階段。

　　這個階段對幼兒最大的挑戰就是「解決各種結構性問題」，如：搭一個斜坡時得用哪幾種積木最合適？如果正好沒有合適積木的話，那得用什麼形狀替代？要先放哪一塊積木，才能再擺另一塊？如何保持一個高塔的平衡等？就在不斷的錯誤與修改的實驗過程中，幼兒漸漸掌握思考問題與解決問題的能力，更可貴的是，他獲得了「自信心」。除了掌握數理概念、提升思考層次與解決問題的功能外，此階段的幼兒會邁入真正的分工合作階段；常常會三三兩兩一起合作搭建積木，他們會彼此的協調，商討誰搭哪一部分，或某些人負責拿積木，某些人負責搭蓋等。這當中或許也會發生一些爭執，但不管如何這些都是幼兒發展社會性行為時，必要的人際互動課題。而他們的作品，也常是生活經驗的重現，如：自家的空間布局；故事中的片段；參觀動物園回來，便用積木蓋動物園等。經驗重現是幼兒發洩情緒、肯定自我、掌握周遭世界的重要媒介之一。積木可隨意組合的開放特質，正好可滿足幼兒的這項需求。另外，在搭建積木時，不管是自言自語，或相互交換意見，角色扮演等，都會增長幼兒的表達與傾聽等溝通技巧。而這當中幼兒也會學得許多專有名詞，如：形狀名詞、建築物名稱等都能提升幼兒的思考層次。

　　如同沙水、裝扮、美勞等開放式遊戲一樣，積木建構性遊戲向來是幼兒非常喜歡參與的活動。只要提供充分的時間與寬廣的空間，並配合幼兒的發展階段予以合適的積木形狀種類，便能誘發幼兒的關注。但這並不表示老師可以完全不介入幼兒的建構過程。若無老師適時的介入引導，這群幼兒是無法跨越他們原有的發展水平。

　　Doll & Gough（1999）等後現代學者強調「課程即過程」（curriculum as currere），認為課程運作是個人發展過程中，不斷轉化主體經驗的「過程」；是學習者在學習的過程中，不斷與各種文本「對話」。在各種「對話」歷程中，學習者得以不斷詮釋、反芻生命經驗，賦予意義，進而轉化、再造生命圖像。此滿載生命契機的迂迴歷程實迥異於 Taylor 之線性模式，強調預設性、固定的輸入—輸出的組織與流程，一種否定學習者主體經驗的過程。易言之，知識系統猶如浩瀚宇宙般是無法以固定且先驗的線性「通道」規劃而獲取之，更無法以清楚的界線來規劃各過程階段。課程規劃與施行重點，並不是學習結果是否達到既定的目標，而是如何善用學習者的生活經驗與自我組織能力，建構有意義的知識。因此，專業的教師特別重視個別差異與時間的醞釀。

第七節　以大自然為師

　　尊重大自然的運行規律,與萬物共存共榮,亦是這些幼兒園共有的關鍵特色!他們將教育場視為一種生態聚落,模擬自然生態,創造多元異質的渾沌學習環境條件,在「放空」的前提下,讓生存於此的每個個體,皆能依著自身的成長韻律釋放其本質並相互轉化出無限的可能性。除此外,更藉由建築規劃與日常活動,引導幼兒以謙卑之心,敬天惜地,覺知「天人合一」的意義。

將校園包覆於各種植栽中,讓幼兒沉浸於大自然的時空中,與之融為一體,體悟「天人合一」的奧妙!

依據在地四季變遷特性選擇植栽，讓幼兒在日常中覺察季節更替的節奏

規劃 24 節氣活動最能反映天人合一的先人智慧

每天記錄日期與天氣概況，與大自然貼心「對話」！

引導幼兒親自栽種植物並記錄其成長過程，是了解大自然時序的最佳途徑！

綜論之，後現代課程應建立在一個多元複雜的、變化無常的、科技整合、隱喻式、相對的系統中。但此系統也不是雜亂無章法的，而是「亂中有序」；有一個吸引中心點（例如：一個主題、議題或目標），然要如何繞著這個中心點運行，是無法設定或規範的。環境像水一樣能承載、作育萬物！我們需要如「水」般的課程運作與學習環境，但水能載舟亦能覆舟。老莊的「無為而治」處事境界最能說明此學習環境的內涵與運作方式。然「無為而治」並非「無所作為」任其發展留白並放任，更不是揠苗助長，而是掌握每個學習者本有的特質與發展態勢，使之展現自身，再「因勢利導」使之「無為自化」；「無為」卻是「無不為」。

　　學習環境應呈現一種人文關懷的氣氛，而非只是空間規劃或一些設施、教材的安排！教師需以嚴謹的態度規劃學習環境、組織課程，思考如何營造「眾聲喧譁」、「留白」、「亂中有序」、「對話關係」、「社群網絡」、「時間醞釀」以及「以大自然為師」的學習氛圍，讓環境中的每個人都能依著自身的發展時程，積極地「參與」自身與他者的學習歷程，漸進成長！此即「成為一個人」的過程；是人學習、成長的動力與價值所在。如何洞察環境中的人事物特質，運用科學且人性化的管理原則，將環境中的各向度做最佳的結合，讓「學習發生於無形」，是為師者無以懈怠的專業職責與倫理。

幼兒園學習環境規劃
基本原則

　　承前所述，人類生命發展是在先天基因與後天環境；生理成熟與學習等機制交相運作而運行，而發展關鍵期即在出生至五、六歲間之嬰幼兒期。處於身心發展最活躍階段的二至五歲幼兒，無論在肢體動作、語言、智慧或情緒社會性發展上，皆處於快速發展的「戰國」時期，可塑性極強。其重要性就如架構一棟房舍的基石，基石不穩，那房舍即無法穩固，乃至有傾塌之虞。

　　一般而言，處於生理快速分化與感覺統合期的幼兒，在內趨力的策動下，對周遭複雜的生活世界充滿了好奇，不時東摸西看，問個不停，尤其是異於自身特質與生活經驗的事物，他們以大無畏的勇氣，不斷聽聞、探索嘗試，來認識、探索世界。然因受限於特有的思考模式，當幼兒無法理解所聽聞的世界或無法掌控某些事物時，就會天馬行空地以自己的方式詮釋之，甚或虛構一些情節、人物，乃至怪物，進入想像世界。「萬物有靈」可謂是此階段幼兒特有的生活哲學。然由於諸多身心狀態尚未完全整合分化、定型，可塑性極強，極易受周遭人事物，尤其是經常接觸的家人、同伴的影響與形塑，因之，此階段的心智發展內涵，最能印證「近朱者赤、近墨者黑」的道理。此外，也讓處於社會化關鍵期的幼兒，極易受周遭人事物的「煽動」，而表現不穩定的情緒行為，諸如：易分心、愛使性子、哭鬧，與人衝突等。

　　第一章幼兒園現場的諸多場景實例所涉及的時間性、社會性與物理性環境向度；大至課程模式的選擇、園舍與教室空間規劃、秩序管理，細至教材教具的呈現方式、座位安排、動線安排等。這些實例提醒我們，學習環境規劃的藝術即在「虛」與「實」間的相輔相成，更重要的是，這些虛實元素又是如何與人「對話」？達成其「境教」藝術。當教室充滿了整齊排列的課桌椅，當一天的作息被「填滿」，以致老師與學子皆無法展現主體能動性時，一切教育理想與理論皆是惘然。幼兒園作為幼兒發展關鍵性的微系統，面對幼兒種種不穩定又潛能無限的發展特質，如何尋找「自然之子」；實踐幼兒園學習環境基本應有的圖像，是我們需戮力的方向。

第一節　時間性環境規劃

　　「道法自然」，萬物皆是有機體，皆有其隱晦的發展韻律，依循既定節奏循序漸進，周而復始。諸如日夜循環、四季變化，潮汐波動皆有其週期性時序；草木的植物發芽、開花、結果，一枯一榮，而動物的孕育、生長等亦各有其生物性時程

表。凡此自然的發展節奏皆是地球運轉的脈動，破壞此生存大法的後果？

　　人作為地球物種之一，此生物性規律週期與發展時程亦是我們生存大法，是構成我們生活的基本架構；從嬰兒七坐八爬九走路……到我們每日晨起、吃早餐、梳洗、出門工作／上學、日落回家、晚餐、睡眠……之日常作息等，無一不依循著既定的儀軌開展與週期性地反覆。此規律性與週期性機制一旦無法維持或遭破壞，對地球生態、動植物生長的影響將是無以挽回的災難，如地球暖化破壞植物的生長時序、動物的遷移與習性改變等現象已造成人類的生存危機。同樣的，人在成長過程中，每一階段是否皆「建立在相當長期且規律的基礎」，不但關乎我們生理健康，更予以我們心靈上的安全感，尤其是在早年階段，如果未能依著自身的發展時程，或無法掌握每日作息；無法預期下一小時乃至明天要做什麼事、會發生麼事，甚或缺乏穩定的人際關係，無法預期人際互動的內涵，那幼兒的身心健康勢必受到影響。

　　據此，幼兒園學習環境規劃，首重時間軸度的醞釀、演化與穩定性，包括每日、每週的規律性作息、適性的課程規劃並配合大自然的週期變化作為空間安排的底蘊等。

（一）依循幼兒生理節奏安排日常作息

　　對二至六歲的幼兒而言，其動作步調、飲食、睡眠習性，乃至學習型態皆有所別於兒童及成人。因此，在日常作息安排方面，需配合幼兒身心發展需求節奏，安排規律性作息。如下表所示，每日作息安排應以自由探索活動為基調，避免催促幼兒，切忌緊湊的分科課程安排及過長的團體靜態活動上。年紀越小的幼兒，其自由活動時間比例應越高。此外，作息應力求動／靜、室內／室外活動的交替進行，以符應幼兒的身心節奏。在時間「留白」架構下，幼兒方能有機會自主自發地選擇遊戲內容、玩伴，自行決定玩法與時間長短等，也唯有在自主自發的學習環境下，幼兒才得以循序漸進的達至「自我的」、「人我間」、「物我間」，以及與大自然間的「對話」，也才得順時順性發展。

作息時間	作息內容	型態
07:30-08:20	到園／親師溝通／戶外自由探索	自由活動
08:20-08:40	早迎時間（點名／生活經驗分享／吟唱）	團體
08:40-09:15	早點	

作息時間	作息內容	型態
09:15-09:45	主題活動	分組或團體
09:45-10:00	學習區活動引導	分組或團體
10:00-11:00	學習區自由探索	自由活動
11:00-11:30	學習區收拾／分享	分組或團體
11:30-12:00	午餐	
12:00-12:20	收拾／整理／餐後散步	自由活動
12:20-14:00	午休	
14:00-14:30	甦醒	
14:30-15:40	律動／體能活動／戶外自由探索	團體／自由活動
15:40-16:00	故事時間	分組或團體
16:00-16:15	午點時間	
16:15-16:30	收拾／叮嚀	團體
16:30	離園	

幼兒園一日作息安排範例

二 穩定規律性的活動安排

　　時間留白並不意謂隨性或任意調動作息時段，誠如 Bronfenbrenner 所強調的，「時間流」是指各環境系統運作的「穩定度」、「一致性」與「可預期性」。因此，除了配合幼兒身心發展節奏安排日常作息外，更須著重穩定的規律性作息，讓幼兒可預期下一作息階段的內涵，而掌握自身的身心節奏，從容自在地探索環境。過於動盪或分科零碎的作息安排易讓人躁動不安，亦影響學習成效。

三 以幼兒身心發展階段特質作為課程活動規劃基點

　　幼兒園課程規劃與施行應符應幼兒的語言、認知、情緒、社會、美感、身體動作等各項發展需求，務求全人均衡發展，尤其需考量三至六歲幼兒之學習特質。

　　誠如多位幼教先進所倡言的，「幼兒是用行動來思考，用感官來學習」。因此，課程運作最重要的考量是，該活動進行方式與內容能否提供許多動手、動腦的機會；能否讓幼兒在遊戲中學習，如此才能引發幼兒的學習動機，讓各方面能力得以充分開展。如：「水果王國」、「磁鐵」、「舞龍舞獅慶新年」等主題所能提供動手動腦的機會，要比「敬愛的老師」、「情緒世界」、「我的祖先」等主題來得多。除此

簡易的「形形色色」主題適合幼小班幼兒

「管子與箱子」方案涉及熟練的精細動作、創意與同儕分工等能力。因之，較適合中大班幼兒進行之

「選舉」方案涉及書寫、同儕分工,以及正確點算、合成分解等數學概念能力。因之,較適合大班幼兒進行之

外,各年齡階段的身心特質,也是主題選擇的重要參考依據。老師需分析該主題所涉及之關鍵知識概念、能力技巧之學習或習慣養成等,與學習者身心特質或能力階段間的適切性,如:「紅黃線」、「我的手、我的腳」等有關基本概念與能力學習主

題，相當適合三歲幼兒的發展需求，但對五歲的幼兒而言就顯得太簡單了。同樣地，「開店」、「圖書館」等主題，強調創意表現、表達能力、分工合作、有計畫性地投入等較高階知識概念與能力的學習，對三歲幼兒而言可能就太難了。

在此課程觀及作息安排的前提下，幼兒園的空間規劃也應配合幼兒各階段的發展特質，建置多元的遊戲區誘發幼兒自由探索。室內遊戲區可設置諸如：語文區、積木區、扮演區、益智區、美勞區與科學區；戶外遊戲區則可設置諸如：綜合體能區、沙水區、騎乘區、種植區、養殖區、休憩區等，每個遊戲區的規劃皆具有其無可取代的功能。藉由這些學習區活動所營造出的「眾聲喧譁」生態聚落中，讓每個孩子在自由探索的過程中，依著自己身心的節奏慢慢釋放各種發展潛能。

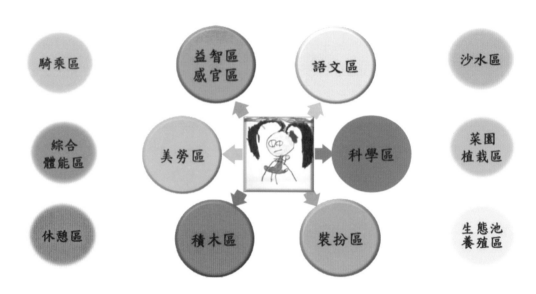

（四）隨時掌握幼兒的「最佳發展區」

　　Vygotsky（1978）認為人類高層心智活動是在豐富且頻繁的社會與文化的情境中發生；透過不斷與他人（成人或同儕）的互動，反思、沉澱自身的技能、概念或價值觀，並將之內化於自身的心智結構；在解構——重構的過程中，讓原有的組織產生質的變化。易言之，知識意義的理解、固著與運用是經由中介而獲得的，乃是一種社會性過程，更是一個主動建構且循序漸進的過程，而非影像複製或累積的過程。因此，教學不但要符合孩童現有的發展層次，更在創造其最佳發展區（ZPD）；教學唯有在發展前激發將熟未熟正在發展的能力，才是有效的教學。教育者的角色，不是消極等待學習者已具備某些心智慧力，才安排配合性的學習活動，而是「喚醒」學習者自身內在的力量，自主學習，讓發展中的人，隨時處於「最佳發展區」內。這是一種動能的傳遞，也是教學藝術的最高表現！

　　J. S. Bruner、L. E. Berk 等學者運用 Vygotsky 的「最佳發展區」觀點，提出「鷹架」（scaffolding）教學觀點。鷹架觀將學習者譬喻為搭建中的房舍，其所處的社會環境（人事物）內涵則是支持的鷹架系統。建築物若無適當鷹架予以支持，將難以落成甚或傾塌。但搭鷹架並非意謂讓學習者聽令於或模仿教導者，相反地，是藉由「鷹架」賦權，讓學習者對自身的學習擔負責任；促進學習者的自我導引（self-regulation）。這種「引導式參與」（guided participation）（Rogoff, 1998）有如日常文化情境中，孩童並非是透過正式的機構式學校學習事物，而是在各種生活情境中，跟隨父母或經驗熟練的夥伴，參與日常的事務活動，並經由父母或夥伴的引導、協

助，建構各種知識。「引導式參與」猶如我們傳統文化中的「師徒」關係，此非正式的「師徒式」教與學的歷程，即便有時策略失效，但亦不失「錯中學」的學習原理，更有助於學習者的心智成長。「鷹架」可分為「隱性鷹架」與「顯性鷹架」。

「顯性鷹架」意指，教師或其他夥伴長期關注學習者的興趣喜好與學習發展，掌握其可能的「最佳發展區」，給予適當的協助或引導，並隨時調整鷹架，予以支援或拆除原有鷹架，以提供新的挑戰。「鷹架」最重要的元素即是在學習過程中，教與學雙方，或合作的雙方在一來一往的互動中，彼此溝通、分享、協商或調整觀點行動；藉由彼此情感的投入、關注對方的狀況並適時地予以回應，達至「心靈的遇合」（meeting the mind），建立強韌的「權能擺盪」關係。「權能擺盪」即是一種「對話」關係，包括自我的，與他者的，與教材設施、歷史文化，以及大自然的各種「文本」。此「對話」性關係在幼兒心智成長過程中的關鍵角色。

積極「對話」的意義在於，人乃意識性（詮釋性與實踐性）存有，人類非被動地接受訊息，會與既有的經驗互動、進行反思。教育若不能打開學習者的經驗之窗；從學習的經驗中開展，那不可能讓任何人產生學習。J. Dewey 的「經驗哲學」（1944）亦強調，成長乃是一種經驗的重組與改造。他指出，經驗不是孤立、靜止的，是連續不斷的，每一種經驗既是建立於過去的經驗，同時也會以某種方式影響未來的經驗。因此，教育的價值就在於能否提升個體對過去經驗的反思與批判。易言之，舊經驗不是「自我明白的」。生活中，我們常常只是根據舊經驗，習慣性、隨機性乃至無意識地去判斷或做一件事情，視為理所當然。因此，無法覺察錯誤或非理性的一面。此外，也常常因為舊經驗的「強勢」影響，而忽略了新的訊息。例如：當我們習慣性地使用某種餐具（如筷子），因而忽略了其他餐具的可能優勢。又如：我們每天都在用水，有豐富的「水」經驗，也因此將水「自來」視為理所當然爾。然當遭遇乾旱停水或水源汙染時，我們會重新審視水與我們日常生活的關聯，進而思考如何保護水資源。因之，舊經驗缺乏系統性，不一定具有學習功能，反可能阻礙新經歷的攝取。然，我們一旦能以不同的角度或方式對舊經驗進行反思，融入新經驗時，我們的視野變寬也變高了。因之，「對話」關係中的關鍵機制即是，以幼兒既有的生活經驗作為教學的起點，藉由課程活動激發學生主動探索，進行舊經驗的反思、重組與再造，使其認知基模產生質變，發展新的能力、概念或生活型態。

社會建構主義學者一再強調，有效的教學不是放任學習者自由探索、自主學習，而是需要在其最佳發展區「鷹架」其學習內涵。因此，教師專業即在覺察孩童

學習與成長的過程中「我是誰？」；積極關注、參與孩童的學習狀況，掌握其學習的節奏，能適時予以適當的「鷹架」，引導其跨越原有的發展水平。例如：在「我們要下交流道了」、「可以告訴我，你為什麼要這樣擺嗎？」、「剪紙條」、「我們蓋了三家店」、「萬里長城！我們蓋的！」以及「當嫦娥遇見太空人」等實例中，若無老師亦步亦趨的觀察、介入孩子們學習過程，包括：製造各種問題情境；或適時的提問、挑戰、提問、暗示；概念或意見上的分享、爭辯、溝通與協商；鼓勵分工合作等「對話」策略，引導孩童反思自身的盲點、釋放潛能，這些孩子恐難跨越現有的發展水平。

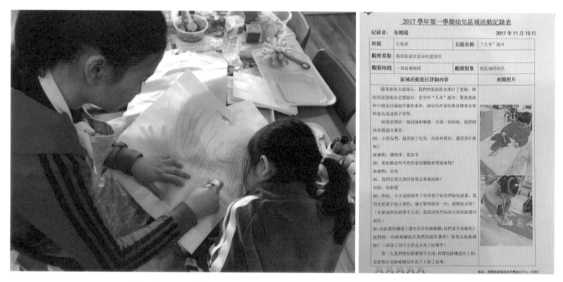

隨時以文字或影像記錄幼兒的學習過程或成果

　　綜論之，除了在作息安排，給予幼兒充分的時間「慢熟」外，專業教師的最高教學藝術境界就是，能適時且適當地看到幼兒的「盲點」或潛在的能力；引導他們跨越現有的水準。亦即，在幼兒的學習與成長過程中，老師能適時且適當地提供「支持系統」，引導每個幼兒自主自發地跨越自己原有的發展水平。而要掌握「搭鷹架」教學藝術，除了有賴老師自身相關的學科知識背景外，最關鍵的專業知能是在課程內容規劃及教材的安排上，能考量幼兒的能力階段與個別差異狀況，漸次加深加廣。因此，教師需善用各種觀察記錄工具與技巧，有系統地觀察記錄幼兒各發展領域的成長狀況，並蒐集幼兒的照片與作品，建置「學習檔案」，以掌握每位幼兒的「最佳發展區」；配合其成長的契機予以適當的「鷹架」。

四歲幼兒語言發展檢核表（上）

記錄者：參加

有系統地觀察記錄幼兒學習成長的過程是進入幼兒世界的唯一途徑

教師成長日誌

看見孩子的學習與成長

各位親愛的家長：

　　這份《幼兒學習成長檔案》是這一學期來，我們老師有系統地觀察、記錄幼兒各項發展狀況而建立的。內容主要包括：《幼兒基本資料》、《生活照片與作品》、《學習與趣曲線圖》、《各項發展檢核表》以及《發展綜合報告》。其中，各項發展檢核表又分為：《自我認同、自我控制與情緒》、《社會性》、《語言》、《認知》、《精細動作》與《粗動作》等七項發展評估。每一種發展項目都列有許多指標，並以〔△尚未發展〕、〔○發展中〕、〔√已發展〕等三種符號來顯示您孩子的發展現狀。

　　在此，我們要特別強調的是，這不是一張《成績單》，而是讓您「看見孩子學習與成長的過程」。藉由各種資料，了解孩子目前發展狀況的資料。希望您能體悟，每個孩子發展速度不同，即使是同一個孩子的各項發展也會有快慢差異，例如：語文發展很快，但卻在精細動作發展慢了些。每個孩子都是獨特的！請您務必以欣賞、包容的心來閱覽這份成長檔案，接納孩子的一切優勢與弱點。您的鼓勵、支持與協助，是孩子快樂成長的最大動力。

3歲的我

張家安成長檔案第1冊

2019年9月4日 -- 2020年1月26日

我的自我認同 自我控制與情緒發展現況

發展指標	期初	期末
1. 願意上學	√	√
2. 父母離開時平靜愉悅	√	√
3. 能夠專心完成10分鐘以上的事	○	√
4. 積極參與各種型活動	○	√
5. 表現好奇心	○	√
6. 能接受大人的要求、參與活動或遊戲或工作	○	√
7. 能與同儕合作活動、參與各類型的活動	△	√
8. 遇到挫折時平靜並處理	○	√
9. 遇到困難時會尋求協助	○	√
10. 整好物品的所有權	○	√
11. 能誠實自己的過錯、不牽扯他人做錯	○	√
12. 會自行尋找遊戲內容	○	√
13. 會主動避開危險的地方	○	√

發展指標	期初	期末
14. 能自行依慣例行性放鬆	○	√
15. 個別時間能安坐椅上不亂動	△	√
16. 以平靜入睡醒能自入睡	○	√
17. 在老要求下、整理點頭個人物品	△	√
18. 會從操作擺放玩具、物品	○	√
19. 能正確使用湯匙不灑落等食物	○	√
20. 會自行穿脫衣褲、鞋襪	○	√
21. 能有規律	○	√

我的社會性發展現況

發展指標	期初	期末
1. 能參與團體性活動10分鐘以上	△	√
2. 能夠遵守教室常規	○	√
3. 能與友伴一起遊戲好	○	√
4. 能自在的與同伴成人互動	○	√
5. 能與其他人接同分享團體遊戲	○	√
6. 在他人要求下、會說請、謝謝、早安...等辭語用詞	○	√
7. 能與其他幼兒分享老師的注意力	○	√
8. 與人發生衝突時、會尋求大人協助	○	√
9. 能依循合作或輪流進行的工作遊戲	○	√
10. 不會隨意打人、咬人	○	√
11. 能在大家面前分享生活經驗或表演自己的作品	○	√

我的語言發展現況

發展指標	期初	期末
1. 能聽出與接連續的發指指令做合的指令	○	√
2. 能夠聽故事後能問答回應	○	√
3. 能專心聆聽故事約十分鐘以上	√	√
4. 能使用（你、我、他）等代名詞	○	√
5. 能用清楚的語句（組成人描述的）描述生活經驗或表達自己的意思與感受	○	√
6. 會問問題	○	√
7. 能使用形容句	○	√
8. 會讀出自己的名字	△	√
9. 能閱讀本時知道從第一頁開始	○	√
10. 能看著圖畫說出簡單的內容	○	√
11. 能說字彙構造	○	√
12. 能唱完3-4首熟悉的兒歌	○	√

我的藝術性發展現況

發展指標	期初	期末
1. 喜歡參與美勞活動	○	√
2. 願意自己的作品進行創作	○	√
3. 能嘗試使用各種媒材來表現想法	○	√
4. 喜歡參與音樂性活動	○	√
5. 能隨簡單律動表現出肢體動作	○	√
6. 能跟隨節奏打拍子	○	√
7. 能哼唱數首歌出旋律、調或的樂曲	○	√
8. 喜歡聆聽故事	○	√
9. 喜歡裝扮性角色	○	√
10. 喜歡參與裝扮性活動	○	√
11. 能模仿日常生活中的人物	○	√

我的精細動作發展現況

發展指標	期初	期末
1. 能握筆塗鴉	○	√
2. 能畫出分類線、橫線、斜線等線條	○	√
3. 能畫完整的圖不著礙	○	√
4. 能畫出簡單人形（娃娃人）	○	√
5. 能手指協調進行遊戲	○	√
6. 能用夾子夾物	○	√
7. 能用水線條排出圓條、圓圈或封閉圖形	△	√
8. 能折疊紙等綜合性玩具	○	√
9. 能以串珠、食物、拼貼成最小的	○	√
10. 會一手拿剪刀、另一手幫剪、能剪出較公分寬的線	○	√
11. 能操作穿線放入遊戲	○	√
12. 能用黏土捏出簡單的作品	○	√

我的粗動作發展現況

發展指標	期初	期末
1. 能自由擺動手腳、平衡跑動	○	√
2. 能于扶梯行爬行上/下樓梯	○	√
3. 能依節奏跳動動作	○	√
4. 能以放鬆雙腳上爬下	○	√
5. 能快跑不跌倒	○	√
6. 能快跑不跌倒	○	√
7. 能踩著腳踏車變動動作	○	√
8. 能依雙腳跳的口令做擺腳的運動	○	√
9. 能依老師口令做閃躲遊戲	○	√
10. 能雙腳併跳、連續跳出斑馬線（約6公分）	○	√
11. 能做以人抬向下彎下腰	○	√
12. 能做各種動作、如：走走站或、急伸、蹲	○	√
13. 能跟著單的音樂節奏做出簡單的各種動作	○	√

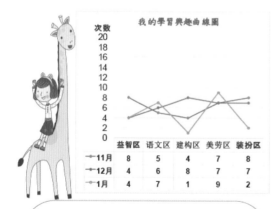

我的學習興趣曲線圖

	益智區	語文區	建構區	美勞區	裝扮區
11月	8	5	4	7	8
12月	4	6	7	7	4
1月	4	7	1	9	2

這張《學習興趣曲線圖》所顯示的是，家安這學期參與各區域活動的頻率。從每個月的曲線走向來看，還無法明顯看出他的興趣偏好。總體來說，家安的發展還是比較均衡的。但相較之下，他參與美勞區的頻率是較高的，其次是語文區，每次進區，這兩區都是他的首選。

在美勞區，無論是繪畫、捏塑或剪貼活動，他都很喜歡去操作，特別是每次有新的材料投放時，他都躍躍欲試。噢，他畫的「蝴蝶人給彩虹澆水」，多有創意呀！還有他創作的「水果盒」、「雷花」和「紅包袋」都有他獨特的風格！

在語言區，他喜歡看書，常常看他拿著繪本上的圖，有模有樣的講起故事。他還喜歡聽故事，常常拉著老師給他講故事，聽的可認真了。不光光這樣，他還喜歡扮演類遊戲，有時看他拿著故事圖卡一個人在那裡表演的津津有味。例如，前面照片中，他正在表演拔蘿蔔的故事，還有小兔子收拾玩具呢！這些現象顯示，家安在藝術方面頗有潛力。

張家安的發展綜合報告

家安是一個聰明伶俐的小男孩，開學不久，他就很快適應了團體生活，並交到了很多好朋友。每天來園時，都會跟老師問好，真是一個有禮貌的孩子。除此外，他也會積極參與各項活動。這些現象顯示他在人際關係、參與團體活動、遵守團體常規等社會性發展方面是很好的。同時，他也是一個自理能力很強的孩子，吃飯、如廁、穿鞋、穿脫衣服等事情，樣樣都自己來。每天放學過後，喜歡去益智區裡玩玩具，或去語言區看書，有時候你們來接他的時候，還捨不得回家。

從前面的各種資料顯示，家安的發展是相當不錯的。在藝術性發展方面，除了喜歡美勞活動外，他也喜歡裝扮性遊戲。例如：在超市當老闆收錢，或當顧客帶著「兔子寶寶」購物，在「家」給客人煮餃子吃等等，我想這些行為跟他的生活經驗是分不開的。另外，家安還喜歡音樂活動，節奏感挺好，每次老師教的兒歌他都能很快掌握，此外，也非常積極參與操作和律動活動，但就是有點放不開，還需我們多加鼓勵。

在認知發展方面，無論基本點算、大小排序、分類邏輯和幾何圖形拼組等益智遊戲，都難不倒他。例如，他玩顏色形狀分類、夾夾子、拼圖...等遊戲，都能自行完成。

在粗動作發展方面，從家安跳呼拉圈、溜滑梯、�"墊子、上下樓梯、踩高蹺和騎腳踏車等可以看出，他的平衡感、四肢協調發展和彈跳力都是不錯的。另外，從他畫畫、夾雞蛋、搭建積木，以及撕雙面膠捲捲地仗等動作，可以判斷出他的手眼協調、手指靈巧、腕力與雙手協調等精細動作發展也不錯。

在語言發展方面，《前閱讀》能力表現上，家安除了喜歡翻閱繪本外，而且認識自己的名字。他很喜歡聽故事，每次老師講故事的時候，他都很專注。值得一提的是，他開始對書寫產生興趣，瞧！他寫的「福」和「春」字是不是有點樣子了。在理解和表達方面，老師交代給他的小任務都能完成，在圍討中也常常提及及時回應老師的問題。但是每次請他分享生活經驗或作品時，有些靦腆，這方面還需我們多加鼓勵。

最後，在此祝福你們闔家新春開喜！年年有餘！

教師：黃正齡

建立每位幼兒的學習檔是教師規劃課程與學習環境的基點

（五）重視「隱性鷹架」的規劃

　　除了積極掌握每位幼兒的成長契機外，老師亦需重視「隱性鷹架」的規劃。「隱性鷹架」猶如潛在課程，為師者需提供學習者有意義而非陌生孤立的學習環境。如在場景「我們要下交流道了」、「可以告訴我，你為什麼要這樣擺嗎？」、「剪紙條」、「我們蓋了三家店」、「萬里長城！我們蓋的！」以及「當嫦娥遇見太空人」等教室中，老師皆能根據班上孩童興趣走向、發展水平與個別差異狀況，積極組織豐富多元且熟悉的文化環境，讓幼兒浸泡在各種問題導向的學習情境。其中，最重要的是考量教材或活動的複雜度與幼兒發展能力間的契合度，隨時調整設施與各學習區的教材內涵，以激發孩童的學習動機。以積木區為例，對二至三歲的或剛接觸積木的幼兒而言，正處於探索階段，過多或太難的刺激，往往會使他們不知所措，而產生挫折感或破壞行為。因此，積木的形狀不要過多（8～10 種即可），且最好是基本形狀，如：長方形、三角形、正方形等。數量方面可視積木區所要容納的人數而定（每人約需 30～50 塊）。另外，開學之初，幼兒情緒較易浮躁，也不宜提供過多的刺激。隨著幼兒建構能力的提升，慢慢增加積木的形狀種類，尤其到了「命名」階段，更應提供幼兒至少 20 種形狀，以配合他們的創發力與建構技巧。又如：益智區通常會提供數學與感官操作類教具，教師需配合各年齡層精細動作與數學概念發展狀況，提供合宜的教材與活動。

三歲幼兒還處於摸索階段，僅需提供基本的積木形狀

五歲幼兒的創發力與建構能力皆趨成熟，需提供更多種類的積木形狀與數量，以滿
足他們的搭建需求

感官操作類與簡易的數學遊戲適合二至三歲幼兒

單位比較、邏輯推理、幾何拼比、棋類或桌遊等高認知遊戲較適合四至五歲幼兒

　　最糟糕的學習區規劃莫過於教師專業不足，胡亂擺放教材又管理失當，罔顧幼兒身心發展需求。如現場實例「你們兩個都不准再來玩積木」、「老師，她又拿色紙了！」、「一大攤數學教具」、「老師你看！我是巫婆！」與「好似一艘快沉的船」等場景，幼兒所表現出的盡是負面或無效的學習行為。

任意堆放，凌亂不堪的教材呈現方式，如何誘發有意義的學習行為？

紙本教材不符幼兒階段「動手動腦」的學習特質，無法誘導其主動探索

　　除了配合班上幼兒發展狀況，提供合宜的教材教具外，如何讓幼兒經常性反思自己的學習過程；看見自身的學習成果，亦是「隱性鷹架」的關鍵策略。諸如：

引導幼兒有計劃完成一件工作

　　囿於作息時間的安排，幼兒經常無法當天完成某件作品或活動，尤其是二、三歲的幼兒，若無旁人的提醒，隔天就可能忘了前一天的活動。這種狀況對幼兒的學習成效，無疑是一種干擾與破壞。因此，如何積極觀察、記錄幼兒的活動過程，並藉由每天事前的提醒、討論與事後的分享、討論機制，拋問題給他們，製造各種挑戰，讓他們不斷省思自己的作品內容或活動過程與進度。如此系統性的「鷹架」式引導，可引導幼兒慢慢學習如何有組織且有計劃地完成一件工作。如現場實例方案中「我們蓋了三家店」、「萬里長城！我們蓋的！」及「當嫦娥遇見太空人」，經由教師持續兩三週的系列性引導，幼兒所表現出的學習成果往往超乎我們的預期。

善用同儕鷹架，引導幼兒分享學習過程或成果

每天藉由集體分享、討論活動，讓孩子反思自己學習過程的同時，互搭「鷹架」；互通有無

　　如前所言，有效的教學不是放任學習者自由探索、自主學習，而是需要在其最佳發展區「鷹架」其學習內涵。而「鷹架者」不只是老師，同儕間的相互鷹架更是幼兒學習過程中的關鍵助力，其重要性不亞於老師角色。

⫶⫶ 隨時展示／記錄幼兒的成品

　　除了動態性的引導、分享與討論外，展示幼兒的創作或活動成品，讓幼兒看見自己能力的演化亦是一種「鷹架」式學習。

當幼兒感知老師相當重視自己的學習成果時，是其持續學習的動力！！

(六) 善用「留白」的藝術

　　承前所言，處於生理快速分化與感覺統合期的幼兒，在內趨力的策動下，對周遭複雜的生活世界，充滿了好奇。因此，除了需藉由「做中學」的方式來認識世界外，處於「萬物有靈」階段的他們更是充滿了想像力與創造力。也因此，只要他們能力可及，老師就應「放手」！在空間設計、課程活動或教材提供上，我們應提供幼兒盡情表達自己的意念或生活經驗的機會（例如：裝扮、美勞、沙水、建構性遊戲與圖畫書的創作等活動）。

　　如下列照片所顯示的各裝扮區，比較一下由老師先布置規劃的場景 1 與場景 2「廚房」、場景 3「昆蟲世界」，與幼兒自主設計、布置的場景 4「房舍」、場景 5「醫院」及場景 6「婚房」，何者能釋放幼兒的靈動性；展現原初的生命力？

場景 1　　　　　　　　　　　場景 2

場景 3　　　　　　　　　　　場景 4

　　幼兒自行設計的「醫院」布局，分為掛號處、候診區與看診區。猜猜掛號處左下角用兩個易開罐組合的物件是什麼？另外，還有自製了電腦與滑鼠，電腦螢幕上還有病歷呢！小朋友說得要兩台電腦，這樣醫生與掛號處的人員才能連線！

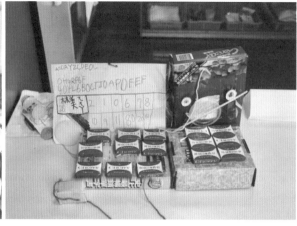

場景 5：幼兒建構的醫院與醫用電腦（小朋友說：設置了兩台電腦，一台放在診療間，一台放在掛號處，這樣就可以連線）

場景 5：瞧幼兒掛號、醫生看診的認真模樣

進行「結婚」主題時，幼兒繪製了喜帖，自行設計「婚房」並動手製作、布置各種傢俱。小朋友說「洞房」要用紅色跟粉色的才顯得喜氣，而且要遮起來不能讓人瞧見新娘。

場景 6：婚房

幼兒以「老鼠娶親」故事圖自行設計、書寫的「喜帖」。信封上面彎彎曲曲的線條是娶親時走的路線，而看似混亂的點狀圖是一邊走一邊放鞭炮的結果！

猜猜幼兒繪製的這一對小人兒是什麼？[1]

1　是一對幼兒繪製的門神（神荼與鬱壘），特別的是圖中右邊門神本應是高舉利劍，但卻頂在地上。繪
　　製者解釋說：因為劍太重了，門神要站好久好久，這樣太累了。而門神臉上白色的水滴點狀是他們的
　　「汗水」，因為天氣好熱，所以流了好多汗！幼兒將自己的同理心投射於繪製的門神，多有人情味！

又如「春節」主題活動，當老師放手讓幼兒自行書寫春聯、繪製門神及自製舞獅面具，其所展現的成長動力是市售品或要求他們依樣畫葫蘆的成品無法比擬的！

張貼市售品或幼兒依樣畫葫蘆的作品無法釋放幼兒的潛能，更不能彰顯教師的教學藝術

幼兒書寫的春聯，不但充滿創意，更蘊含成長動力！

 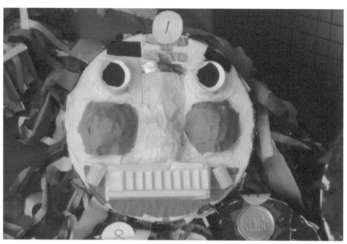

幼兒利用各種廢棄品合作自製舞獅面具，靈氣生動！

　　要釋放幼兒的靈動性；展現原初生的生命力！除了隨時掌握幼兒的「最佳發展區」，予以適當的「鷹架」外，幼兒園還需提供相當多元的「鬆散」素材，任由幼兒進行發想、創作。另外，設置資源室，提供各種素材、教具與設施，作為課程主題與學習區運作的「後援」亦是關鍵的策略。如現場實例方案「我們蓋了三家店」、「萬里長城！我們蓋的！」及「當嫦娥遇見太空人」中，資源室的設置有如「寶藏庫」般，讓幼兒隨時「挖寶」以完成計畫或激發更多的點子。

七 以大自然時序節奏為師

　　宇宙是個生命的有機體，是所有純淨能量流動的韻律所組成的有機體。天地之間、萬物之間，人與人間，人與萬物之間，雖各有其發展特質、方式與調性，卻能如交響樂般，和諧共鳴。一旦我們能進入這節奏韻律，符合其節拍，就會充滿

生機，反之則否。而人在天地之中，只有人的韻律是變數；是決定性因素。所以人是「天上地下唯我獨尊」。「天人合一」就是天地人處於和諧的共鳴狀態。當我們應天符地，調整心靈韻律與生活節奏時，即能達至「啐啄同時」效應，離「道」亦不遠矣！然當人無限自我放大，以人類中心主義睥睨萬物，無視天地運轉的節奏與和諧共生之道，那所要面臨的即是一場接一場的浩劫！近半世紀來，全球生態危機已是人類不能不面對的生存議題。因之，引導幼兒以謙卑之心，敬天惜地是刻不容緩的。

　　如果說「教育即生活・生活即教育」，那麼如何將我們生活息息相關的日常光影、溫度的變化與季節更替現象，融入日常作息與課程規劃，讓幼兒在日常生活中與之「對話」。諸如：引導幼兒每天記錄日期與天氣概況，與大自然「貼心」對話。而四季更替特色或節慶活動，更是選擇課程主題時，不可忽略的一環。如：春天可規劃的「花」、「種子」、「菜園」等主題；夏天的「荷花田」、「蟲蟲飛」、「雨」、「好玩的水」、「粽子」……；秋天的「中秋」、「楓葉紅了」、「堅果大集

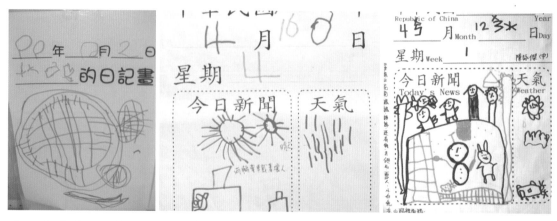

瞧！孩子賦予天氣個人化的情緒與生活趣味也連結了社會生活圈！此外，老師也可從中觀察不同發展階段幼兒的繪畫、認知與社會性發展特質。

合」……；冬天的「下雪了」、「湯圓」、「舞龍舞獅慶新年」等主題，都是絕佳的安排。其中，引導幼兒栽種四季蔬果並記錄其成長過程，更是體悟時序的最佳途徑。

引導幼兒進行植栽活動，在日常生活與大自然「對話」，是了解大自然「時序」的最佳途徑！

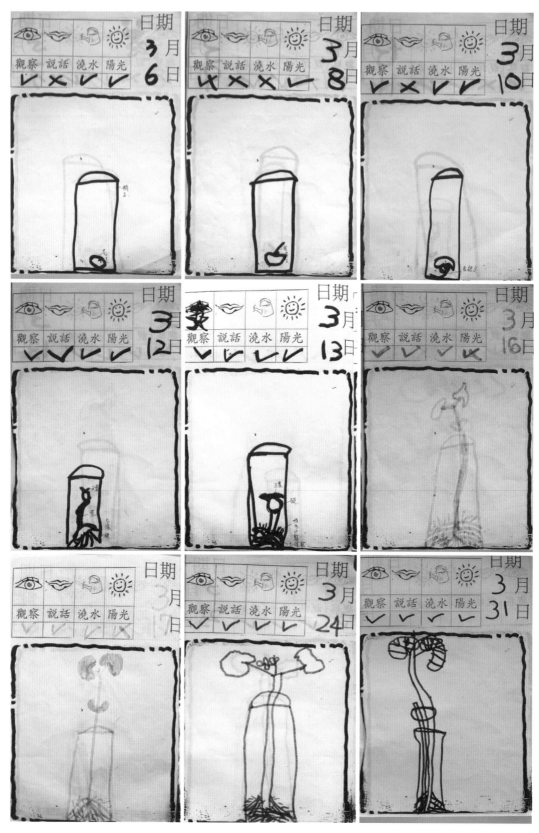

幼兒鉅細靡遺記錄豆子的成長過程，包括何時發芽、長根、長出葉子等

讓孩童親自種稻，經歷春耕─夏耘─秋收─冬藏的過程，體悟 24 節氣所蘊含天地人合一的境界

　　除了日常作息活動與課程安排，園舍建築應採「綠建築」[2]規制（詳見附件一：綠建築九大指標）；著重採光、溫度與空氣等自然生態要素。戶外植栽更應融入在地自然生態；反映大自然界的更替節奏，讓幼兒自然而然與之「對話」；能觀察日常光影與溫度的變化，以及大自然四季更替現象。凡此皆是以時間詮釋空間，而非以空間消滅時間，將時間扁平化。

開闊的採光設計，讓幼兒自然感受早晚／陰晴的光影變化

在日常生活中，與大自然融為一體，體悟天人合一的奧妙！

2　「綠建築」又稱為「生態建築」、「環境共生建築」，或「永續建築」。

將校園包覆於各種植栽中，讓幼兒沉浸於大自然的時空中，與之「對話」

規劃生態池，飼養小動物，觀察其成長過程，培養幼兒生物共存的理念

第二節 社會性環境規劃

　　幼兒園生活是幼兒第一個組織型群體生活；是幼兒成長過程中最關鍵的社會化場域。幼兒園教室猶如小型的社會；是各種角色及人際關係模組折衝與經驗交流的場域。在此場域，幼兒從自我中心漸漸轉化為能從他者角度看世界，也在此場域幼兒形構自我與族群認同。易言之，學校教育的價值在提供情境與機會，協助個人達社會化，發展正向的「人—我」關係，以傳承文化、維繫社會運作，進而體現族群、社會文化認同。因之，面對社會化發展關鍵期的幼兒，如何促發各種人際互動，培養幼兒正向的社會性格，應是幼兒園的核心教育目標；我們需營造一個多元異質的人際與文化情境氛圍，讓幼兒得以在日常活動中，覺察各種角色及人際關係模組，並得以融入在地歷史文化，與他者創造共同的社會價值。

（一） 建立發展性的二元人際關係

　　Bronfenbrenner（1979）強調對人類成長具關鍵性影響的「日常活動」，乃建立在各種「人際關係」的內涵，尤其是「發展性的二元關係」（developmental dyads），他將此「二元關係」視為人類發展生態的關鍵角色：「當發展中的人能在日趨複雜的相互性活動中，與他人發展出一種永續的情感依附關係，並從中轉化權能關係時，其學習與發展便得以被激發」（1979: 60）。因此，如何建立穩定、強韌的師生與同儕關係，乃是教師經營班級的首要任務。過於頻繁的人事更替（如：教師異動）與負面人際關係氛圍皆會影響幼兒的學習與發展。

（二） 多元異質的編班方式

　　承前所言，人是在層層交疊的脈絡中發展，而這些大小環境脈絡並非各自孤立存在，而是相互依存成一網絡系統。在此網絡系統中，每個生命體或各個元素，亦是相互依存成一小宇宙。在一個「眾生喧譁」系統中，各個異質的生命體、元素是有限的，但統合成的宇宙卻是開放的、無限的。易言之，差異乃是在我們生活中，一種必要性的常態。因此，如何聚集不同生活型態與文化背景的人，進行橫向聯繫，讓幼兒每天融入各種異質的人際面向與文化情境，乃是幼兒園進行編班時的首要任務。易言之，幼兒園編班方式需模擬社區族群自然的人際互動情境，力求幼兒性別、社經背景、種族、宗教族群及年齡層（混齡編班）的均衡，以營造尊重多元、包容異己的學習環境氛圍，激發正向的「人←→我對話」互動內涵。在此多元環境

中成長的幼兒，自然視「異質」為常態，自然懂得尊重「他者」，不會認為與自己性別、族群、宗教或社經地位不同的人為「異類」，而有所差別待遇，乃至歧視。

(三) 以統整式主題課程為主軸並積極建立社區網

　　學校教育要實踐教化尊重多元、包容異己以達族群融合，除了讓不同的家庭、宗教、族群及文化背景的人進行橫向的聯繫外，亦需縱貫古今，進行歷史文化的縱向聯繫。要達此目標，除了多元異質的編班方式外，在課程規劃與運作上更需以統整式課程為主軸，積極建立社群關係，融入在地文化。

　　統整式課程的價值在於打破學科界線，以一論題為中心，將各學科領域知識整合在現實世界的問題與脈絡中，亦即，此種課程強調各學科知識的內在邏輯與幼兒身心發展特質間求取一個平衡點，相當符應幼兒階段的發展需求。此外，統整式課程運作過程中，著重以學習者日常生活經驗為起點；強調本土化、在地化，才能喚醒學習者的生命經驗，以避免陷入疏離之窘境。「統整」更意謂社會的整合，包括個人與各層社會（家庭、社區、國家、世界、……）間的整合。易言之，統整式課程設計之機制，不但在現實世界的問題與脈絡中，連結學習者學校外與學校內的生活經驗，亦整合了個人與家庭、社區、國家與世界等各層社會關係網。在此機制運作下，協助幼兒達成社會化，適應社會生活。例如：鄉土小吃店、道教廟宇文化、春節活動等，皆是結合在地社區與歷史文化等生活圈的絕佳方案活動，亦是串連各學習區特色的整合性主題。此外，幼兒園課程內涵更應取材於幼兒的生活經驗；考量他們所關注、所想的，或擇取對他們發展有意義的內容。

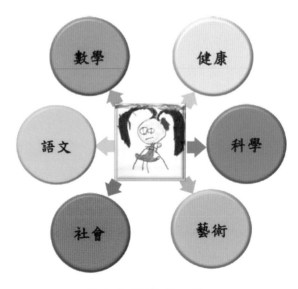

統合各類學科知識

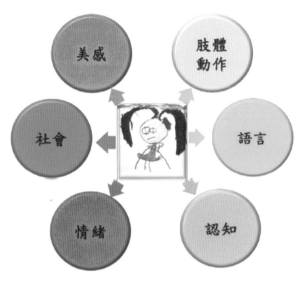

統合幼兒的發展領域

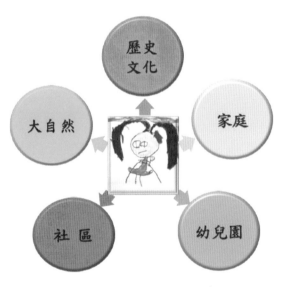

統合幼兒的生活範疇

「教育即生活，生活即教育」，這是 Dewey（1938）一再強調的，學校教育的目的是讓學生能適應生活，進而掌控、改造生活。課程內容若脫離學習者的實際生活內涵，就毫無意義可言；需要「取之於生活」，才可能「用之於生活」。據此，幼兒園課程規劃需以一論題為中心，整合各學科知識的內在邏輯與生活世界的問題與脈絡，以符應學習者的階段發展需求。例如，剛入學的幼兒普遍缺乏安全感，此時的主題應以引導幼兒認識新環境，協助其適應團體生活為主；而對畢業的大班幼

兒來說，主題「小學新鮮人」的進行，對其是極具意義的。平時多聽幼兒間所談論的，多觀察他們自發性活動的內涵，就不難發現什麼才是適合幼兒的學習題材。例如：「恐龍世界」、「奇妙的光」、「開店」、「沙與水」等主題，可能要比「敬愛的

「工程小組」討論布局、繪製設計並分配工作

開始施工，清理雜物、定位桌椅、冰箱、流理檯……，還要去資源室找食物模型、飲料瓶……

老師」、「我的國家」等主題來得吸引幼兒,也來得適切、有意義。再者,「台灣蝴蝶」、「赤崁樓」、「台中港」、「端午」、「中秋節」、「春節」等,引導幼兒探討自身在地生態、文化,或族群文化認同的主題,要比「復活節」、「耶誕節」、「環遊世界」等主題來得有意義。

製作收銀檯、燒烤架……,然後把黑紙揉成一團再用膠帶包起來……就是「黑炭」啦!

瞧!我們的飲料櫃跟燒烤爐!

我們還調製了各種「調味料」

工程進行到一半，有人發現餐廳怎麼沒有廁所？經過討論，決定調整設計圖，在走廊加蓋了一間廁所。隔天，在資源室挖好多大塊保麗龍，正好可圍成一間廁所！

瞧！這「廁所」的設備可齊全？！

趕製菜單！準備開業啦！

宣傳單設計一定要醒目才行！……還要貼好指示牌！

「農家樂」要開業了！歡迎光臨！

老闆，我們三位⋯⋯ 你們這兒的招牌菜是什麼？

老闆！我們要兩份串燒、一份酸菜魚 你們這還有紅酒喔！？

甜不辣要刷點醬油才好吃！ 嗯，味道還不錯！ 老闆，結帳！多少錢？

幼兒再現社區廟宇文化，不用提醒，就能鉅細靡遺地建構出廟宇屋頂的特色、龍柱、門神與供桌上的用品

瞧！幼兒祈求神明時也是行禮如儀，一絲不苟！

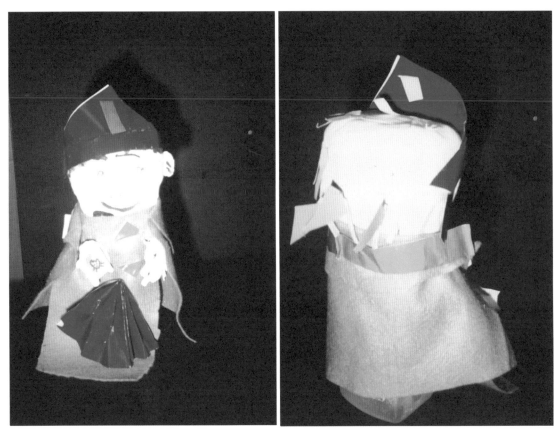

手持扇子的「濟公」活靈活現的！背後還插著三面令旗呢！

「春節」可謂是華人最重要的節慶，是家園同心，整合幼兒園與各生活圈的最佳主題活動，也是引導幼兒與歷史文化「對話」的最佳媒介！

四 時空的「留白」

　　如第一章所描述的「老師，他給大象畫頭髮！」、「螞蟻雄兵」等場景，老師與幼兒皆無法展現主體的靈動性；人人像是「待充填的容器」，不但個人思維世界遭禁錮，而人與人間的社交活動也被框住，擦不出火花來。易言之，積極、正向的人際互動行為；樂於分享、分工合作、與人為善等社會性性格是不可能在空間與時間皆被「填滿」的學習環境中滋長的。因此，時間與空間的「留白」至為關鍵；以自由探索活動為作息主軸並建置多元豐富的學習區域，讓幼兒們得以依自己的發展節奏，從容地「參與」自身及彼此的學習與成長。但自由探索並不是如「你們兩個都不准再來玩積木」、「老師，她又拿色紙了！」、「一大攤數學教具」、「好似一艘快沉的船」等場景，老師「放牛吃草」；完全不參與幼兒的學習過程或放任幼兒以為「只要我喜歡，有什麼不可以」！因之，幼兒所表現出的盡是負面的人際互動行為。

五 建立生活規範與遊戲規則

　　時空的留白讓幼兒可依著自身的發展時程暢所欲為，但一個文明、祥和社會的運作與維繫，在人人暢所欲為的同時更需覺知他者的存在意義。易言之，民主社會的運作，除了需民眾自主的覺知外，更需藉由律法與倫常的建立與施行。而律法與倫常的建立不是君權或獨裁者的個人威權意識，而是人們在互動過程中相互協商所達成的共識。

　　作為幼兒社會化的關鍵場域，幼兒園學習環境規劃不但要能誘發幼兒自我探索學習；讓幼兒覺知自己能盡興地自主選擇遊戲內容、玩伴，自行決定玩法與時間長短等，但於此同時，他亦深知遵守規範的重要性；讓幼兒得以在日常活動中，覺察各種角色及人際關係模組，並了解生活規範的意義，以培養幼兒正向的社會性格（包括：分享、輪流、等待，解決人際衝突，體驗與人共事、分工合作的意義……等）。而踐行此核心教育目標的前提是，需引導幼兒建立教室生活規範與遊戲規則，讓幼兒在潛移默化中覺察法規在社群生活的意義，是培養其民主素養的第一步。

　　要引導幼兒覺知法規的意義是項耗時的「大工程」，但只要掌握原則，即便是強烈自我中心的小班幼兒，亦能將生活規範與倫常融攝於其心智結構。這些原則包括：(1)做中學；(2)循序漸進；(3)共同討論／建立生活規範；(4)反覆提醒／討論修

正；(5)鼓勵勝於責罰。以學習區運作為例，老師布置、規劃好學習區後，不能立即全面開放，要先進行「預備週」，以免陷入「放牛吃草」的混亂場面。藉由「預備週」，老師循序漸進地引導幼兒了解各學習區內容與使用規則，於此同時，老師亦可深入觀察幼兒使用的狀況，檢討得失予以修正後，再進入完全開放的階段，唯有如此，才能落實開放學習區的教育價值。「預備週」的安排可分為四個階段：

第 1 階段：介紹學習區

老師以分組方式引導幼兒認識各學習區的內容與使用方法。

第 2 階段：自由操作／觀察記錄

讓幼兒在區內自由操弄各項教材與玩具，老師則從旁觀察、記錄幼兒間的互動情形、使用狀況與學習反應。

第 3 階段：討論遊戲規則

根據觀察紀錄，引導幼兒討論實際遊戲狀況（諸如：使用情形、人際衝突……），藉此共同建立遊戲規則。

第 4 階段：修改／定案

根據觀察紀錄，分析優缺點（包括：教材呈現方式、難易度，動線安排、空間規劃等），再加以修改或更動，並再次引導幼兒共同建立遊戲規範。

介紹學習區的基本原則

介紹學習區的方式並無固定模式，老師需視幼兒人數、年齡層、作息時間、空間大小及內容的複雜程度做彈性處理，但基本原則是：

1. 以小組方式進行

為讓每位幼兒皆能確切熟悉各種教材、玩具的內涵及使用方法，在介紹時不宜以大團體方式進行，最好以八至十人之小組為限，人數可隨幼兒年齡大小增減。

2. 每次只介紹一個學習區

幼兒的注意力與耐力皆不及成人，故在介紹學習區內容時宜循序漸進，每次只介紹一個學習區，以十至十五分鐘為原則（視幼兒年齡縮短或遞增）。若欲學習區內容較多且複雜時，可分三、四天進行。以班級人數 20 人，兩位老師為例，每位老師各引導十位幼兒，以一至二週時間，每天只介紹一個學習區。

3. 實際操作、反覆練習

要讓幼兒徹底了解各項教材、玩具或工具的最佳方式，便是「提問」與「動手做」。例如，介紹美勞區時，可詢問幼兒：「你們看櫃子上有什麼東西？」、

「這些東西可以做什麼？」、「如果我想做一項帽子的話，要用什麼東西或材料？」……。也可詢問孩子「你今天想做什麼？」，讓幼兒當場嘗試以便加深印象，老師也可在幼兒操作的過程中，加以觀察記錄，作為日後調整學習區內容的依據。結束時，老師以幼兒實際操作過程或狀況，引導幼兒分享創作經驗，並討論／示範如何使用各項工具與材料。

4. 共同建立使用規則

學習區的使用規則包括：

● 使用時間

要實踐學習區運作的教育價值，活動進行的時間不應低於一個小時，以免流於形式化的作息安排。老師可以利用不同的樂曲節奏為「訊號」，告知幼兒學習區活動開始或即將收拾了。樂曲宜選擇柔和、輕快者，以免干擾活動的進行。

● 使用人數

年齡越小的孩子，在學習區開放之初越會有一窩蜂爭搶的情況。老師可考慮使用插卡／掛牌或安排其他方式來引導幼兒建立「先來先玩」及「輪流等待」的團體常規。例如用插卡牌的方式，幼兒將自己的名牌插入袋內。插滿後，後到者就得等會兒再來。要換區的幼兒則將名牌抽起，另尋空位。學習區活動結束後，請幼兒各自將名牌放回原位。實施一段時間後，可取消插卡制，讓幼兒有自由選擇角落，並與他人協調使用空間的機會。

● 教材、玩具使用方式

為了讓每個人皆能充分利用各區的教材與設施，老師必須和幼兒一起建立各區的使用規則，例如：依各區特色，要求幼兒每次使用一籃、一件或一種教材；使用完後依照該區歸類收拾方式，立即物歸原處；不同區域的物品，除非特殊需要，避免混雜使用，以免造成收拾上的困擾。

● 人際互動規範

當一群幼兒聚集一處時，不可避免會發生搶奪、爭執、破壞等狀況，老師必須誘導幼兒面對問題，建立和諧的人際關係。處理幼兒間衝突的方法並無固定模式，老師需考慮幼兒年齡、個人人格特質、社經背景、行為動機、環境客觀條件等諸多因素，再做適當處理。但處理的基本原則是讓幼兒「參與」自己的人際紛爭，解決問題，而非一昧擺出大人的權威橫加制止。

使用名牌進區，可控制合理的使用人數，並引導幼兒基本的人際互動原則

　　由前文可知，生活常規與遊戲規則何其繁多，我們無法要求幼兒記誦所有條文，更應避免一條接一條誦唸給幼兒聽，而是應循序漸進分階段介紹予幼兒。例如：在第一階段，先介紹教材、玩具的使用規範。在第二階段時，則可以先仔細觀察幼兒學習、互動情形，其中一定可以發現一些不好的使用方式或人際互動行為，而這些狀況正是說明遊戲規範的最佳「題材」。最後，再討論學習區使用時間與使用人數（通行證使用方式）。例如：積木區裡人太多，造成搶積木、霸占積木、丟積木等情形時，老師可在活動結束時，請幼兒一起討論剛才的「狀況」，藉機引導幼兒「參與」決定，建立使用規則。例如：搶人玩具的人得休息五分鐘（在一旁等待）；兩個人同時拿到一樣東西時，用猜拳決定誰先玩；不收拾的人，請他回來收好，明天暫時不能到這一區來玩等。又如在介紹積木的收拾方式時，老師可事先不提供歸放標示，待收拾時，一定會出現幼兒亂放或不知如何歸位的情形。老師可藉此機會引導幼兒討論沒有「物歸原處」可能造成的不便，再思考如何設計歸放標示，幫每塊積木找到它的「家」。

　　簡言之，引導幼兒遵守法規，首要符應其學習特質；不但要「做中學」，更要「錯中學」；應以說故事、演偶劇或實際發生的例子，引導幼兒共同討論、建立規則，並將討論出的規則以圖解方式一一寫在海報上，以示慎重，如此才能得到幼兒的認同，覺察生活規範的意義。

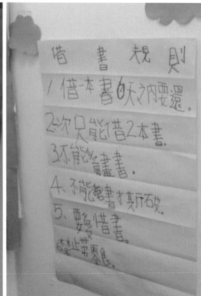

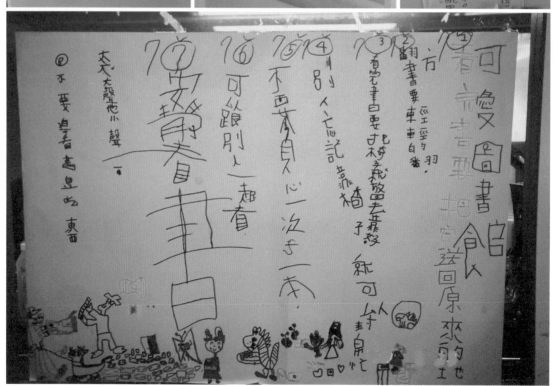

幼兒自主討論出的遊戲規則才能符應其生活需求

5. 反覆提醒／討論修正

　　預備週結束，待老師覺得一切都準備就緒後，即可全面開放學習區，讓幼兒依自己的興趣與能力階段，各取所需，從容需要。而老師也仍需隨時隨地觀察各學習區的實際運作狀況，以及孩子們的學習情形，考量是否有需要修改、添加或刪除學

習區的內容與遊戲規則。老師應謹記，人是「活」的，條文是「死」的，我們必須因時、因地、因人來調整環境中的各種因素，以期能符合幼兒的生活需求。

第三節　物理性環境規劃

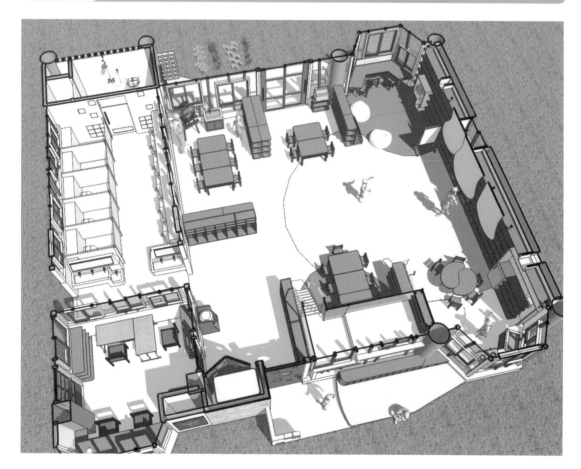

　　每個人都有這樣的經驗，當進入一個房間、一間餐廳、電影院、一處公園，或開車在街道上，我們即能感知這個地方是不是為「我」或「我們」規劃的。是則讓人有「回家」之感，如魚得水；否則讓人處處受限，很不自在，甚或莫名地引發動亂，讓人想逃離。同樣地，第壹章所描述的幼兒園現場實錄，有些教室讓人如沐春風，體悟教育美學意境。然有些教室則不禁令人眉頭皺起，甚或質疑「這是幼兒園嗎？」

　　老子曾言：「三十幅共一轂，當其無，有車之用。埏埴以為器，當其無，有器之用。鑿戶牖以為室，當其無，有室之用。故有之以為利，無之以為用」[3]。老子

3　出自老子《道德經》第 11 章。轂：古時車輪中間的部件，中空以匯集貫穿 30 條輻軸。埏埴：泥土。牖：窗戶。

的智慧提醒我們，建築房舍或器物不是一個靜止的物件，更不只是一棟可以讓人居住的建築物或一間容納傢俱器材的房間而已；空間規劃的質感不在於樑柱、門窗，樓板乃至傢俱、設備的美醜、多寡與耗費，而是這些建築原材與硬體設備所營造出的空間內涵與功能，能否與生存於此的生命體充分「對話」。易言之，物理性規劃的重點在於「用」而非「有」；不是只求表面的牆壁、屋頂、桌椅櫥櫃或等設施或各種教材等有形物質（實）的呈現，而是需從人類圖像、教育哲理等形而上（虛）的視角觀之，思考如何透過實際的空間組織與安排，誘發人與人間，以及人與物間的良性互動，彰顯其「境教」的藝術，此即形式與功能間的相輔相成；教與學即在此「虛」與「實」間所構成的有機環境中悄然發生。

　　面對正值發展關鍵期的幼兒，要實踐幼兒園的核心教育目標，除了掌握「時間性環境」與「社會性環境」原則外，更須著重「物理性環境」的規劃原則。長年以來，台灣幼兒園的規劃，無論從園址選擇、園舍整體規劃，乃至教室、遊戲場之細部設計，但求有或「形似」，不但偏離幼兒本位，亦不考量教師專業需求。如：公立者多直接使用國中小學空教室或村里活動中心，私立者亦多使用現成之建物或公寓大樓改建，自行建造者則多為一字型或 L 型之二至三層樓之水泥建物，甚或是鐵皮屋架構。以至從南到北常常看到一式一樣的幼兒園。教室的樣貌則多是在一個方型的空間填滿桌椅，然後在牆邊擺上玩具櫃，放上樂高、拼圖等市售玩具與教材。戶外則是在人工草皮上立著一座綜合體能器材，甚或是擠在狹小的空間中。凡此僵化、依樣畫葫蘆式的現象反映，我們幼兒園的創設動機與運作思維遠離教育本質乃至人本精神久已。如何掌握幼兒「發展」的本質與需求，「以時間詮釋空間」，讓「學習發生於無形」乃是園舍與教室物理性環境規劃的最高原則。

　　承前所言，我們的生存環境蘊藏著生命契機，內在的人文活動踐行得藉由外在建築與硬體設施的功能才得以彰顯；物理性環境規劃內涵不但要能有效引導環境中的每個人充分展現其主體權能，有效達成發展任務，於此同時，亦能誘發正向的人倫關係；使之建立生活倫理觀念，尊重、包容他者，以減少負面的人際干擾或破壞性行為。簡言之，建築空間與設施安排要能烘托時間性與社會性環境規劃需求，使之發揮「境教」功能。要達此「境教」功能，則需有效選擇並組織空間，包括：

- 在地化原則
- 慎選園舍用地
- 人性化的園舍空間配置形式
- 合理的社會密度

- 尊重領域性與個人隱私權
- 區域功能定位與分界
- 動線與視線流暢
- 提高自理性

（一） 在地化原則

　　園舍的規劃首務便是設置地點的選擇。任何父母在選擇幼兒園、小學時的首要判準為離家近，接送方便，並可充分了解自己孩子在學校裡的生活狀況。因此，一個社區是否擁有社區型之優質幼兒園、小學的存在正意謂孩童與家庭權利的踐行。任何一個先進國家的幼教政策無不以社區為基礎進行規劃，以提供幼兒父母適切的支持系統，使之無後顧之憂。因之，一個幼兒園的規劃在起始階段即應思考如何掌握所在社區父母的生活作息、文化背景並善用社區人文與地理性資源。例如，都會地區與農業地區居民的生活作息、人文地理環境截然不同，因此所需求的幼兒園型態自會有所差異。據此，要建置社區導向之幼兒園規劃，最有效的規劃策略即是先觀察當地幼兒的生活內涵，然後共同邀請在地幼兒家長、建築師及教育專業人員等三方面人員共同參與規劃，聆聽多方意見，進行社區資源整合。

（二） 慎選園舍用地

　　園址選擇除了以鄰近住宅區為優先考量外，更需注意安全原則。根據《幼兒園及其分班基本設施設備標準》第 5 條規範，幼兒園用地應選擇能積極促進幼兒身心發展為原則，其園地不應設置於危險或影響心理發展之社區，因此申請設置幼兒園之基地，其與鄰近設施之距離應符合下列規定：

1. 加氣站：加氣站設置管理規則規定。
2. 公共危險物品及可燃性高壓氣體：公共危險物品及可燃性高壓氣體設置標準暨安全管理辦法規定。
3. 殯葬設施：殯葬管理條例規定。但於 2012 年 4 月 4 日前已依建築法取得 F3 使用類組（幼稚園或托兒所）之建造執照或使用執照者，不在此限。

　　除前項規定外，幼兒園及其分班與特殊設施或場所之距離，亦應符合其他中央法規或地方自治法規規定。

　　除了人身與公共安全考量外，幼兒園用地亦需避免噪音或限制級電子遊樂場及涉及賭博、色情、暴力等經主管機關認定足以危害幼兒身心健康之場所等工商行業區域的種種干擾。此外，還需優先考量鄰近大馬路及公園地，一則有利於戶外教學活動的規劃外，更能維護公共交通之順暢，避免上學或放學時的交通壅塞狀況，以及緊急疏散或救難車輛進出。

（三）人性化的園舍空間配置形式

　　幼兒園對生活於現今的幼兒而言宛如第二個家，如何規劃園舍，營造「家」的氛圍至關重要。根據《幼兒園及其分班基本設施設備標準》第 6 條規範，幼兒園及其分班，其為樓層建築者，除第 20 條第一項第三款另有規定外，應先使用地面層一樓，使用面積不足者，始得使用二樓，二樓使用面積不足者，始得使用三樓；四樓以上，不得使用。建築物地板面在基地地面以下之樓層，其天花板高度有三分之二以上在基地地面上，且設有直接開向戶外之窗戶及直接通達戶外之出入口，經直轄市、縣（市）主管機關核准者，視為地面層一樓。幼兒園及其分班有下列情形之一者，一樓至三樓使用順序，不受第一項之規定限制：(1)設置於直轄市高人口密度行政區。(2)位於山坡地，且該樓層有出入口直接通達道路，並經直轄市、縣（市）主管機關核准。而一所幼兒園所需的基本空間[4]可分為：

- **管理空間**：管理空間為行政人員使用區塊，除了進行園務管理外，主要負責對外聯繫、接待與控管工作。其細部配置包括：大門／警衛室、辦公室、會議室、接待室／會客室與公共廁所等區塊。

- **服務空間**：服務空間主要為提供內部人員工作所需，其細部配置包括：教學資源室、圖書室、廚房（調膳室）、保健室、儲藏室等區塊。

- **教保空間**：教保空間是幼兒園最主要的區塊，包括：室內遊戲場、幼兒教室／活動室、共用教室／工作坊、觀察室、半戶外遊戲場與室外遊戲場等。幼兒教室／活動室為幼兒一天活動中最主要的活動場所，其細部配置包括各種

4　根據《幼兒園及其分班基本設施設備標準》第 7 條規範，幼兒園及其分班，均應分別獨立設置下列必要空間：1.室內活動室。2.室外活動空間。3.盥洗室（包括廁所）。4.健康中心。5.辦公室或教保準備室。6.廚房。設置於國民小學校內之幼兒園，其前項第一款至第三款之空間應獨立設置，第四款至第六款之空間得與國民小學共用。設置於國民中學以上學校內之幼兒園，其第一項必要空間，除第六款得與學校共用外，均應獨立設置。設置於公寓大廈內之幼兒園及其分班，其第一項必要空間，均不得與公寓大廈居民共用。此外，第 8 條進一步規範幼兒園及其分班得增設下列空間：1.寢室。2.室內遊戲空間。3.室內、外儲藏空間。4.配膳室。5.觀察室。6.資源回收區。7.生態教學園區。8.其他有利教學活動之空間。

學習區、小組活動、團體活動區、廁所盥洗區、餐飲區與睡眠區等。半戶外遊戲場多為中庭或教室活動延伸區塊。室內遊戲場除了提供各班雨天時，替代戶外遊戲場進行各種活動外，亦可作為幼兒園舉辦家長會或節慶活動場所。戶外遊戲場其細部配置包括：大肢體活動區（又可區分為溜滑梯、鞦韆、蹺蹺板、攀爬架、平衡木、騎乘區、單槓等區塊）、沙水區、植栽區、養殖區、生態池、休憩區等。

● **聯絡（中介）空間**：聯絡空間主要為連接各區塊的走廊／迴廊、樓梯、車道、步道與滑道等。

● **附屬空間**：附屬空間為提供園區所需的安全設施或備用空間，其細部配置包括：配電室、消防設施、儲物室、儲水槽、停車區、花圃等。

園舍建築形式與空間配置方式反映其主事者的教育理念，適當與否不但影響園務管理效能，更左右幼兒與教師的教←→學行為內涵。一般常見的園舍空間配置方式可分為：

1. 一字型與 L 型

此種空間型式的特色為教室一字排開，廁所在各樓層尾端，行政中心（管理空間）在前頭，遊戲場（操場）則在建物的側面，且遊戲場的遊樂器材皆擺放在周邊，中間則為一大片空曠的草地。此種類似軍營方式的配置方式有其歷史緣故。早期台灣中小學校多為日據時代的建物，彼時的中央政府視學生為儲備軍人，中小學校的運作負有軍事任務，戰爭時此種校舍配置方式不但利於監控、集合人員，操場亦方便軍車的停放與戰備操演。隨著時代的變遷，大家忽視戰時的特殊狀況，以為

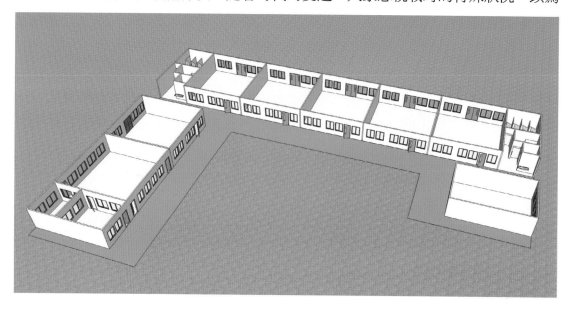

學校就是「長這個樣子」，依樣畫葫蘆，不但大型私幼多採此型式設計，公幼因使用中小學現有校舍，即便想調整，也無權能改建之，導致我們現有的幼兒園園舍多屬此類型的配置方式。

此種相當「制式化」的建物空間配置，主要目的便是利於「控制」；不鼓勵生活其中的人有過多的自主性。因而人的本質在此類空間配置中是遭壓抑的。再者，此空間配置型式缺乏中庭設計，各班平行排列，也限制了班級間的交流互動，造成彼此間的疏離感。因此，此種空間型式並不利於現代開放式教育理念的施行，而作為幼兒園園舍，更不適合保育工作的施行。例如，因應幼兒每日頻繁如廁的需求，適性的活動室規劃應將廁所設置於教室／活動室內，而非遠在樓層的尾端。再者，一字型與 L 型的建物不可避免的會有長廊型的空間設計，動線過長，容易引發幼兒奔跑行為，造成秩序管理上的困擾，甚或是意外傷害。簡言之，凡此空間配置形式皆有違教育的本質。

2. ㄇ字型與口字型

此種空間型式有如三合院或四合院的設計，其特點便是以中庭或遊戲場為中心，教室／活動室與行政中心則在四周圍成一圈。此種空間配置的主要優點是有「家」的氛圍，且讓班級間有交流的機會。另外，土地使用也較經濟，相當適合都會地區土地使用效益。但其缺失是，此種空間配置依然有長廊式設計，且中庭面積通常都不會太寬闊，因此若在中庭設置頂棚或規劃遊戲場，會導致噪音干擾，影響課程活動進行。且過度集中於中庭的遊樂設施，亦無法滿足各年齡層幼兒的需求。

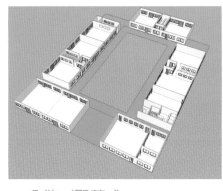 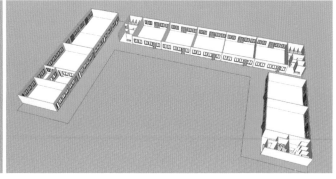

3. 分散／聚落式

分散／聚落式可謂是最像「家」的空間配置，其特點便是各班獨立一個房舍或雙併，且班級之間規劃有中庭花園或靜態休憩區，誘發班級間的人際互動，宛若一個大家庭。而行政區與戶外遊戲場則是各自獨立於另一區。其優點是除了擁有「家」的感覺外，各班擁有充分的活動空間，不但讓老師依課程需求自由發揮，且

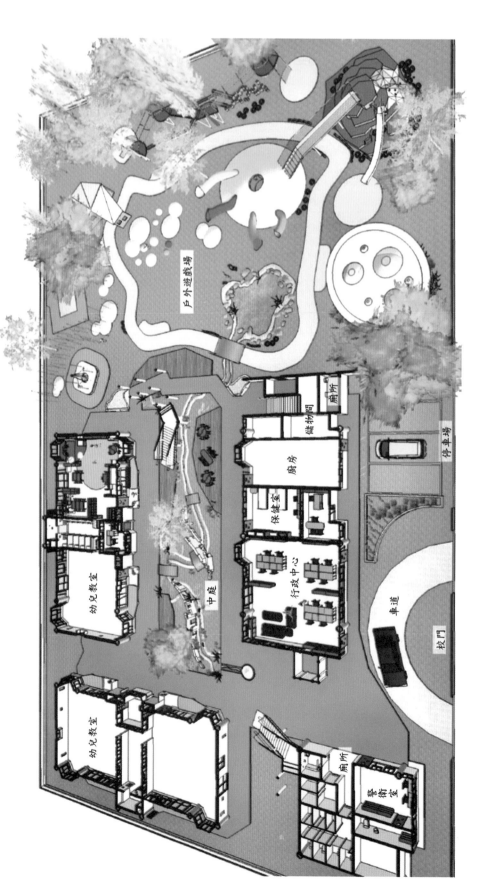

整體圖合範例一配置圖

活動進行時，班級間也不會彼此干擾。但其缺點是所需用地較大，在都會地區恐不易設置。

整體園舍範例一透視圖

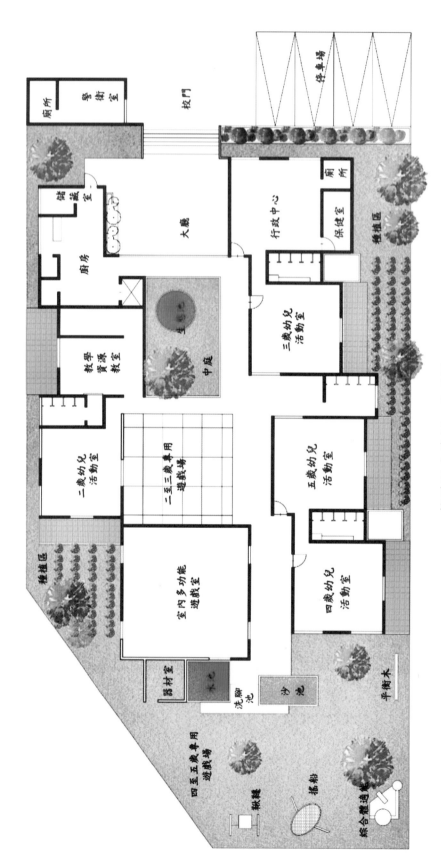

整體園舍範例二平面圖

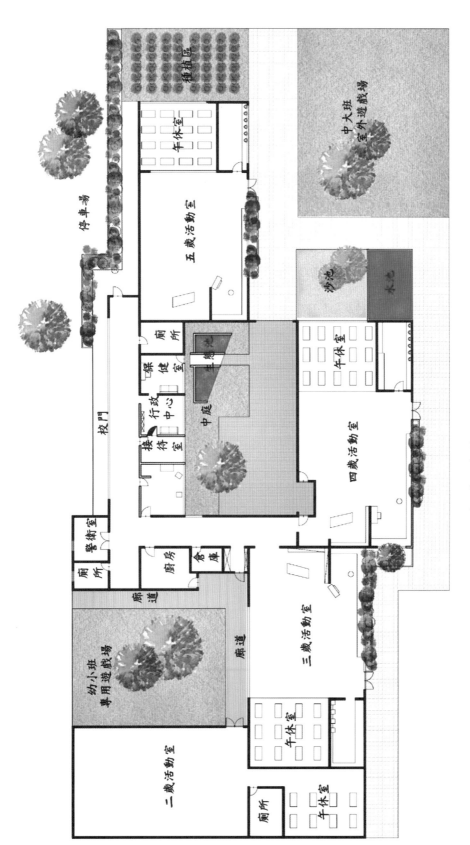

整體園舍範例三平面圖

（四）合理的社會密度

　　「社會密度」意指在既定空間面積中，人數與面積的比例，當人數減少時，社會密度變低，當人數增加時，社會密度變高，乃至造成擁擠現象。擁擠是社會問題與人際衝突的元凶，當一個地理區塊過於擁擠，亦即「社會密度」過高時，會導致個人隱私不足、爭奪個人空間或侵入他人領域等狀況，而引發人際衝突或反社會行為（Newman, 1972）。因此，無論是校園整體或各活動場域空間安排，首要考量活動面積與使用人數得合理比例。以現今《幼兒園及其分班基本設施設備標準》第10及12條規定，每名幼兒活動室基本活動空間不得低於 2.5 平方公尺，室外則為3 平方公尺。但法規只是最低層次的規範，基於人性需求與教育倫理，園舍規劃應以幼兒身心發展特質與需求及教師教學施行的方便性為最高指導原則。因此，若非在都會區使用空間面積受限或取得不易，幼兒園園舍使用面積應高於法令規範，室內以每名幼兒至少擁有 3 平方公尺，室外遊戲場則每名幼兒擁有 5 平方公尺為宜。若以每班 25 位幼兒的室內活動空間規劃五至六個遊戲區為例，最少需要 75 平方公尺（不含盥洗室、寢室、儲物室及教師所需空間）。室外遊戲場則視全園人數及所規劃的遊戲區類別而定，以 150 名幼兒所需的基本遊戲區如：騎乘區、綜合體能區、養殖區、生態池等，至少需 700～800 平方公尺活動空間，此合理的社會密度所要強調的是人類「領域性」之本能行為。

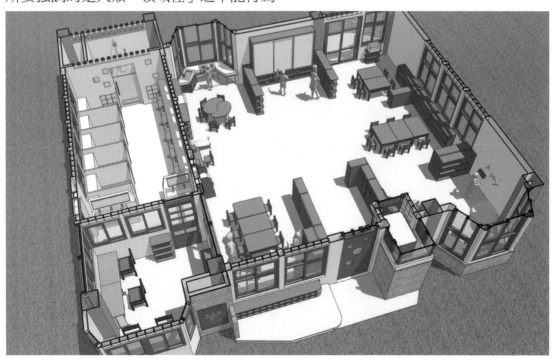

80 平方公尺教室空間適合容納 25 位幼兒、2 位老師與 1 位保育員的日常作息

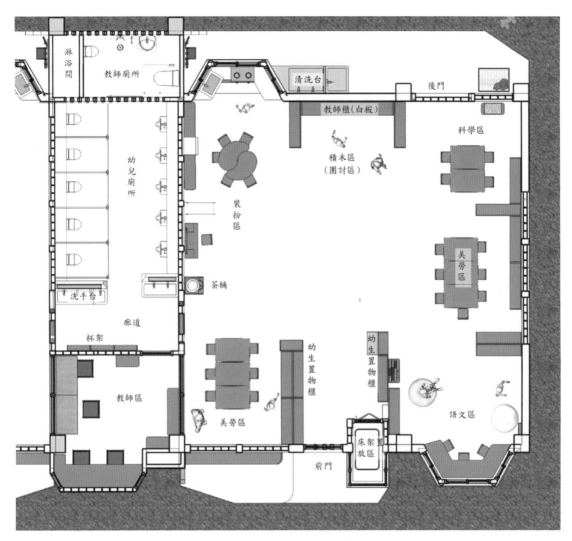

合理的社會密度是實踐教育美學的基本條件

　　除了校園或教室整體面積要考量合理的「社會密度」外，各遊戲區的使用面積也需配合該區域活動特質，包括人際互動量、動靜性質與使用人數，提供所需之活動空間或隱密需求，以避免過度擁擠或太寬敞，造成幼兒活動時彼此干擾、推擠或奔跑、衝撞等負面行為。如：積木區、裝扮區或沙水區皆屬於動態區域，亦強調共同合作等人際互動行為，因此需規劃至少可同時容納五至六人的寬敞空間。而語文區、科學區、感官區或數學區為靜態區域，強調個人專注工作，不鼓勵頻繁的人際交流。因此，在空間規劃上需有個人坐位或操作空間，無須過於寬敞，而美勞區則需有寬廣的桌面。

玩沙區與積木區強調自由創作與人際交流，需較大的活動空間，沒有傢俱阻擋，過於狹隘的空間不但易造成相互干擾，亦無法有效學習

美勞區需要寬廣的桌面以利創作

語文區、科學區、感官區或數學區等遊戲區塊，強調個人靜態活動，並不鼓勵頻繁的人際交流，無須過於寬敞

　　有限的使用面積是都會區幼兒園常面臨的問題，但我們可以藉由一些策略來降低擁擠感，以提供幼兒合理的學習與成長環境空間。例如：

- 減少班級人數。
- 提升每位幼兒可使用的資源，諸如教材的數量與種類等。
- 調整桌椅教具櫃安排方式及動線。
- 善用腹地，將部分學習區挪至室外。
- 將教師用空間往高處發展，如將教師櫃或儲物櫃架高。
- 善用彈性原則，諸如：以櫥櫃式牆面作為教室隔間，使用多功能性之器材與櫥櫃，例如：教具櫃兼具偶台、展示面功能，椅子可轉變或拼湊成桌面與矮櫃，牆面兼具展示與操作功能等，以達經濟效應並增進學習效能。

經過特殊設計，椅子可相疊為矮櫃或翻轉拼湊後成為桌子

折疊式的桌檯，不用時可收掛到牆面上

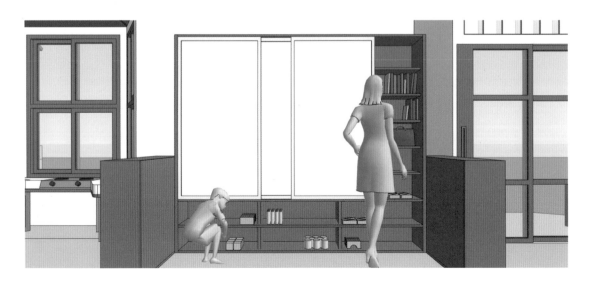

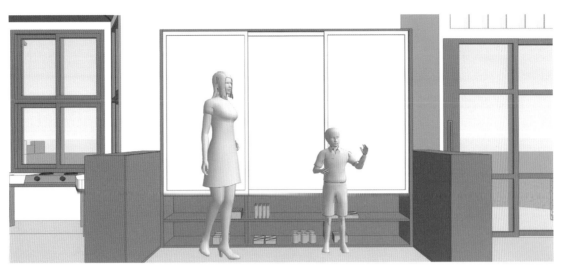

積木區可同時規劃為團討區，如圖所示：積木櫃上方為教師用櫥櫃，再以磁性白板作為櫥櫃門板，即是為團討時的展示板牆面立面配置原則：110〜120 公分以下為幼兒專用區；70〜140 公分為幼兒與教師共同使用區；140 公分以上為教師專用區

教具櫃或工作櫃亦可作為展示面與操作面

垂直的牆面亦可操作教具或張貼訊息

（五）　尊重領域性與個人隱私權

　　「領域性」（territory）是一種動物性的本能行為。地球上的任何動物皆會經由占有或控制某明確的地理區域與其中的物件，宣示其活動範圍或優先使用權，來警示或影響同類或其他物種的行為意圖。動物展現「領域性」的方式，包括留下氣味、叫聲或炫燿性行為來標記其防禦領域。一旦其勢力範圍遭受入侵，便會加以攻擊對方。「領域性」的必要性在於其攸關該物種的生存；讓物種可以在可預期的路線或熟悉的環境下進行繁衍、覓食等各種活動，藉此機制提高物種對環境適應力，降低疾病傳播的頻率，並避免遭受攻擊或掠食（Brower, 1980; Sack, 1983）。

（一）人類領域性的定義與類別

　　作為地球物種之一的人類，在先天基因及後天學習機制的策動下，亦顯現如生理反射般的「領域性」。此與生俱來的生理性內在傾向與文化記憶無所不在；既發

生於袤廣的城市、民族乃至國家等，也存在我們周遭的生活瑣事中，諸如物品、創意、房間、住宅、社區、公司組織等。某「領域」擁有者會以各種方式「標記」其權勢範圍，例如：自古以來，種族之間或國與國之間必須勘定明確的居住邊界，以避免衝突。而在個人生活中，人們都會在自己的物品上標記姓名，在房間、辦公室門上裝飾，展現自己的特色等。如果有人未經同意剽竊你的作品，擅自闖入你的房間、辦公室，或占用你的桌子，打開櫃子，都會讓你覺得遭受「侵犯」而不悅，甚或惱怒。在圖書館閱覽室或餐廳，我們常常會在桌子放些書或其他私人物品，來「告訴」他人這個位子已經有人了。而幼兒園裡的孩童，即便只有兩三歲，也會用「這是我的」、「我先拿到的」或「這是我的位子」等話語來強調所有權。

凡此現象顯示，「領域性」可謂是人類生活的普遍現象，無論是個人、一個社群或民族皆會標記某物體、控制某空間區塊或抽象的文化印記，將之個人化，乃至人格化，以控制他人行為意圖或界定人我間的互動內涵。然相較於其他物種，人類的「領域性」是相當複雜的。一者，人類的「領域性」不只是物質性的，更擴及意念性的。諸如行政權、創意、專利等所有權的捍衛等，我們常在著作上的版權頁，看到一行字寫著「版權所有，翻印必究」，數位軟體設計者則會設定密碼，將程式鎖住以防盜用。凡此行為皆可視為「初級領域」行為。而一個族群的文化印記，包括思想、宗教儀式、歷史文物等則可視為該族群的「公共財」。再者，人類「領域性」依個人防禦性或控制權的強弱，可分為「初級領域」、「次級領域」及「公共領域」等三個層級，此外尚有暫時性的個人領域，稱為「個人空間」。「領域性」與「隱私權」及「個人空間」的需求，三者密切相關（Newman, 1972）。

1. 初級領域

「初級領域」（primary territory）是由個體或初級群體（如家庭成員、族人等）所擁有或專用的空間、資財，如個人臥室、住宅、團體辦公室，乃至一國之境等。如在家庭中，臥室、書房；在學校中的個人座位，在一棟大樓中某樓層的公司行號或一個辦公室中，或是主管的辦公室，皆屬於「初級領域」。無論規模大小，「初級領域」對擁有者而言，可謂是生活的重心，即便是極小的空間，擁有者很清楚「在這裡可以隨心所欲，完全不受干擾」。易言之，初級領域可謂是該擁有者的「象徵」；在該領域中，他可以完全控制該領域中的事物，而他者亦能清楚辨識其所有權的正當性。

2. 次級領域

「次級領域」（secondary territory）是與次級群體（如鄰居、同學等）共享的空

間區塊、資財或意念。它兼具私人與公共性質，如學校裡的置物櫃、餐廳、圖書館的座位、遊戲場；住家前的騎樓、街道、常去的公園、餐廳等。相對於「初級領域」，在「次級領域」中缺乏「可防禦的空間」，其控制權較少，且時有更迭，在心理作用上亦不及「初級領域」來得重要，然在生活上仍具有其價值性，而此價值性源自於其兼具私人與公共性質的「曖昧性」。例如：我們習慣將自家門前的騎樓、小空地或樓梯間視為己有，即便知道在法律上並不擁有該空間，但如果有人侵入或占用此空間，仍會引發當事人的不悅，乃至人際衝突。

3. 公共領域

「公共領域」（public territory）則是對所有人開放的領域。在民主的社會裡，只要所屬成員遵守規範，便都能進入或使用它，但沒有任何個人或團體可以單獨擁有或控制之。諸如馬路、公園、廣場、商店、火車、餐廳、戲院，乃至歷史古蹟、文獻等都屬於公共領域或資材。對人們而言，公共領域就如水和空氣，每天都在用、每天都會進入或經過，但卻不會注意它的存在，只有在失去時才會察覺它的重要性。例如，公園綠地被改設為工廠用地時。

要提醒的是此三領域間的界線並非固定不變。例如，在學校中的個人座位或公司行號裡的個人辦公室雖屬初級領域，但可能隨著人事異動而為人取代，在此情況下初級領域成為次級領域。又如，圖書館、教室或餐廳的座位屬於公共領域，但我們習慣在圖書館、教室或餐廳坐在同一區塊或同一個座位，一旦被人捷足先登時，仍會讓當事人覺得不快，在此情況下，此公共領域便演變為次級領域。在幼兒園環境空間中，均包含此三種領域。例如：個人的鞋櫃、儲物櫃，便屬於初級領域，而班級教室／活動室以及教室外的走廊為次級領域，而遊戲場、中庭、行政區、廚房等，則為公共領域概念。而對於幼兒園所在社區而言，幼兒園成為次級領域，社區則為公共領域。

4. 個人空間

「個人空間」（personal space）是一種環繞在人四周，個人所知覺的一種適當人際距離與方位角度。在日常生活中，我們都會避免侵入他人的「個人空間」。例如：我們常會說：「唉喔！你不要靠我那麼近」、「你不要這樣咄咄逼人」、「喔！好擠喔！我需要個人空間」，或反之，「你不要站那麼遠，靠過來一些」、「這餐廳真好，座位安排的讓人坐得好自在」。當我們進入狹窄的電梯時，我們習慣性地會與陌生人保持距離，尤其是異性的陌生人，而且若無例外情況，當四個彼此不相識的人在一部電梯裡時，很自然地會分站四個角落，並盡量規避彼此的眼神。同樣地，

在空盪盪的公車上或電影院中，若有人挨著你坐或坐在你的正對面，就會引起你的注意，乃至不自在或生厭。然在名人演講或演唱的場合，卻很少人會介意人擠人的場面。而進行面談、協商等會議時，座位間若能保持約兩公尺且面對面的方式，將有助於會議的順利進行。這些日常生活習性提醒我們，在任何一種場合中，人與人間的相對空間位置並非是任意、隨性的。

「個人空間」猶如「領域性」一樣，是一種物種式的生理機制，亦是文化印記。我們平時並不會意識到「個人空間」的存在或覺察其過程，只有在遭受侵入或剝奪時，才會覺察其重要性。「個人空間」雖名為「個人」，但此觀點實際上強調人際互動時一種合宜的距離，包括具體的空間距離與抽象的心理距離，而此知覺會隨著個人的移動、情境特質或人際關係的親疏與消長而擴展或縮小。「個人空間」與「領域性」的差異在於，領域是固定的地理位置，而「個人空間」會隨著個人的移動或所處情境而變換，因此「個人空間」也可稱為移動式或暫時性的「個人領域」。Hall（1959, 1966）稱此為「隱藏的向度」，他觀測人們日常合宜的人際空間距離可分為四種：(1)公眾距離約 3.5～7 公尺（如：陌生人聚集的場所），在此距離中，人可自在的自我防衛或調整社交的訊息量。(2)社交距離約 2～5 公尺（如：面談、開會、同事相處等狀況）。(3)個人距離約 45～120 公分（如：同學、友伴間的相處），在此距離中，可大致掌握對方的肢體語言或想傳達的訊息。(4)親密的距離約 0～15 公分（如：家人間的互動），在此距離中，可清楚掌握對方的表情、肢體動作、氣味等。易言之，「空間會說話」，我們可以從人與人之間的距離，掌握其間的親疏關係。但要提醒的是，這些人際距離會因個人的人格特質、宗教或文化族群的不同而有所差異（Hall, 1966）。

（二）「領域性」的功能與意義

人類的「領域性」除了具有如動物般的占有與防禦性功能外，更強調組織性與情感性功能。雖說「領域性」會因個人特質、性別、年齡、情境，乃至種族等種種因素而有所差異。但整體而言，「領域性」的意義在於其不但是形塑個人人格的關鍵機制，更規範了人我間的互動規則。從個人情感層面來看，「領域性」的意義在於其不但是型塑控制力的心理機制，更是調節「隱私」、發洩情緒的庇護所。尤其是「初級領域」是擁有者完完全全可掌控之處，是與之融為一體的地方，此領域不但是個人情感的歸屬，更擔負著個人認同感與依附感形成及社會化之任務。想想一個無家可歸、一無所有的人、一個人際關係疏離的人，其生活境況會如何？再想像

一個毫無隱私可言的生活（如在集中營、監獄中或極度擁擠的貧民窟、難民營裡），或生活在一個不重視個人隱私的社會（如極權國家）的民眾，又會是什麼樣的境況？

　　根據 A. H. Maslow（1970）的「需求層級理論」（Needs Hierarchy Theory），從嬰幼兒階段開始，人在社會化過程中，除了與某個「重要他人」建立強韌的親密、依附關係外，能夠辨認一個地方、某些財物乃至某些意念是完完全全「屬於」自身的，乃至確認一種親密關係是自己可以進入、參與或可擁有的，是非常重要的關鍵「發展任務」，其賦予人歸屬感與安全感。易言之，當人能對自身的生活領域，無論是物質性或概念性的，有所控制感，不但能有效進行情緒管理，也才有餘力釋放潛能、發展其他能力。除擔負發展任務的功能外，「領域性」與人的「隱私權」（Privacy）[5]密切相關。「隱私權」，強調人際間訊息的開放與封閉，乃是現代人相當重視的基本人權，其內涵包括：「獨處」（Privacy）、「親密」（Intimacy）、「匿名」（Anonymity）與「保留」（Reserve）等四種心靈狀態。其核心意涵並非是排除、拒絕他人，而是一種「主導權」或「控制權」；「有選擇性的讓他者接近自我或所屬的團體」，包括人際互動的頻率、數量或訊息開放的控制，如：翻閱私人信件、日誌，靠近身體、座位，進入自己的住家、房間、辦公室、網站、俱樂部等。雖然隱私權的需求與規範會因文化、族群、性別或個人人格特質而不盡相同，但能夠在人際互動中主導自身何時及如何與人互動的內涵，對任何人而言都攸關其心理健康與生活品質（Hall, 1966; Newman, 1972）。

　　易言之，「隱私」提供我們一段時空，整理、調節所接收的訊息，反思其意義，進而整合自我與外在世界。我們無法確知嬰兒是否需要隱私，但隨著年齡的增長，隱私權的宣示也會跟著出現。例如，情緒爆發的幼兒，即便只有兩三歲，也會讓你知道他想獨處。「隱私」可謂是我們認同的促進劑，此機制讓我們人格反饋機制得以順利進行。尤其生活在訊息萬變、忙碌的全球化時代，我們時時需要一段「喘息」的時間與空間，整理思緒，並讓情緒得以有出口。想想在不需與他人接觸互動的私人空間與時間裡，我們可以做什麼？即便是對親密的家人、戀人，我們也想偶有與之保持距離的空間或時間。這不但不會有損親密感，反而會強化彼此的關係。擁有隱私權不但可提升人際溝通的意願，讓不為人知的情緒得以有整裡、發洩

5　隱私權與領域性兩者密切相關，但卻不能將之畫上等號。其差異在於，隱私權著重社會訊息面的趨近或規避，而領域性則強調空間的趨近或規避。兩者在認知上有著不同的影響。

的機會，更能形塑個人的自我認同、提升自我控制感。由此也可看出，「領域性」與「個人空間」的需求兩者密切相關。「個人空間」是我們「身體的緩衝帶」；可隨時調節所要接收的訊息量，藉以自我保護、防衛，免於物理性與心理性的干擾或侵犯。例如，在當人遭受威脅或情緒波動時，會與人保持較大、較疏遠的互動，此時若有充裕的「個人空間」，無論是有形或無形的，當可從容地規避威脅性情境或減緩情緒的衝擊。

除了擔負個人重要的心理機制外，「領域性」在社會組織秩序的維持與發展上，亦扮演著關鍵性角色。此機制讓我們習以為常地根據一些潛在的人際互動規律運作日常作息與生活方式，不但可以釐清社會角色，更得以界定人我互動規則，有效建立溝通橋梁，規避不必要的人際衝突。人們也因而才有餘力開展生活其他層面。易言之，「領域性」此人際潛規則，讓我們得以維持正向的人倫關係與生活秩序，乃至大社會的穩定與發展。

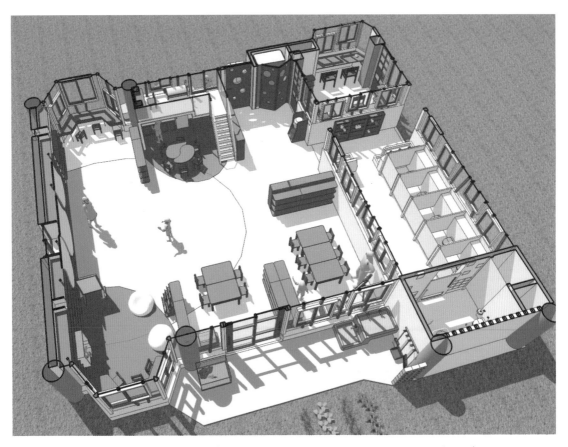

教室空間安排要能兼顧團體、分組與個人活動自主探索需求

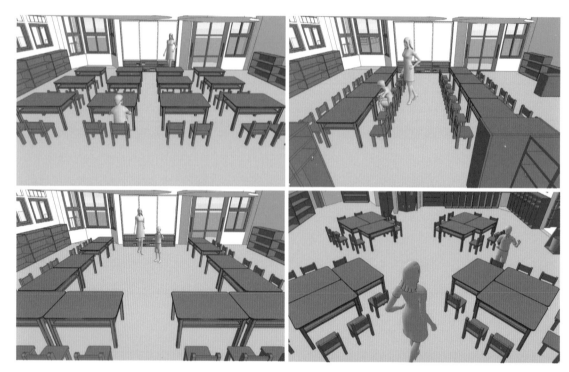

常態性的團體或分組式的空間座位安排，毫無個人空間與隱私可言，令人窒息

「領域性」與人類群居的需求猶如刀刃的兩面，有其衝突面卻又密切相關。「個人空間」與「領域性」是我們生活中調節隱私權的樞紐，當隱私權遠低於我們所需時會有壓迫、擁擠感。反之，當隱私權超過我們所需的，會有疏離感。所謂擁有後才樂於分享，人際關係良好、自我認同高、工作滿意度高的人，其擁有私人房間、獨立辦公工作桌（室）及私人時間也相對的高。一個可讓人個人化、人格化的生活環境，無論是物質性或意念性的，讓人可增加對該環境的依附感與社會認同。想像一個社會，若人們缺乏對其生活各層面的所有掌控權或擁有權，那會是一個什麼樣的社會？為何在監獄、擁擠的場合或社會密度高的貧窮社區，常會有人際衝突、反社會行為乃至社會認同低的問題？凡此現象皆源於人所擁有的合理空間與隱私權被剝奪之故。

據此，如何支持、維護人的「隱私權」與「個人空間」，如何有創意的將人的「領域性」融入空間規劃及班級管理，亦是專業教師需關注的議題。如下圖，教師可根據各學習區的性質與人際交流量，調整桌椅或櫥櫃的擺放方式。例如：語文區為靜態區，需桌椅及半封閉式空間；積木區為動態區，無須桌椅，採全開放式空間規劃。此外，語文區、益智區或戶外的休憩區等靜態區域，亦可規劃適合個人工作或「呆坐」的小空間。而個人置物櫃與鞋櫃乃是滿足「領域性」與個人隱私的基本設施。

溫馨的語文區／繪本區可滿足幼兒個人工作或獨處的需求

擁有個人置物櫃、鞋櫃是滿足「領域性」與個人隱私的基本設施

　　除了空間規劃需關注領域性需求外，各遊戲區塊也需配合使用人數提供充裕的教材資源，以維護基本「個人空間」需求，避免搶奪、霸占等人際衝突

20 多樣的益智教材，大約可同時提供 4～5 位幼兒選擇、操作

30 多種素材與工具，應可同時提供 6～7 人進行創作

20 多種形狀，總量 500～600 積木塊，約可提供　這樣的積木數量只夠一個人使用
5～6 位幼兒同時使用

(六) 區域功能定位、分界與動線安排

在現場實例「排隊喝水」場景中，不過是喝水的日常作息，卻秩序失控，引發老師大聲斥責並處罰孩子。另外，「好似一艘快沉的船」中，看似開放的教室學習區，但卻少見幼兒表現出專注、探索、合作分享或有計劃的求知行為。反之，幼兒所表現的多是相互打鬧、追逐、遊蕩或任意破壞教具等負面行為。究其原因，主要關鍵在於教師無法有效組織空間配置。如教室 A 空間配置透視圖所示：

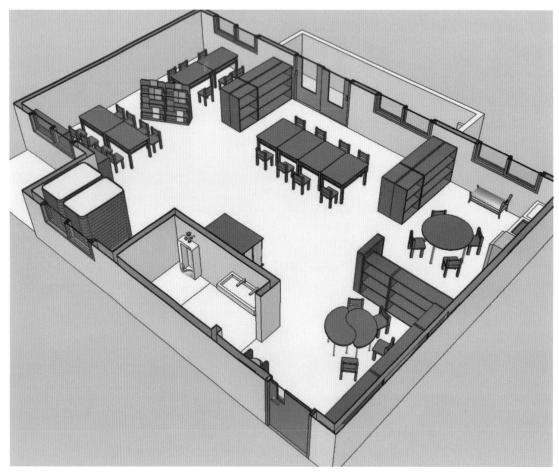

教室 A 透視圖

● 此教室戲區集中於一半空間，造成另一大半成為空曠之地。此狀況導致自由探索時間，幼兒過度集中於一邊，社會密度過高，而產生肢體衝突不斷。在此同時，卻有一些幼兒因無法「擠進」學習區而在空曠區閒晃、奔跑乃至衝撞，如入無人之地。

● 教師區（辦公桌）與儲藏室（放置床架處）未設任何屏障，任由幼兒自由闖入，造成危險。

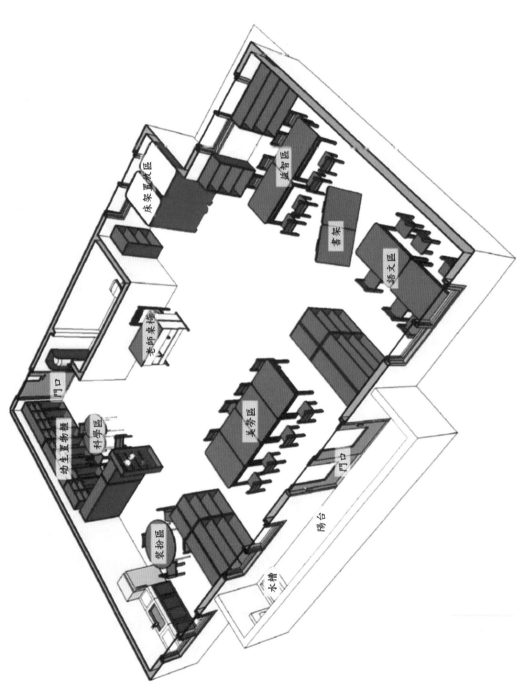

教室 A 透視圖

● 科學區置放於門口與廁所前，不但出入動線遭受阻礙，也導致科學區活動
　進行備受干擾，最終成為無人之地。

● 益智區與語文區之間的書架未靠牆擺放，導致幼兒繞著書架相互追逐嬉
　鬧。如現場紀實所描述的，其中一位幼兒突然躲入書架後的凹槽，另一位
　見狀，爬上書架的另一邊想嚇嚇對方。未想，書架承受不起幼兒的重量，
　倒了下去而引發一起受傷事件。

　　再看教室 B，這是一間大班幼兒的教室，共 25 名幼兒及 2 位教師。根據教師
自己教學日誌所描述的下列日常境況，包括：

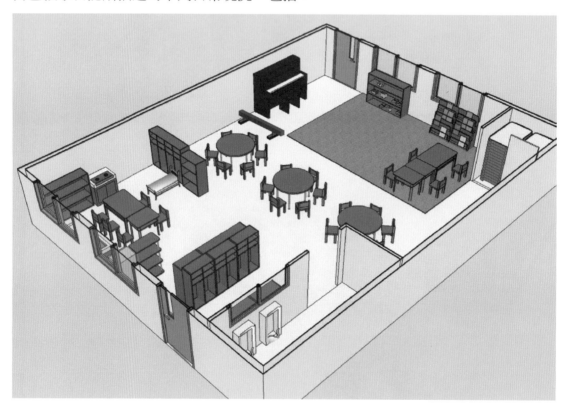

教室 B 透視圖

● 幼兒進教室後常常不先將背包等私人物品收納於置物櫃，就直接進入區域
　玩耍嬉鬧。因此經常看見地面或桌面隨意擺放著背包、水壺等私人物品，
　干擾行動線與遊戲空間，甚或因為踩踏而造成幼兒間的肢體衝突。

● 當有人要從教室的一邊走到另一邊時，勢必得穿過橫在教室中央的三張大
　圓桌，也因此常常和坐在圓桌工作的人產生衝突。

● 積木區可說是該教室最大亂源。當有人從入口進入教室時，總是喜歡直接

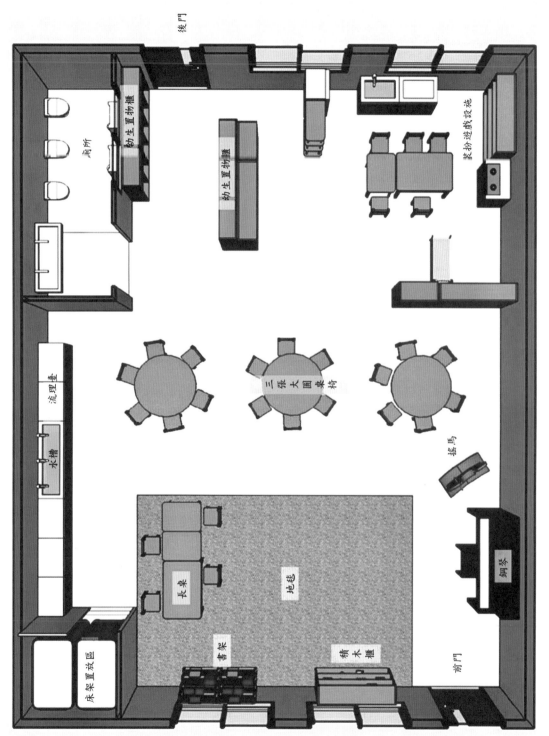

教室 B 平面圖

穿過積木區，然後順手將蓋好的積木作品撥倒，也總是有人騎著「木馬」衝撞積木區，上演「木馬屠城記」，撞倒蓋好的「城堡」。諸如此類行為所引發嚴重的肢體衝突層出不窮。

● 書架上的繪本總是被幼兒拿來當作積木配件，作為「圍牆」或「屋頂」，甚或經常散落於地面遭踩踏。易言之，該教室的幼兒很少閱讀繪本，即便有人坐在書桌前看繪本，但總是被一旁的積木搭建的嬉鬧聲所干擾而分心作罷。

● 老師總是要提醒幼兒：「不要在這裡畫畫」、「不要在桌子上玩積木」、「不要把樂高拿到……」，易言之，該教室幼兒並不清楚各區域的界限為何；不知道什麼樣的遊戲或教具該在哪裡進行。

● 每當傍晚幼兒回家後，教室到處都是散落地面、桌面的教具、工具或垃圾。易言之，該教室的幼兒總是不能自動將教具或工具物歸原處，也不會自動清理桌面或地面。

● 儲藏室未設任何屏障，時有幼兒闖入而遭受責罰。

諸如以上的混亂狀況，讓兩位教師每天都要花費相當多的時間進行秩序管理與收拾清理，也因此倍感挫折與無奈。

Reggio Emilia 創建者 L. Malaguzzi 一再強調環境被視為是幼兒的「第三位老師」；認為環境具有教育功能，是一個支持社會互動、探索與學習的「容器」，需映照出生活於其中的人們想法、價值觀、處事態度以及文化內涵；藉由組織、營造環境中的各個元素，適時回應幼兒與教師們的需求，誘導環境中的每個人積極探索，釋放個人的潛能。在此同時，也藉由境教的力量，建立友善的人際關係，讓同儕間，師生間，同事間以及老師與家長間皆樂於溝通分享、分工合作。

環境作為幼兒的潛在「教師」，「時空留白」是學習環境規劃的關鍵元素，但這並不意謂幼兒可以「只要我喜歡有什麼不可以」。「自由」猶如刀之兩刃，如何兼顧個人存在價值的肯認與社群人倫秩序的維護是互古的議題。因此，如何從小讓幼兒覺知「我可以暢所欲為，但我也知道要遵守遊戲規則」。此人倫秩序猶如道路使用，良好的道路規劃，除了可以讓行者四通八達，有效到達目的地外，更重要的是建立交通規則，提醒用路人擔起「社會共同責任」。如何配合時間性環境與社會性環境需求規劃物理性空間，讓每個幼兒、老師與家長都有「回家」的感覺，乃是幼兒園物理性環境規劃的最高宗旨。

據此，除了確保合理的社會密度外，空間規劃更需妥善組織、安排各室內活動

室（教室）與整體園舍之空間配置；考量如何結合空間場所、活動性質與角色功能等機制，並支持各種人際互動與探索學習。包括：幼兒生活與學習所需的個別、小組（合作型工作及競爭型工作）與團體活動需求，以及用餐、洗漱、如廁與午休的空間；教師所需的休息室、研討室、教學資源室等空間；家長所需的會客室、晤談室、觀察廊等。空間組織配置原則包括：「**區域功能定位**」、「**區隔**」與「**動線流暢**」。

（一）區域功能定位

　　「區域功能定位」即是依照每種空間區塊的功能屬性、所需空間條件或作息需求，安排於最佳位置進行合理的空間配置。如下頁整體園舍配置範例一所示，「管理空間」（包括警衛室、辦公室及接待區等）為對外區塊，負有對外聯繫、接待及安全監控之重責，因此其空間配置應在整個園區的前端。「教保空間」為園區最主要的區塊，因此應在整個園區最核心、最大的區塊，且室內（教室／活動室）、半室內（中庭、教室腹地、室內遊戲場）與室外（戶外遊戲場）區塊應依序朝邊緣地帶開展以利課程活動與行政管理工作的進行。

　　「教保空間」置於行政管理區後方或二樓。幼兒使用之教室或活動室宜以一樓為優先考量，教學資源室、室內遊戲場及共用教室則規劃於高樓層。若幼兒園規模較大，無法讓所有班級規劃於一樓，那年齡層較小者，應優先設置於一樓。

　　「服務空間」與「附屬空間」從屬於「管理空間」及「教保空間」，因此應視需求設立於一旁，例如教學資源室與圖書室應鄰近教保空間之安靜區塊；保健室與膳食調理區應置於辦公室旁，以方便行政人員的管理與器材或食材的運送。停車場應設於管理中心及廚房旁；車道／停車場設計應同時考量家長接送的方便性及社區交通狀況，避免交通壅塞或意外。另外，廚房及戶外遊戲場旁應設置儲藏室以利器材或食材儲存與取用。中庭／庭園區兼具聯繫與教保之功能應置於行政區與教學區之間，以及各教室／活動室群間。此設計方式，除了美化園舍功能外，更可舒緩建築物間的壓迫感與噪音干擾。最重要的是，可作為各區塊間的聯繫通道，並擴大教室活動區域，以利教學活動的施行。遊戲場則應置於教室區後方或旁側，避免置於園區前方，一方面方便各班及幼兒進出使用，另一則避免校園安全監控上的困擾。都會地區囿於使用面積取得不易，可考慮將遊戲場置於樓頂平台。

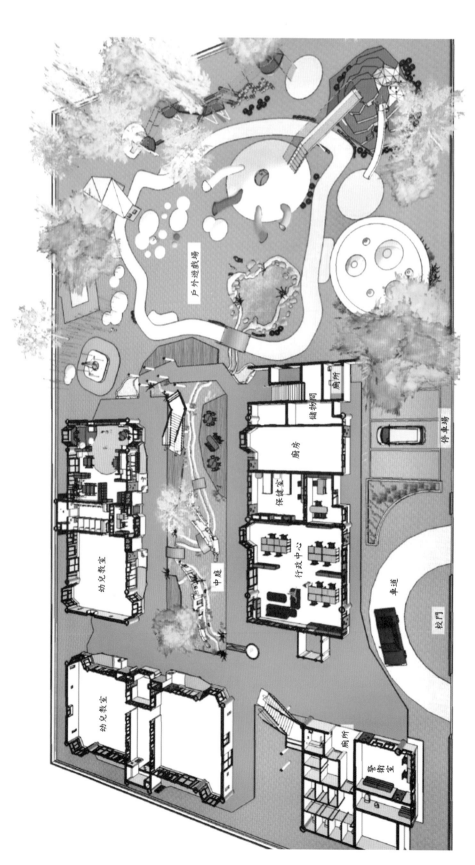

整體園舍範例一配置圖

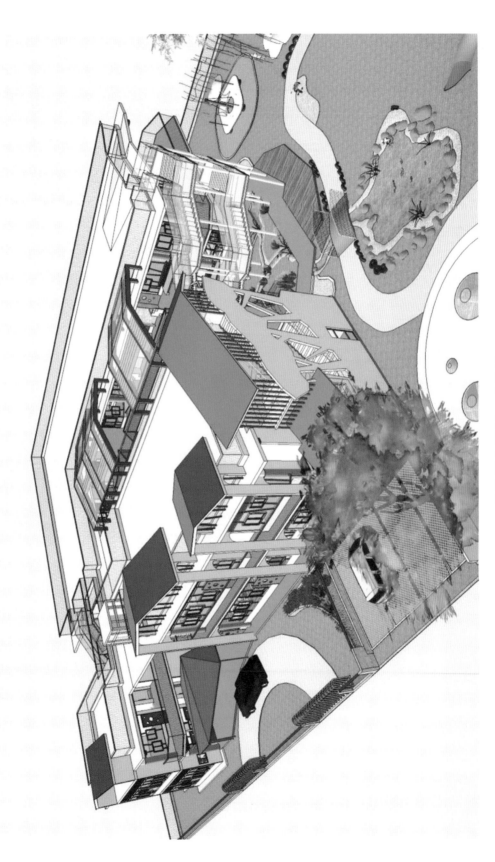

整體園舍範例一透視圖

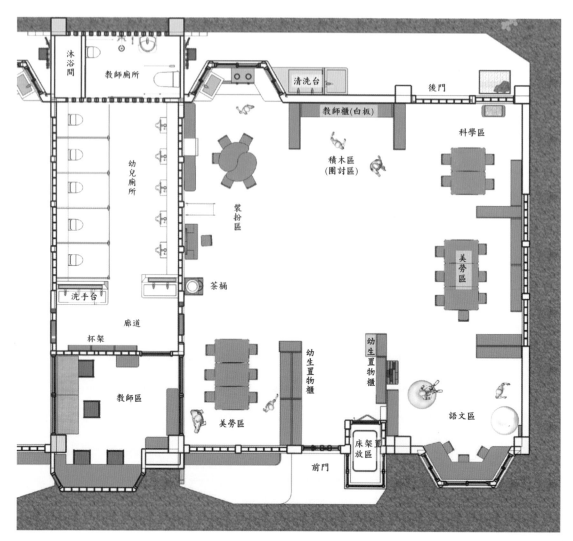

幼兒教室範例一平面圖

　　幼兒教室（活動室）「功能分區界定」則根據幼兒學習與生活作息所需，擬出需要的活動區塊。包括：若依人員角色區分，可分為教師區與幼兒區；依活動型態的大小，可分為大團體區、小組活動區與個別自由活動區；依幼兒一天不同作息時段所需，需規劃出入口轉換區、餐飲區、午休區與活動區等區塊，若依幼兒均衡發展需求，則需將活動室規劃出語文區、裝扮區、美勞區、益智區／數學區、積木區／感官操作區與自然科學區。而這三類區塊可視教室面積的大小而予以重疊使用，以發揮空間最大化之功能。例如，大團體區可同時規劃為積木區與午休區。

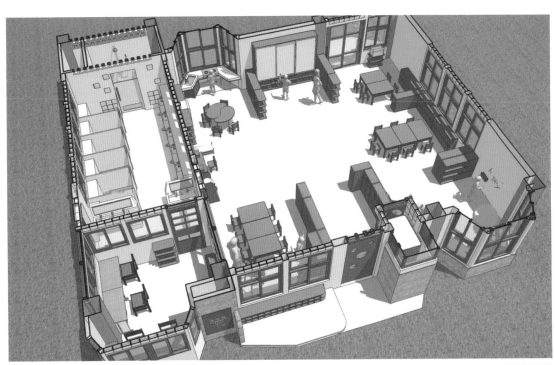

幼兒教室範例一透視圖

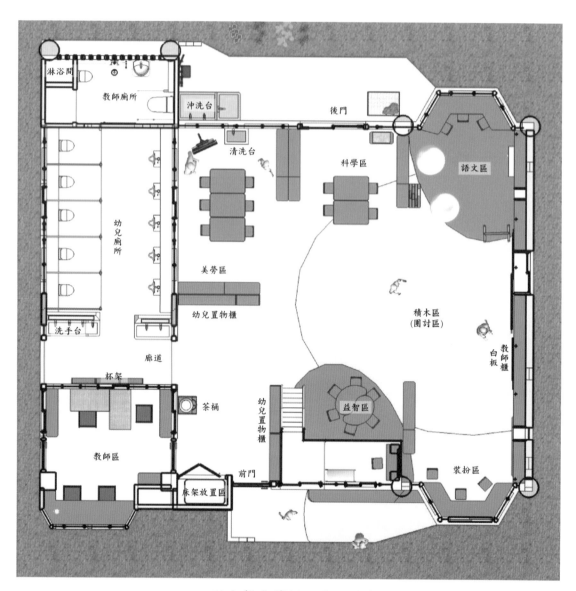

幼兒教室範例二平面圖

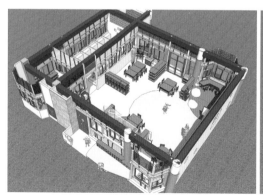

幼兒教室範例二透視圖

戶外遊戲場則可依年齡層、活動性質與動／靜態進行「功能分區界定」。依活動型態可區分為「靜態區域」，包括：種植區、生態池、動物養殖區、沙池、水池、樹林休憩區等。「動態區域」則以大肢體活動為主，包括：攀爬區、擺盪區、騎乘區、奔跑區、平衡跳躍區、大型積木建構組合區。不同年齡層幼兒身體體能條件需求不同，因此大肢體活動還需區分為二至三歲幼兒活動專區及四至六歲幼兒專區。

幼兒活動室或戶外遊戲場亦可以「十字定位分析法」針對既有的空間，作適當的區域功能配置，達成有效地使用空間的簡易規劃法，以利課程及作息活動之施行。具體步驟為：

1. 在幼兒活動室及戶外遊戲場之整體平面圖上，依動／靜態活動及乾／濕（是否需要水源）兩個向度畫一十字形軸線，將活動室區分為四大區塊。

2. 如圖所示，將規劃好的作息活動或區域空間名稱，依其特性或所需空間條件（如，需靠近門口、光線充足、水源等）適當地配置於十字形所定義出的四個區域內。例如：美勞區需靠近水源，語文區需置於光線充足且僻靜的角落，積木區屬動態區域需較寬敞的區域等。

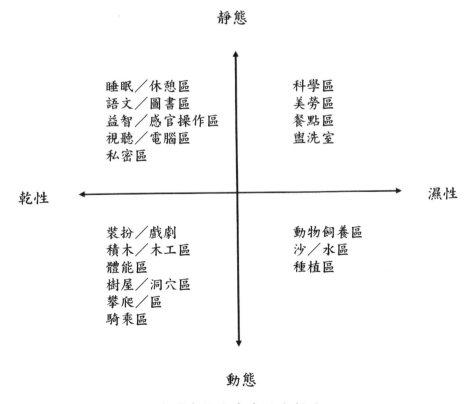

空間定位十字定位分析法

戶外遊戲場範例—透視圖（A）

空中廊道

攀爬坡

戶外遊戲場範例－透視圖（B）

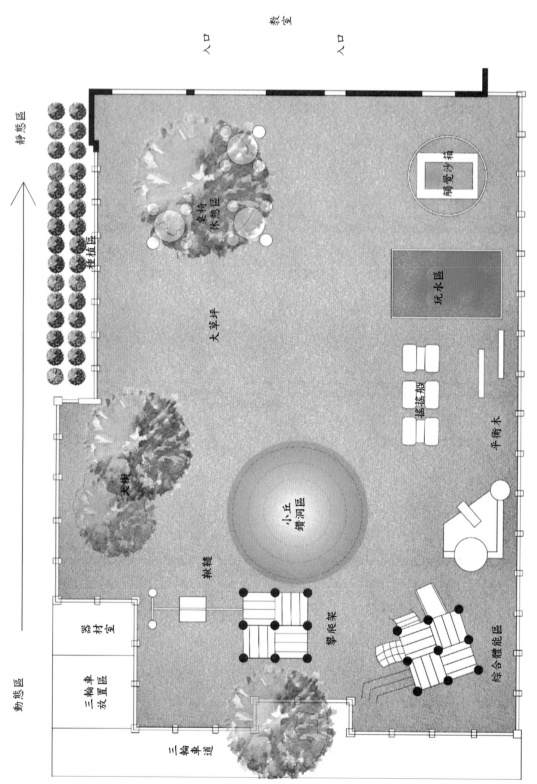

戶外遊戲場範例二平面圖

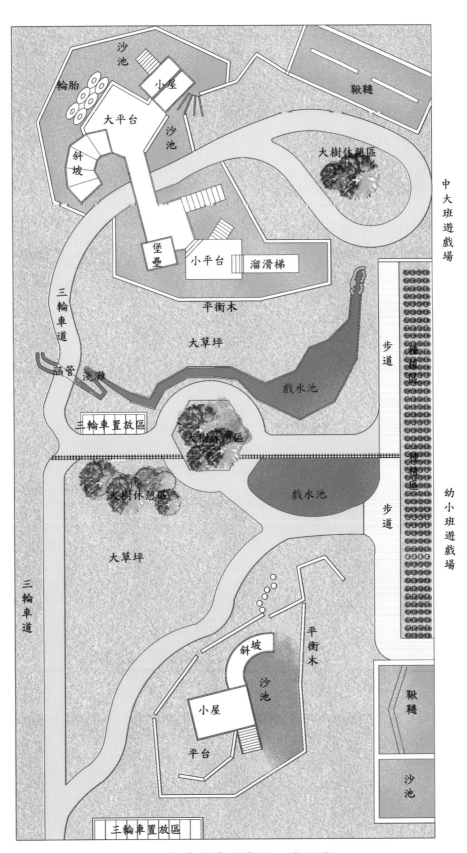

戶外遊戲場範例三平面圖

3. 檢視所配置各空間區塊所需特性和條件，是否能配合既有空間之特性，並注意不同性質空間彼此之互斥性（如：動態區對靜態區的干擾）與相容性（如：教材或設備資源之共享，數學區與自然科學區；美勞區與裝扮區等）。

4. 依實際運作成效或課程作息活動之更動，隨機調整空間配置。

雖說「十字定位分析法」是一理想的空間規劃原則，但要滿足所有區塊的空間條件執行之，恐有其困難度，只能盡其所能為之。

（二）區域分界與動線流暢

每種空間場域依其所需空間條件或作息需求，安排於最佳位置後，需與其他場域加以「區隔」，並安排「動線」使之流暢，以免活動時彼此干擾。除了如配電室、廚房等危險區塊應使用高牆或圍籬等封閉方式，予以禁制出入外，幼兒活動室應以矮櫃（教具櫃）、隔板或地毯等方式加以分界區塊間的界線，並注意動線走向，以確保幼兒安全及各功能區塊功能的完整性。戶外則應以植栽、休憩矮椅、花圃、生態池或落地窗等自然方式，營造開放氛圍，讓人感覺是被邀請的。此外，活

動室與遊戲場的出入口與中央區塊應力求淨空，以確保動線流暢。易言之，空間安排除適當區隔各區塊外，更需考量教室整體交通動線與視線的流暢。讓人出入教室／遊戲場或行走於各區塊間時不會干擾彼此的活動進行，但在相互聯繫上又不失其便利性；讓每個人從一個定點走到另一個定點時，不需繞道而行或干擾彼此的活動進行，以避免有礙行政管理效能或製造不必要的人際衝突或意外事件。

根據以上空間組織原則，我們可調整教室 A 之空間配置如下：

● 清空教室入口處。

● 將積木區與團討區合併為一，並設置教師櫃與白板。

● 教師桌挪至床架收納區，作為區隔物，提醒幼兒勿闖入。

● 合併性質相容的益智區與科學區。

● 以矮櫃／書架區隔各區塊。

調整後，教室門口與中央留空，當幼兒從門口進入教室或行走各區塊間時，動線自然流暢無阻。

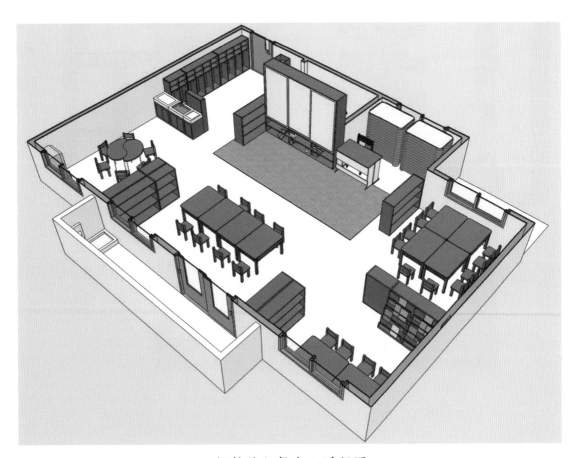

調整後之教室 A 透視圖

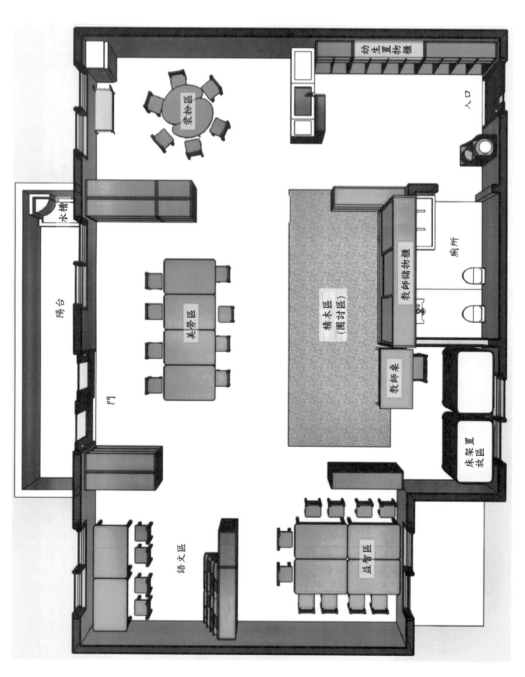

調整後之教室 A 平面圖

　　再以下圖教室 C 為例，該班級有 25 位幼兒，2 位教師，但該園無規劃教師用專用空間與午休室。教室約為 80 平方公尺，三面開窗。教室門口面對走廊，走廊上有兩處洗手台。教室內有專用的廁所，另外，有一玻璃窗圍起的小空間約 6 平方公尺，內設有洗手台。老師可根據以上空間組織原則規劃教室 C 之空間配置。80 平方公尺的教室應可設置六個學習區，包括：美勞區、語文區、積木區（建構區）、益智區／感官區、裝扮區以及科學區，以滿足幼兒各項發展需求。另外，還需考量一日作息及各區所需空間條件，因此可能的規劃重點如下：

● 幼兒鞋櫃置於走廊，個人置物櫃需置放於門口，以提醒幼兒先安置好自身的物品，再進入教室。

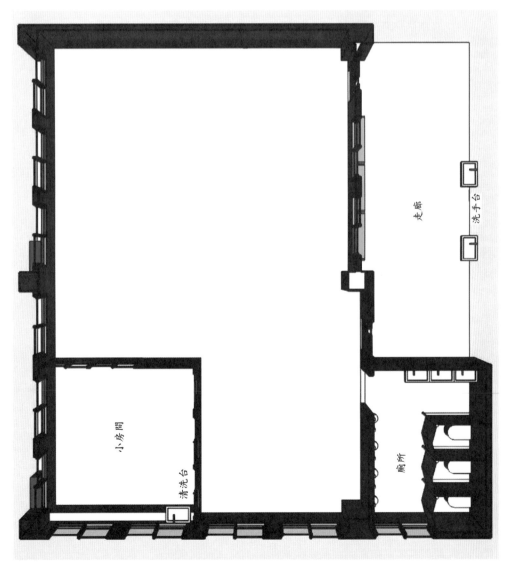

教室 C 平面圖（A）

● 美勞區需靠近水源，因此可鄰近廁所或門口，也可考慮置於小房間內。

● 科學區需光線充足且需方便走出教室，因此需設置於門口附近。

● 語文區除了需光線充足外，更需置於安靜的角落，因此小房間可能是最佳的位置，但需將清洗台移除。

● 積木區無須桌椅，需較寬敞的空間以兼做團討區。

● 裝扮區也需較大空間，且與積木區同為動態區，可相為鄰。

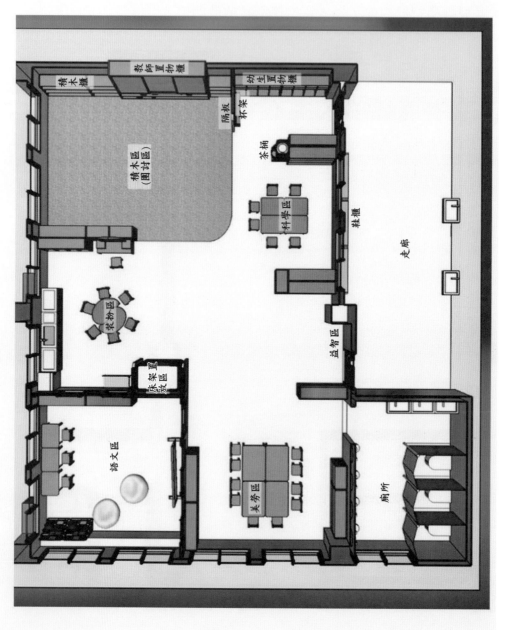

教室 C 平面圖（B）

● 該園無規劃教師用空間與午休室，因此需有置放教師用櫥櫃及收納床架的空間。教師用櫥櫃可置放於團討區（積木區），床架則可選擇不干擾動線的地方置放。

如圖所示，教室 C 從走廊到教室主要入口區與中央為主要交通線，相當流暢，而各區塊間皆以矮櫃相互區隔。如此開放有序的空間組織方式，讓幼兒進入教室時，無須老師刻意提醒即知道要先安置好自己個人物品再進入遊戲區，且當幼兒遊走各區塊間時，亦不會彼此干擾。而當幼兒進入某一遊戲區時，也很清楚該區可以進行什麼性質活動，反之，也知道該區不能進行何種活動。

老師們可再根據同樣空間組織原則，嘗試調整教室 B，或者以 1：50 的比例繪製自己教室或遊戲場的平面圖，嘗試調整空間配置，使之兼具開放性與秩序性。

「排隊喝水」實例中，一群幼兒只是口渴想喝水卻引發嚴重的秩序失控問題，老師的指責聲不斷。究其原因即亦是「定位」與「動線」安排失當所導致。水桶與茶杯架不應置放於通道或門口阻擋行動線。另外，水桶與茶杯架分開置放，讓幼兒取杯→喝水→放回杯子的動線順暢，以避免推擠或互撞情形發生。人性化的空間組織與規劃讓環境中的每個人皆各得其所，尤其是適當區域定位、分界與流暢的動線「讓空間說話」，導引人的行為內涵與方向。

除了行動線流暢外，教室秩序管理亦須考量無視線阻隔或死角，讓老師易於觀察管理，亦能讓幼兒便於了解各遊戲區之狀況。以團體靜態活動為例，在「老師在講故事，你們怎麼可以這麼吵！」實例中，講故事活動進行約 30 分鐘，但老師卻耗費了約 15 分鐘處理幼兒「不專心」的行為。究其主要原因為，老師以行列式座位方式讓幼兒聆聽故事，導致後排幼兒無法看清教師手上的繪本畫面，因此失去興趣而分心。團體靜態活動內容通常有意見討論、經驗分享、作品展示與講故事。此

ㄇ字型圍坐方式

扇型圍坐方式

扇型圍坐方式

散坐圍坐方式

圓形圍坐方式

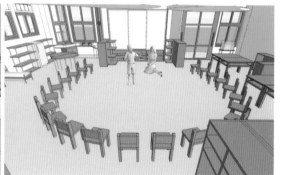

半圓形圍坐方式

運用一些策略即可引導幼兒井然有序地進行團體活動

類活動需參與者視線相互交流或看清主導者／分享者所展示的畫面，一旦幼兒的視線被阻擋，即容易導致因分心而引發的秩序問題。因此，圍坐方式至為關鍵。如上圖所展示，靜態活動圍坐方式可分為：行列式、ㄇ字型、扇型、圓型、半圓型與隨意散坐等方式。其中圓型與ㄇ字型適合意見討論或經驗分享等活動，半圓型則適合作品展示與講故事活動，讓聆聽者無視線阻擋問題。

（七）提高幼兒的自理性

　　空間硬體設施的組織與規劃還需軟體運作，諸如：提高幼兒的自理性、建立班級規範等策略的相互幫襯，方可發揮事半功倍之效。在「你們兩個都不許再來玩積木」、「一大攤數學教具」與「老師你看！我是巫婆！」等實例的共同問題是，其教材教具與日常用品呈現方式的失誤，以至未能誘導幼兒自主自律；有效達成學習目標並建立幼兒生活規範。幼兒一天生活作息的重心在於取用、探索各學習區的教材與用具。因此，除了人性化的空間組織與規劃外，老師需以清晰有序的方式呈現教材教具及所需之各項生活用品，讓幼兒方便取拿、歸放，且不需經過詢問、尋找或在使用時造成分心、遺失，乃至破壞等負面行為，有效達成學習目標。易言之，無論是室內或戶外遊戲區，如何針對各區教具／用品的特質呈現至為關鍵，其原則包括：

- 開架式教具櫃。
- 明確的歸放標示。
- 分類明確，力求一物一位或一物一籃，並力求目標單純化，讓幼兒易於掌握各種教材／用具的功能目標。
- 考量各個教具／用具的最佳擺放方式與位置，讓幼兒易於取拿、歸放。
- 材料／教具量應配合各區的使用人數。
- 提供指導性低的教材或降低指導性（指導性高之教材可經過介紹、示範或分組活動等方式以降低其指導性）。

裝扮區可依照各主題特質進行道具分類擺放

醫院藥品與器材分類　　　　　　　廚房用品與食物分類

美勞區工具品項需一物一位擺放並標示明確，方便幼兒取用並物歸原處

美勞區素材種類眾多，宜以籃框分類存放，讓幼兒易於辨識取用

積木區以積木的形狀分類擺放，讓幼兒一目了然，方便選取、歸放。配件則以類別擺放，如：人偶、交通工具、房舍等

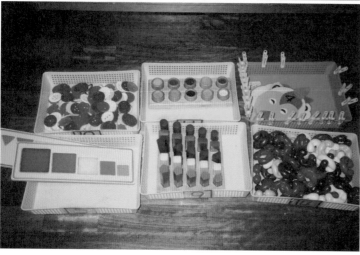
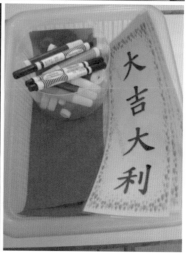

語文區、益智區與科學區教材皆是目標導向性質，因此，呈現時需力求目標單純化；一個籃框或一個位置一種學習目標，讓幼兒選擇時易於辨識、掌握其功能或學習目標

拼圖片標上記號可方便收納並防止遺失

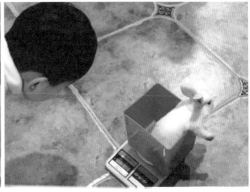

指導性較高的教材,例如:棋類、桌遊、科學試驗、語文類等遊戲,老師需先示範、解說或以小組引導方式,介紹使用方法,再置於學習區讓幼兒自行探索,以提升幼兒的自主性,避免破壞或無效學習

繪本不宜豎放,應展示封面,讓幼兒方便瀏覽、取拿

　　除了分類擺放,教材呈現亦需考量擺放的位置,以利幼兒使用。例如:水彩顏料與畫筆應置於畫架上而非至於櫃子上方;色紙需用隔板區分顏色讓幼兒方便取用;大型積木宜置於低處以防意外發生。

大型積木宜置於低處以防　　色紙需用隔板區分顏色,讓幼兒方便取用
意外發生

顏料與畫筆不應置於櫃子上方，不但容易傾倒，亦不方便幼兒使用。直接安放於畫架上，方能誘導幼兒拿筆揮毫

　　培養幼兒生活自主與自理的能力，莫過於提供大量「做中學」的機會。因之，除了正式課程運作外，日常作息中，只要是幼兒能力所及，老師就應放手讓其自行探索，使之在探索與學習過程中，培養自信心並獲得成就感。諸如：自主完成工作、自行簽到、記錄日期、自製名牌、歸放標示牌等。

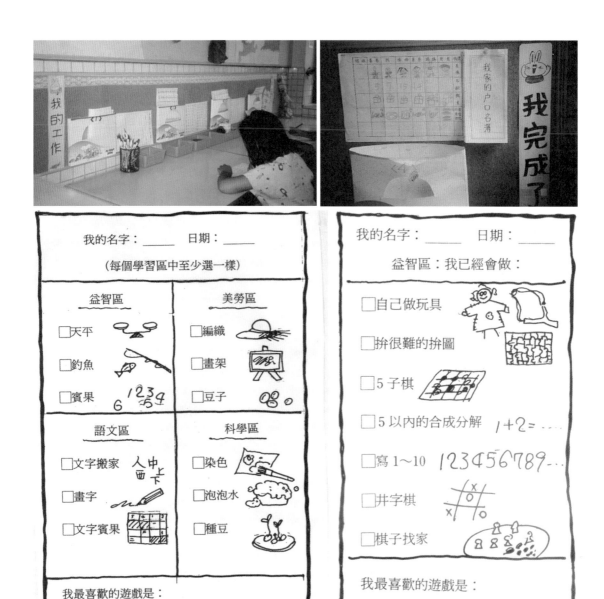

引導幼兒自行完成工作，建立自我負責的學習態度

幼兒選擇老師製作的日曆／天氣掛牌，其學習內涵的寬度與深度是無法與自行繪製日曆／天氣圖相比擬的

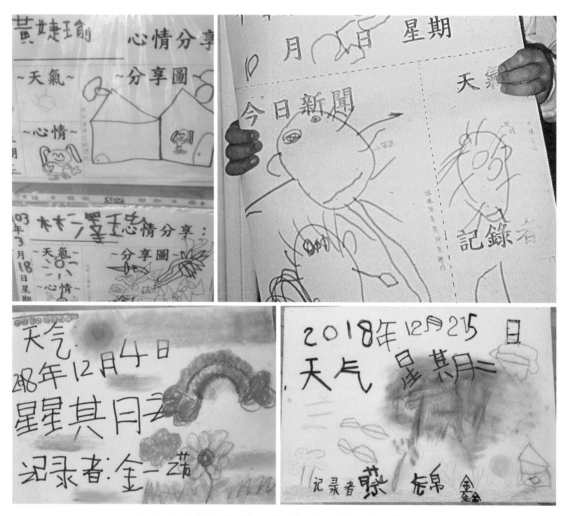

瞧！幼兒自行繪製日曆／天氣圖充滿生命力！
老師也可從中了解各階段幼兒的書寫特質、認知能力與情感世界

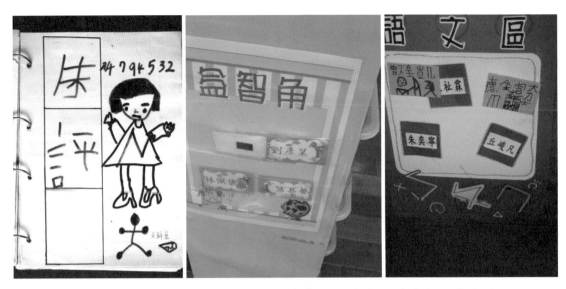

相較於老師製作的名牌，幼兒自行書寫的名牌充分展露個性與自信！

讓幼兒自製標示牌不但能提升其成就感，更能強化其自律行為

幼兒自製的標示牌充滿個性與創意

提供幼兒個人置物櫃是引導其生活自理的第一步

對自己生活物品的自理自律是幼兒融入社會生活的第一步

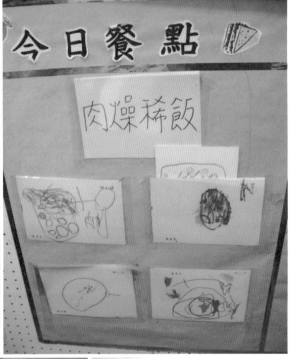

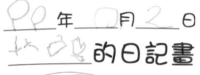

參與一天作息的運行是引導幼兒融入社會生活的絕佳策略

　　最糟糕的學習環境規劃莫過於教師未深思熟慮，任意擺放教材與設施，不但無法辨識其學習目標或用途，甚或任由其髒亂、空置。如此非專業的教師行為毫不關心所呈現的教材與設施是否符應幼兒發展需求，更不在乎幼兒如何選擇教材；如何操作是否有效學習。凡此教師行為對幼兒學習與發展的影響是無法估算的！

當教材不符幼兒的發展階段時，只會造成「亂玩」或破壞

不符幼兒學習本質的教材，如何誘發幼兒的學習動機？

 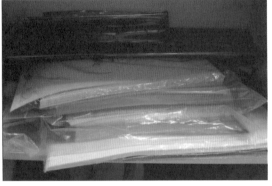

這樣的教材呈現方式，方便幼兒取拿？能引導幼兒有效學習？

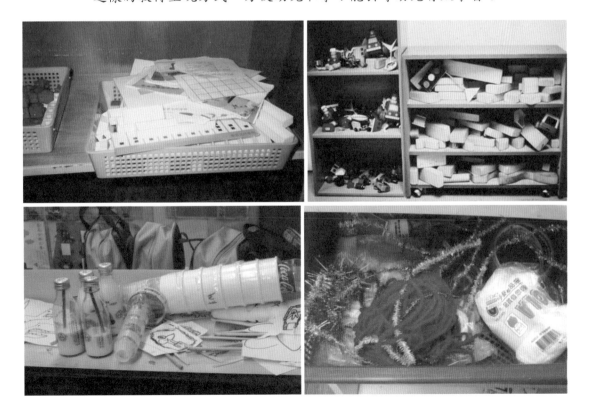

隨意堆放、凌亂不堪的教材呈現對幼兒的學習效能與生活習性的影響為何？

空置的籃框，不能即時補充／更換教材的教具櫃要傳達什麼訊息給幼兒呢？？

CHAPTER 6

論述秩序與教育場

　　承前所言，認同的制度化與組織化，讓人的一生為各種大大小小的組織所包覆，其中最龐大，也影響我們最深遠的組織系統即是學校，任何學校形式，正式或非正式的，皆屬於機構式組織，一種特殊的群聚行為。教育場何以特殊？為何當老師「不在場」就易讓學子陷於異化的境況？

第一節　教育場域的特殊性

　　「教學工作」是一門專業更是一門藝術。Zumetal 與 Solomon（1982）將「專業」一詞定義為：「在工作上運用高級縝密的知識，以為判斷及行事的準則」。其中「判斷」是一種認知過程，乃指一個人運用其特有的專業知識分析事件的前因後果，思考各種可能的行動或策略，並同時評估該行動或策略所可能造成的結果。「行事準則」則指一專業人士不會因其個人偏好或情緒狀態，都會維持一定的行事水準。各個專業在培養其專業人士時，都會有其特定的方法與程序，來建立所屬成員應具備的專業知識與行為的準則。有別於一般職業，教育場域的特殊在於：

（一）一門面對「人」的工作

　　韓愈言：「師者，傳道、授業、解惑」，教育工作強調的是身教與言教等潛移默化的感化力量。而人的發展性、可塑性、自主意識與個別差異性等特質更說明教育工作是無法如製造、管理物品般，在限定的時程，以統一的標準規格或方式，達成既定的目標。

（二）無遠弗屆的影響力

　　教育是一種面向大眾福祉，非營利取向的公共服務業，更是一門人才培養「百年樹人」的工作。一個國家的教育普及與水平，可謂是國力與社會發展的關鍵指標。而華人社會「一日為師終身為父」的傳統意識更揭示，師生關係的影響力是長遠的，不會因教學任務結束而消失。

（三）工作情境的不確定性

　　與其他專業領域比較起來，「教學」所處的情境是相當複雜與多變的，因為它是一門面對「人」的工作，有著複雜的「個人的」與「人際的」問題，隨時隨地都會面臨必須立即行動與價值判斷的取捨。從微觀的角度來看，一個老師必須時時思

考如何將「課程內容、進度」、「作息安排」、「環境設施」及「學生個別差異狀況」等向度，做最好的結合，有效達成教學目標。從宏觀的角度來看，在後現代的今日，科技創建與網絡資訊瞬息萬變；知識發展一日千里，各種理論與意識型態時而更替，使得原本只能由少數權威者所操控的人類生活內涵與價值體系，變得越來越多元、多變。易言之，當今社會沒有一套學說理論是可以放諸四海皆行得通的。在這樣的社會環境下，更增加了教育場各種「不確定性」，舉凡課程規劃、教材選用、教學評量，乃至行為輔導，每位教師都擁有很大的「權限」，而這種「權限」，卻也很容易讓教師陷入專斷意識而不自覺。身為教師者更需考量社區特質乃至整個社會脈動，才能培育出能為社會所用的人才。

（四）工作人員與服務對象權力地位間的懸殊

教育場的師生關係是一種上對下，不對等的權力結構，尤其在華人社會，「一日為師終身為父」角色地位，更凸顯這種不對等的權力結構，也因此常易導致老師的「濫權」，傷害到學生的權益不自覺。而這種不自覺情況，在面對毫無權力意識與自我保護能力的嬰幼兒時，更凸顯其違反專業倫理的可能性。易言之，教師工作除了充滿個別性與不確定性，更蘊含倫理性。

（五）多面向的人際場域

教師的服務對象不單純是學生而已，更涵括學生的家長與社區大眾，尤其在幼兒園，家長的角色運作更具關鍵性。當這些角色的需求相互牴觸時，亦即，服務群間的利益衝突時，該以誰的需求為優先考量已不單是教育本身議題而已！例如：當幼兒園家長要求的課程內容與教學方式與幼教專業本質相衝突時，教師必須面對學生流失與維護專業水平間的兩難抉擇。

據此，教育場的特殊群聚關係讓教育場不只是純然的靜止物理性空間，而是一個深邃、多元的人文與社會關係；讓原本靜態的物理性空間，產生了社會性轉向，成為一個滿載象徵性符號與文化資本爭衡的場域；一個充滿知識與權力爭衡的政治性空間，尤其是當一個工作職場對其服務對象的權責或影響力越大時，如幼兒園、醫院等，其所需面對的專業倫理問題也越複雜。

第二節　教師工作的政治性與倫理意涵

　　承上所言，教育場滿載知識與權力的張力。P. Bourdieu 的文化社會理論特別關注社會知識分子生活「場域」所承載的階級權力及相關場域政治問題。A. Gramsci 認為：「所有的霸權關係都必須是教育關係」（1971: 350）。為建立並鞏固領導權，現代國家統治者或社會領導階層必會操控、動員各種教育與文化等意識型態運作機構，以獲取民心。藉由語言符號所承載的意義，支配階層得以規範社會的生活內涵，將霸權的理念原則、價值觀加以制度化。因此，與其說社會大眾對支配階層權力的默許，不如說是對其意識型態的同意，其顯示社會大眾與支配階層間的關係，不但是權力讓渡，同時也是精神上的讓渡。霸權的意識型態支配著社會大眾的生活現實，也決定了階層化的人際網絡。易言之，此意識型態的滲透現象，實則是一種「政治社會化行動」。而在現代化國家，擔負「政治社會化」意識型態滲透機構中，最龐大、最有制度與計畫性的便是教育系統；各級學校便是政府或主流階層論述權能關係運作的最末端機構。因之，學校教師便是再製此權力關係的「載具」；教師透過日常教學活動的灌輸，讓社會大眾在不知不覺中接受了有利於統治階級的意識形態，成為意識形態國家機器。學校教師與文化霸權乃是共生結構，因此學校可謂是觀察一個社會論述秩序與霸權運作機制的最佳場域。

　　以資產觀念來看，學校除了有支配經濟性資產的權力外，更擁有符號性資產，亦即能夠保存、運用文化財。這些學者所要強調的是，作為一種政治社會化的機構，學校在傳授知識上所扮演的角色決不是中立的。從古至今，學校或其他社會化機構，在某個時空背景下，總是選擇性地強調某些價值觀與行動，而忽略甚或壓制非主流者，以符應主流文化或為當權者背書。這些社會化機構的力量都涉及文化的再製。也因此，無論在潛在或顯性課程的施行上，學校無可避免與社會種種不公義現象息息相關。例如，在威權時代，學校教育被視為「精神國防」，不符此價值意識的行為或價值觀即被壓抑或予以「消聲」，而成就社會單一理性的文化氛圍。對未成年的學子而言，若長期在此文化氛圍的洗禮下，對其自主自發與創發能量的「稀釋」力道可想而知。

　　簡言之，教育現場基本上是一個由各種不同甚或相衝突的意識型態與利益相互角力所形成的場域。此權力結構課程觀認為，學校課程研究或改革，應先檢視學校課程為什麼階層？什麼霸權服務？其所隱含的正當化意識型態為何？在課程知識的選擇與組織過程中，不同社會團體如何協商與角力等政治性意涵？揭露權力間的角

力衝突、協商與中介的過程。

長久以來教育被誤認為中立的角色，其任務在於傳遞人類共同生活的知識技能與規範。然而這樣的觀點掩蓋了國家機器對教育掌握的事實，忽視了教育中的政治性意涵。因此，批判教育學者的首要任務，便是從社會階層、宗教、文化、經濟等深層結構的角度出發，爬梳潛藏於傳統的教育論述秩序。Gramsci 的文化霸權（Cultural hegemony）理論，不但指出了霸權建立所涉及社會力量的多元性，刻畫階級力量錯縱複雜的結盟與對立關係，也同時點出意識型態無遠弗屆的穿透力。然權力既是一種關係性的存在，唯有教師的肯認，文化霸權才能遂其支配與領導功能。此提醒我們，教師作為社會最龐大的社會知識分子群體，我們需以網絡性思維和批判性的視角，反思教育工作者的角色意涵，探究學校教育與社會文化結構間複雜關係，洞察學校教育在霸權運作過程中所扮演的關鍵性位置與功能。

Richardson 和 Placier（2001）認為，近年來各國教育改革的基調是由外而內，由上對下的對老師的要求，此策略的基本預設是，教師不具主體意識。在科層化體制、全球化與經濟理性高唱的世代，教師生存境況普遍瀰漫著無力感，教師的教學內涵與方法並非基於人之存有價值作為出發點，而是在管控世界進入學生生活的方式，在組織一個過程，堆積資訊來填塞學生的心靈，以致壓抑、破壞學生的能動性，被教育成像是個局外人；只是旁觀或適應世界運作的方式，而非「進入」世界，去體驗、關心或改變它、創造文化。因之，教育改革的核心是回歸對教師與學子主體性開展的關注。

受到 A. Gramsci 霸權概念的啟發，R. Williams、M. Apple、H. Giroux、P. Maclan 等歐美批判教育學者不斷揭露現今「新自由主義」思潮所造成的教育體制的危機，指陳教育相關理論、政策與課程的產出與施行所涉及的不只是技術上的問題，更是政治性的。Apple 曾言：「學校，尤其是課程，基本上是霸權的代理人，擷取支配階層的智識成為學校的正式課程，將這些課程所潛藏的階級、性別與種族意識合法化」（1996: 6）。這些社會批判學者認為，學校不是一座價值中立的象牙塔，而是滿載政治、經濟、種族、性別、性向乃至宗教等意識型態與權力爭衡的場域。因此，教師不應單純扮演知識的傳輸者，更應掙脫國家機器代言者的傳統角色。H. Giroux（1988）提出「轉化型知識分子」（transformative intellectuals）概念。其核心理念是「使教育更政治化，政治更教育化」[1]。他認為教師雖是國家機器代言者，

1　making the pedagogical more political and the political more pedagogical

但卻同時擔負解構、轉化社會結構的責任；是一種矛盾的存在。教師需體悟學校教育既是意義競逐，也是權力關係競逐的政治性場所，應積極讓學校成為轉化社會壓迫境況的場域，而其中的關鍵便是培養學生批判反思能力的社會公民，將知識「問題化」，揭露課程知識選擇機制所潛藏權力關係的理論架構、創造政治方案、加入社群生活轉化社會。

Freire 強調「人性化」一直是人類所面臨的核心問題：「以人作為一個能覺察到自己未完成的不完美之存有而言，在人類歷史演進的脈絡下，無論人性化或非人性化都是人的可能性……但只有前者才是人的存有志業（vocation）」（2000: 43）。他認為「人的存有志業」就是要成為一個能在世上活動及進行改變的主體，唯有如此，才能使個人與群體的生命更加豐富，也才有更多新的可能性。然人性化志業常因種種不公的社會結構而使得壓迫者與受壓迫者都處在一種非人性狀態。但重要的是要體認，非人性化狀態雖是人類歷史的一種可能與事實，但卻不是歷史的宿命，因之恢復人性化成為 Freire 批判教育學的核心價值與起點。

Freire 始終認為：「教育是一種干預社會的人性行動」（1998: 99），此主張蘊含著希望、夢想或烏托邦的世界，也傳達出教育的政治性（political）本質。「教育的政治性本質源於人的可教育性。而此可教育性又根植於人的未完成性及人對此特質的覺察，因此也衍生於人的歷時性存有。人對自身未完成性的覺察，讓我們面臨各種抉擇，因之使我們成為倫理性的存有，去超越非倫理性的存有」（1998: 99-100）。他認為「教育即是政治」，「教育不是用來馴化民眾，便是用來解放民眾」。世上沒有所謂中立的教育，總具有意識型態的意向」（Freire, 2000: 116）；教育的整體活動是一文化競技場，在本質上是政治的，存在於師生關係、教室的教學方式、老師課程的規劃、教材的選取等等，無一不隱含權力、族群、階層與性別間的角力運作關係。因此，教育事務的重要性在於揭露教育過程的政治性本質，讓我們看見經濟、政治、文化與權力等結構所造成教育現場種種不公平的現象。

綜論之，這些學者長期以來所奮鬥的即是將有關學校課程研究，跨出價值中立的角度探討效率或技術上的問題，轉向文化與政治層面，緊扣「知識」與「權力」間，以及意識型態與社會結構間的辯證關係進行探討。這些深具啟發性的論述，目的皆在引導我們揭露課程內容、組織原則、教學策略、評量方式等日常教育實踐中所潛藏的權力關係與運作架構，嚴肅面對在課程知識的選擇與組織過程中，權力的源頭為何？不同社會團體是如何協商與角力，其效應又是如何等問題？以揭露潛藏不公義的社會控制，還原教育的本色。

第三節　幼兒園現場的論述秩序與人倫危機

　　與中小學不同的是，長期以來台灣幼兒教育課程發展向來沒有太多「國家權力」與「官僚體制」的管控，不但沒有專責的主管機關[2]，亦無所謂部訂課程綱領針對課程目標、授課科目與時數及教材大綱等具體事項加以約束，因此在課程規劃上一直有著相當自主的空間，從無所謂鬆綁的呼求。在此脈絡下，我們的幼教課程所發展出的圖像為何？而此圖像是在什麼樣的歷史文化及社會脈絡中孕育而出？其所潛藏的意識型態為何？

　　根據歷年全台各縣市幼兒園、托兒所[3]評鑑報告及學者們所做的調查結果，發現一般幼兒園在課程與教學的實施上，普遍存在下列五種狀況，而這些狀況是彼此相互勾連的：

1. 課程內容與施行方式脫離幼兒發展本質與生活經驗

　　在這些評鑑與學術性調查報告中，顯現大量使用市售現成且制式化的紙本教材，乃現今幼兒園相當普遍的現象，尤其是私立幼兒園。這些市售套裝教材的編輯以分科為架構，內容偏重數學、注音符號、美語等靜態讀寫算、抽象的認知或語文學習經驗為主。而老師在使用這些教材時，也大都以團體示範講述方式進行，並不斷要求覆誦、紙筆書寫、演練以求精熟。

　　另外為迎合家長的需求與期望，進行注音符號、數字演算、國字書寫或電腦、心算等才藝教學，並強調立即的學習成效與表現，甚有以工廠生產線的方式，要求幼兒做出制式的美勞作品，以取悅家長。而節慶化裝舞會，學習成果發表、歌唱表演等，更是一般幼兒園的常態活動。就如評鑑報告經常出現的字句：「觀察紀錄流於形式化」、「老師無視課程內容、教學目標與幼兒實際的行為表現，但求完成既定的活動」……。這些課程活動充分反映，一般幼兒園的課程規劃完全是以大人的價值觀為主導，甚且迎合世俗觀念，大玩形式遊戲。

2. 拼盤式的作息安排

　　為配合市售教材的分科課程規劃與家長要求，一般幼兒園的作息表上都可看到八至十種的零碎分科課程安排。而作息安排的另一奇特現象是出現「生活美語」、

2　長期以來，教育部或內政部未針對幼兒園所設置專責主管部門，遲至 2012 年「幼托整合」後。政府實施《幼兒教育及照顧法》，將兩歲至入國民小學前的幼兒得以在幼兒園接受完整的教育及照顧服務，將幼兒教育及照顧服務合併成單一行政系統，隸屬國民及學前教育署。

3　幼托整合政策實施前，台灣幼稚園與托兒所分屬教育部與內政部兩個管轄系統，收托年齡有所重疊，但師資與保育人員的培育亦分屬不同的學校系統。

「蒙式教學」、「單元主題」、「建構數學」、「方案課程」等不同學派或課程觀同時並列的「混血式」課程安排。更甚者，一旦某種課程不再「流行」，就會從作息表上減少時數或消失，換上最新型的「產品」，如將「單元活動」換成「方案」、「美語」等。而零碎分科的課程規劃，也讓幼兒們耗費相當的時間在進出教室、排隊與等待的時間轉換過程。

3. 制式化的空間安排

　　零碎分科式的課程實施，多以室內團體靜態的方式進行，也因此一般幼兒園在空間安排上，多呈現如中小學教室桌椅填滿的狀況，少有鼓勵自由探索之遊戲區規劃，即便有也常呈現毫無學習氛圍的景象。就如評鑑報告上經常出現的的描述：「多數幼兒園室內活動室空間狹隘，不符每位幼生室內 1.5 平方公尺，室外 2 平方公尺之比例」、「缺乏戶外遊戲空間，甚有遊樂設施置於地下室」、「空間規劃過於人工化，缺乏可以讓幼兒接觸自然環境的機會」。單調、制式化的空間安排，可謂是台灣幼兒園的一大標記。

4. 脫離本土社會文化脈絡

　　上述課程與作息安排的現象正說明追趕流行、刻意迎合各種顧客的需求，「人家有我也要有」、「輸人不輸陣」等表象事物與商業氣息，充斥整個台灣幼教現場。而當此市場導向氛圍在「國際化」論述與教育部推動「小學英語課程」的加持下，幼兒美語教學如燎原之勢燃燒全島的結局是不令人意外的。「美語教學氾濫，幼兒教室中的英語字彙海報、圖書比中文還多，幼兒彼此以英文名稱呼，甚有向老師告狀說『有人講中文』」、「小朋友被叫慣了英文名字，用中文點名竟然沒人喊『有』」，這些是近年來出現在評鑑報告中的字句，成了幼教現場的最佳註腳。全面以美語進行課程，是當前私立幼兒園招生的唯一利器，也導致 "No Chinese" 成為老師與幼兒朗朗上口的標語，甚或是老師獎賞幼兒的標準。除此外，西洋情人節、感恩節、復活節、耶誕節等歐美主要節慶活動，更是一般幼兒園的「學期重大行事」，家長們更是樂此不疲地為孩子們布置聖誕樹、準備耶誕節禮物、規劃萬聖節化裝遊行等慶祝活動，卻無人關心這些節慶的真正意涵。

5. 缺乏哲理基礎的課程

　　民間出版商所出版的各種套裝課程、材料與教學資源，幫助老師省去不少時間與精力，但也使得課程決定權由教師手中轉移至商人之手。若問幼兒園的主管在選擇市售教材的判準為何？所得到的答案並非是教材內容或哲理的合宜性，而是便宜、有附贈品、設計新穎或提供免費的教師講習等無關課程本質的行銷策略，而教

材編輯的幼教專業經驗與學理背景更是無人關注的死角。

　　再者，台灣幼教課程理論長期以來一直借鏡歐美學派哲理，但若能深耕並加以本土化，未嘗不是一樁美事。然為了追趕流行，一般幼兒園經常在未能全盤了解每種課程模式的歷史社會背景及其教育哲學基礎，更不去探究不同課程間的理論是否能相容，都只是「現學現賣」，做些皮毛的模仿而已。各家學理在我們的幼教現場始終缺乏本土性的檢證、轉化與自我批判的考驗。在這種欠缺理論與實務的對話及理性批判的基礎下，許多荒謬絕倫的「掛羊頭賣狗肉」與「混血」現象，在我們的幼教現場倒被視為一種「理所當然」的常態。例如，除了上述美語學習狀況外，許多老師在參加兩三個月的訓練課程後，便自稱自己是「奧福音樂老師」、「蒙氏教師」等。到歐美等國參觀 Raggio、Waldorf 幼兒園十多天後，便掛起「瑞吉歐托兒所」、「華德福幼兒園」招牌等。標榜「建構式」數學，但卻見老師以教具，團體說明示範操作的方式，再由幼兒模仿演練說出答案，甚或只以簿本說明，然後由幼兒將答案寫在空格上，學期結束前還會有統一的紙筆評量卷，測試幼兒的學習成效。另一常見的實例是將「蒙氏課程」與一般課程夾雜，成為每週一至二小時的訓練課程，由老師集體或分組示範操作，再由幼兒模仿演練之，或將之當作一般教具使用，讓幼兒在喧鬧不已的活動室中，自由耍弄，老師並不會刻意去了解每一位幼兒的學習過程與成效。此外，更有將蒙氏課程安排成「短期才藝班」，另外收取費用。

　　2012 年教育部實施新課綱[4]後，主管當局積極推動各種監控及輔導策略，試圖找回幼教現場應有的專業圖像，但上述課程規劃與施行現象似乎仍未見緩解。什麼樣的論述秩序與意識形態架構了我們現今幼教現場的課程內涵與施行圖像？

　　目前幼兒教育並未正式納入國民義務教育體系，在長期缺乏政府合理行政資源與經費奧援下，一般幼兒園，尤其是私立（民辦）者，勢必以「營利」為運作的基調，此原是無可厚非之思維，然當教育主管當局未能注意少子化、獨子化等幼生人口結構趨勢，不但大量增設公幼，又未能進行總量管制，使得幼生人數與幼兒園數量呈現逆向發展，讓幼兒園招生無可避免地陷入惡性競爭。尤其是私立／民辦幼兒園經營者，在敵不過生存壓力下，紛紛採取「市場機制」，以「客服化」、「商品化」、「精算成本」及「規格化」等開源節流策略為其組織運作的最高運作原則。在此「市場理性」的架構下，一般幼兒園最大的利器便是將「課程商品化」，亦

4　《幼兒園教保活動課程大綱》。

即，如何提供顧客（家長）所需的產品、方案，並加以包裝以吸引顧客。諸如：「購買印刷精美的市售套裝紙本教材」，推廣「讀寫算課程」，廣開各種才藝班（珠心算、MPM 數學、電腦等），以滿足一般幼兒家長的價值觀，而「全美語班」更是近年私立幼兒園求生的不二法門。此外，「超收幼兒」、「縮小教室面積」、「提高師生比例」、「精簡人事」、「低薪聘用無證照的教師」、「聘請兼任才藝教師」則為一般幼兒園精算成本的必要策略。從家長的立場而言，教師學歷及專業並不是家長選擇幼兒園的重要參考值，家長最在意的是有無美語、才藝課程，教師是否有愛心，其次才是專業素養。因此，在「營利」取向幼兒園創辦人眼中，各種才藝教師與美語教師的重要性大過沒有「專長」的幼兒園教師。再者，薪資耗費向來是任何機構最大比例的經費支出，在角色功能的重要性與降低成本的雙重考量下，當可解釋為何一般幼兒園要聘用兼任的才藝教師與無證照教師。除了開源節流外，更重要的是，任何產品與組織運作要都要加以「規格化」以確保服務內容齊一、降低經營成本，以獲取最大的「剩餘價值」，然後將此等「規格化」的運作策略，加以「複製」開設分園，更是連鎖性幼兒園運作的基調。

在市場法則的運作，以及家長望子成龍、不能輸在起跑點上等論述相互幫襯、參照下，形成一張深不可測的「論述秩序」，操控著幼兒園的課程發展方向與實踐內涵，加之媒體宣傳的推波助瀾，幼教課程商品化已成為幼教社群共同的記憶與文本，讓眾多幼兒園有恃無恐的將幼兒園課程簿本化、才藝化，視之為「正道」；才藝教學、簿本教學等同幼兒教育之課程思維，瀰漫著幼兒教育現場。市場導向凌駕專業良知，消費者權力超越市民權，個人獲利壓倒公共利益成為理所當然爾的主流文化。近來此論述秩序更融入「幼兒階段是語言發展敏感期」、「國際觀的培養」等論述，其操演能量更讓幼兒美語教學如燎原之勢燃燒全島。相形之下，堅持幼教理念的反被「問題化」，成了被排除的「異類」。我們要進一步質問，什麼樣的意識型態或支配性論述黏和了此幼教現場的論述秩序？

如前所言，影響當代社會運作最劇的制度即是「資本主義」。在資本主義的大罩棚下，現今各國政府的公共政策皆瀰漫績效責任，大幅縮減對非營利機構或非市場領域的經費協助。亦即，無論在政策決定或意識型態上，以市場機制來管理教育、健康照護乃至交通、國營事業等公共財，此即所謂的「鬆綁」。學校作為政府牧區下最龐大的組織團體，最重要的人力資本培育場所，自是需發揮其最大的「剩餘價值」，以利潤的極大化作為教育品質的指標，藉此迎合全球化的需求。此「市場化」論述正是當前各先進國教育改革的本源。在強調自由、多元選擇、競爭的市

場機制的教育論述下，各級學校（生產者）搖身一變成為商業機構，各種課程也變成為可換取利益的商品，學生與家長則成為教育市場中的消費者或顧客。學校當局為避免遭到市場淘汰，勢必採取「客服化」、「商品化」、「精算成本」與「規格化」等開源節流策略，將教育資源集中開發高報酬的產品，如積極推動受歡迎的課程，剔除不符成本效益的。在此市場自然淘汰機制的運作下，不符家長或學生需求的或不願改變的生產者（學校當局或老師）便被迫離開市場。

而另一個潛藏的宰制性力量，即是華人「萬般皆下品，唯有讀書高」之傳統教育價值觀，讓家長們緊盯幼兒「不能輸在起跑點上」。因此，有無讀寫算課程、簿本作業、各種才藝教學，成為一般幼兒家長心中所認定的幼兒園課程與教學的基本圖像。長期以來，幼兒園課程「簿本化」、「才藝化」，乃至近年的「經文背誦」、「美語化」便是此等圖像的「肉身」／「實相」。

綜論之，長期以來我國幼教現場一直存在「速食式」、「拼湊式」、「由上而下傳輸式」、「填鴨式教學」、「照章行事」等不尊重幼兒既有的生活經驗與學習本質的異化現象。在市場導向與消費至上的框架下，「主體權能」、「多元」、「人本」等教改精神，實已蕩然無存；如何追趕流行，迎合各種顧客的需求，「人家有我也要有」、「輸人不輸陣」等迎合世俗觀念，大玩形式遊戲，充斥整個台灣幼教現場。幼兒教室成了才藝速成訓練場所。有如超市商品運作方式，缺乏統整性的作息安排，可說是台灣幼兒園的關鍵標記。我們的幼教在看似多元的外衣下，其實一直是處在單一理性的僵化樣態。種種幼教現場的怪象，在客戶至上的前提下一一被合理化，幼兒在幼教業者的眼裡不再是一個個有待開展的心靈，而是一張張標示數萬元的有價券，各家學派的課程理論與教材教法則是可以換取這些有價券的有利商品，強調自由、開展的教育哲理，倒成了乏人聞問的過時商品。

近年來美語教學等同幼兒教育之意識型態更是瀰漫整個幼教現場，企圖將之「正當化」（legitimacy）。「美語學習與技藝訓練」、「跟上流行」乃是現今幼教實施現場的主流論述。一種主流論述的形成，常意謂社會大眾對某些事物或價值觀的視之理所當然爾。然當我們未能對此「理所當然」爾的共識，進行批判性的反思，它便成為社會大眾信奉不疑的「意識型態」。而此意識型態中卻經常潛藏社會衝突、對立乃至不公不義的宰制結構。在此霸權氛圍下，凡堅持教育理想、想要落實幼教本質的幼兒園倒成了「異類」；在敵不過生態的罩棚下，選擇退場。一些實務界的朋友常自我解嘲：「現在越堅持理想的，越早關門大吉……」、「除非你家有三棟房子，再來談幼教理想，不要教美語才藝啊什麼的……」。如前所述，任何論述都隱

藏著強大的規訓效力；蘊含意圖性，一套不言自明的特殊意義，「規範」、「定義」乃至「禁止」（無論成文或不成文的，甚或是謬誤的）社群中的人勿踰越邊界，並防止意義的多元發展。此規訓權力性格的可怕在於，當人們逐漸習於某一「論述」時，就被視為是理所當然爾的「理性」、「正道」，不符論述定義或違反其規範者即被視為破壞、威脅社會秩序與運作。

　　上述的幼教施行現象顯露，在凡事以營利為宗的市場化運作思維下，為迎合一般家長的教育觀，教育理想、教師教學品質、合理的師生比、作息安排與空間規劃等攸關幼兒學習品質的重要因子，在幼教現場特有的論述秩序運作下，不是被忽略，就是予以精簡了。「開放式教育」、「主題課程」、「學習區規劃」、「方案教學」等具教育哲思的課程方案與施行，在不具成本效益的前提下，紛紛在幼兒園裡消失，也因此引發另一個嚴重問題──「單一理性」。雖然市場機制強調自由、多元選擇、競爭，然消費者的需求並不一定是多元的，尤其是流行文化當道的今日，反使市場趨向某種產品稱霸的境況，也使得整個市場趨向單一理性。在傳統教育觀的影響下，幼兒家長信奉讀寫算的功效，幼兒園就一面倒推出讀寫算課程，而當美語學習盛行時，不實施美語教學的幼兒園自然遭到市場淘汰。在此種論述秩序的操演與「稀釋」下，我們的幼兒園教室從南到北呈現一種「單一理性」的狀態。但凡堅持教育理想，落實幼教本質的幼兒園工作者倒成了「異類」。我們要進一步關注的是，在此等教育意識型態與論述秩序運行下，我們幼師與幼兒的存在境況會如何？若說人在認同形構的過程中所位居的每個位址，即是一種「權力源」，那麼，我們必須進一步追問，幼師在台灣傳統文化教養觀與教育體制中，究竟擁有多少「權力源」可用以支撐，乃至抵擋、消解破壞其主體權能施行的論述力量？

　　誠如 Bourdieu（1977）「習癖」觀點所提示，一旦一種「論述秩序」在特定的時空場域，符合特定權力結構的利益，吸引眾多人爭相參與，被大量「複製」、傳輸時，即會成為我們認識世界的關鍵視角，而此行為趨向一旦養成便很難撼動，此即此規訓權力性格的可怕之處，當人們逐漸習於某一「論述」時，就被視為理所當然爾的「正道」，不符論述定義或違反其規範者即被視為破壞、威脅社會秩序與運作；同一場域各個主體的自我意識、觀點或經驗被收編、壓抑成為一種人的「族群」，消弭了個體間的分殊性，也很技巧地讓我們都成了「客體」，被「物化」以符應各種規格化的體系邏輯運作。尤其是網絡中的基層者，常在毫無覺察的狀況下，參與此管理體系而得以維持生活現狀，為某些特定的經濟或價值利益服務，甚而接受一元化的意識型態來形構自我的職業認同，缺乏對自身工作的控制權。

　　台灣幼兒園課程施行雖從未有國家機器之框架，然在社會變遷中，傳統文化教育觀與資本主義的雙重夾擊下，形成更箝制性的框架，在政府無法提供合理行政監督資源與經費奧援下，幼教一直是教育系統的「邊緣人」，以至市場化論述「趁虛而入」，成為一般幼兒園的價值大傘，也造就了私有化的幼教文化。在此種論述秩序的運作下，物化了幼兒教育的踐行；現場瀰漫新右派主義律則，「正當化」各種才藝、美語課程，視為生存大法。生產與利益關係主宰了整個幼兒教育的溝通過程，這使原本已非義務教育體制內的幼教論述，更是被排除於「公共領域」之外。而在此等外環境氛圍下，「師資培育系統」與「幼兒園系統的運作內涵」等外在客觀環境又未能扮演強而有力的破解系統。導致我們幼教人共享的價值大傘，逐漸毀損、鬆動，幼兒教育與美語教學、才藝教學乃至小學教育間的「邊界」越來越模糊；幼師被矮化為技術人員，具有反智、失能的傾向，對於自己的教室沒有太多的主導權，在教學實踐上普遍缺乏獨立的思考與批判省思的能力，也因此無形中限制了幼兒園教師對其專業自主性的認同與專業成長的動力，不認為自身需具備課程規劃的能力，更遑論去發展、建構適合所屬地域文化的課程模式。老師不斷以集體方式傳輸知識於幼兒，以規範幼兒，師生間的「我—物」關係是甚少被質疑的幼兒教室圖像。易言之，眾多幼兒園教師不自覺地或被迫陷入非倫理性的存有；幼師的主體權能不是被稀釋為謀取利益的載具或出版社套裝教材的傳輸工具，便面臨主體地位被取替的命運。教師與幼兒的「客體化」狀態可說是當前幼教現場最嚴重的問題。

　　教師作為教育實踐的核心，貴在「成人之美」，然在「角色被取替」或「課程規劃與教材編選假他人之手」的同時，教師也拋棄了專業自主性，從其工作中自我疏離，更與幼兒間存在著距離。我們幼兒園呈現規格化文化所傳達出的訊息，實如批判教育學者 Freire 所描繪的「……最糟的境況是教師在場，但實際上是缺席的」（1998: 63）。在老師「存而不在」，無法自我生成的人格「去能」（deskill）狀態下，不但窄化了家長、幼兒的教育選擇權，讓社會付出巨大資源成本，扼殺民間興學美意，更貶抑了教師與幼兒主體權能的開展。因之，如何洞察當前幼教現場的人倫危機，找回幼教人的生存價值，是刻不容緩的任務與使命。

　　幼兒園是當今世代幼兒學習與成長的關鍵「微系統」，由課程活動（日常活動）、班級成員間互動內涵（人際關係），及教師（角色）所構成的生活場域內涵，可謂是幼兒賴以重生的另一條「臍帶」，而師生關係是互為主體的關鍵「雙系統」，其重要性不言可喻。第一章場景所描述的幼兒園諸多場景，提醒我們，當老師不能

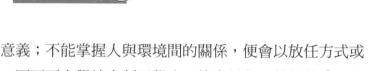

深刻體悟生命的原初與存在意義；不能掌握人與環境間的關係，便會以放任方式或威權者自居以面對教學工作，因而不自覺地宰制了學生，使之異化。教師若「不在場」，那幼兒園的教室自然也會陷入「幼兒在場，但實際上是缺席」的異化境況。易言之，如何釋放孩童天賦的靈動力是我們無以卸責的！

第四節　重構幼兒園現場的論述秩序

　　承前所言，人類發展、學習與身分認同形構過程，可謂是一連串機緣的開展，一種沒有終點的迂迴探險的歷程。在此過程中，相當強調「實踐智」的開展——能在變動不居的情境中，展現整體關照、自我反思、批判與轉化的智慧。凡此都必須在對冒險，對心靈探索抱持開放的氛圍下才有可能達成，而此正凸顯了教育工作者的價值與責任所在。為師者不但要能覺察人的未完成性與自我完成性，更要洞察人與社會間的辯證關係，才有教育的可能性與必要性。因之，教育工作首重倫理性。

　　當前幼兒園現場的人倫危機即是幼兒與教師的客體化狀態；長期以來，幼師不能以自身為主體，形構對自身專業角色與社會關係，而是必須仰看與其他社群存在關係界定之，也讓我們幼教人共享的價值大傘，逐漸毀損、鬆動，幼兒教育與美語教學、才藝教學乃至小學教育間的「邊界」越來越模糊。眾多幼師，或是無意識地內化了社會所貼在我們身上的「類別標籤」，或是無奈地配合之。因之，當務之急是如何在日復一日的作息活動中，師生間得以發展主要雙系統，開展實踐智？如何讓教師角色權能得以充分展現，而非被稀釋為「秩序的管理者」或「知識的傳輸者」？如何讓幼兒的主體權能得以充分釋放？避免異化為「知識的儲存庫」？如何在規訓箝制與主體權能間取得平衡點？凡此大哉問均指向幼兒園的專業圖像，而要找回幼兒園的專業圖像，我們須先重構幼兒教育現場的論述秩序。

　　Foucault（1971）強調，任何論述、意識型態皆有其形成的時空脈絡，從生成、成熟以致衰退，所涉及的皆是種知識、權力與資源分配的過程，然此過程並非靜止不動的，而是一種持續性的流變狀態，因之，總有其開放的潛在空間與可能性。Freire（1998）提醒我們，做人最大的價值與尊嚴就在於人的未確定性與歷時性意識，讓我們得以克服或善用種種因緣條件，去完成我們的未完成性。因之，要相信在科技主宰、效率至上的非人性社會中，改變現實是有可能的，我們仍具有勇氣與能量，能自主地選擇我們命運、維持人性的尊嚴，而要達此目標的關鍵就在於

個人意識的覺醒與改變。這也正是 Freire 所強調的，每一個生命即是一個未知的世界，一種存有的「臨現」。因此，「當我們覺察到自身的未完成狀態，卻不能投入自我的追尋，那將是一種矛盾」（Freire, 1998: 52-53）。人性尊嚴雖有可能被否定、拒絕或蔑視，人生境遇也有可能成為非人性、非倫理性的存有，但卻也同時代表一種希望——人是有能力去介入、改變它。

教育改革的核心是回歸對教師主體性的關注，聚焦教育現場的教師對自我專業角色的認同。沒有受壓迫者個人的覺醒，就沒有社會現實的改變。據此，教師主體地位的重建可說是重建人性化幼教文化的關鍵課題。

簡言之，「論述」既是透過特定觀點再現既定社會實踐的一種語言運用，論述與社會結構間存在一種辯證（dialectical）關係；論述的形構一方面受到社會結構的制約，包括階級結構、社會關係、制度機制、規範等。然相對的，論述對於社會結構的相關向度，亦能發揮建構（socially constitutive）的作用，包括社會認同、主體位置、社會關係、知識與信仰體系等。論述不僅是再現世界，賦與世界意義，亦具有建構乃至改造世界的能量，而其關鍵就在我們能否覺察知識、權力與資源分配的過程。Foucault（1971）提醒我們，一旦能辨識宰制境況的權力關係內涵與運行方式，任何權力關係都有逃脫的空間或破解的可能性。從他所提出五個檢視權力的正當性的面向來看，當前幼教施行最嚴重的問題就在於，幼兒教育被歸入「私領域」論述，扭曲了其原有作為「公共領域」應有的溝通機制，助長了教育現場物化現象。而此物化現象更造成幼師主體權能被取替與失能現象。易言之，在「傳統文化教育觀」、「市場經濟理性」、「失能的政策法令」及「技術導向師培系統」所交織的論述秩序運行下，現今操控我們幼教人的權力網絡運行方式與內涵，是相當一元化的。政府法令制度、幼兒園組織等相關組織體，看似鬆散，但透過種種規訓權力的施展，加劇剝削型幼兒園的宰制力道，相對的，也削弱了學習型幼兒園的提升力道。幼師或幼兒園主管所能施展的空間所剩無幾。此論述秩序的運行，明顯地，已造成「劣幣驅逐良幣」之勢，讓幼兒園成為有心人士謀利的載具。

既然任何身分認同的形成是鑲嵌在社會文化的脈絡中，主體形構與社會結構間存在辯證性關係，那麼，「從哪裡跌倒就從哪裡爬起來」，我們所需做的便是再認同、重劃邊界的問題，此乃人與文化間認同性的解構—重構的問題。我們需對當下習以為常的幼教論述；一個被私有化、個人主義、追求利潤等社會倫理意識所主宰的場域有所質疑與批判，喚醒沉默的歷時性意識，將幼兒教育放回公共領域進行公開論辯。Foucault、Freire、Giroux、等批判學者將文化、權力概念與歷史、政治、

經濟及階級等類目相連結所發展出的文化批判觀點，引導我們揭露知識與權力間的辯證關係，因之，改革必須提升為一種文化深耕的行動，如教育改造聯盟所疾呼的：「教育改革作為一種社會改革，必須直指意識型態的核心改造」。然在幼師主體意識與權能不得彰顯的情況下，我國幼教發展的危機與困境是無法突破與開展的，幼師有必須以自由主體的身分參與幼教總體建設。因之，如何重建被矮化的與失能的幼兒教師主體權能，乃是幼教改革的首要任務。

　　台灣幼師主體性重建繫乎老師自身意識的覺察，且是一種批判性的覺察；唯有我們對自身所處界線處境所浮現的歷史與社會性現實，有所覺察與批判，重估我們習以為常的價值觀，才會發展出一種希望與信念的氛圍，進而開展行動的能力，克服界限處境的限制，重新為之「命名」，改變宰制我們的社會結構。

　　然一個人追尋、實踐生存意義的動力是生而有之的，但卻不是靠個人獨自冥想而成的；人的主體意識不是事先給定的，必有其孕育與實踐的社會場域與所承載的文化實體。易言之，意識覺醒不是自動就會發生的，批判意識與改造行動就像種子一樣，需要有沃土才可能滋長、茁壯。如果說「師培系統」、「幼兒園組織氛圍」、「社區生態」、「教育制度與政策」與「社會文化價值觀」，就像是一塊塊肥沃的土壤，滋養著幼師的身分認同與素養，當這些土壤的養分漸漸流失或根本就是一塊瘠土時，就算老師看得見自己與幼兒的主體性，然在現有的體制與生態環境未能有效支撐下，他又有多少發揮的空間？孤立於惡劣的幼教環境中，再好的幼師也會夭折，選擇出走或同流合污，面對此等幼兒園的生態結構與教師習癖，要釋放幼師的潛力，找回幼兒園應有的專業圖像，猶如不可能的任務，除非有「鬆動結構」的可能性；我們對教師主體性的關懷，讓我們必須以嚴肅的態度面對其所處的因緣條件，進而解構—重構之。

　　據此，我們要如何重建「師培系統」、「幼兒園組織氛圍」、「社區生態」、「教育制度與政策」與「社會文化價值觀」等「沃土」，或加以開墾、施肥，讓幼師得以彰顯其存在價值？今試從「尋找國家介入的合理基點」、「啟動各階層間的『對話』機制」、「培養教師反思批判思考能力」及「建構學習型幼兒園組織氛圍」等觀點闡述之：

（一）尋找國家介入的合理基點

　　無論是從個人的發展需求、因應家庭結構變遷或社會人力資本的角度考量，對於幼兒教育的發展，國家都應扮演積極介入的角色，提供家長與幼兒優質的幼兒

園，讓父母無後顧之憂，更確保幼兒在優質的環境中，學習與成長。然綜觀我們政府對於幼兒教育所投注的軌跡，總是在「放任」、「不介入」與「過度介入」兩個端點中打轉。

30 多年前，政府長期以援助式、補救式的心態去面對幼教現場問題，總是跟著民間跑，以致政策失能乃在意料之中。近十多年來，政府又一反常態，針對幼教現場經年的陳痾，陸續推出「幼兒教育券」、「五歲幼兒教育義務化」、「友善計畫」、「幼托合一」等政策，積極介入幼教市場，冀望藉由國家的力量，改善幼教品質。這些政策背後的預設，直指私立幼兒園的種種不是，認為盡是暴露市場埋性的弊端，因之需加以矯正，甚或關閉「民間興學」大門。民間興學本是美事，放眼世界各國，為人稱道的幼兒園系統，從「蒙特梭利」、「高瞻」、「華德福」、「瑞吉歐」等系統皆源自民間力量。然在台灣諸多私立幼兒園創辦人雖有志實踐幼教理念，唯敵不過市場經濟理性，只能黯然退場或隨波逐流。但要問的是，兼辦式的公立幼兒園辦學績效，可有充分展現幼兒與幼師的主體權能？體制外的台灣各鄉鎮公立村里托兒所[5]所暴露的種種弊端，對幼兒、對幼兒教師之宰制，恐有甚於眾多私立幼兒園。

我們已看到「幼兒教育券」的發放耗盡數十億經費！然並未達成其所宣稱的拉近貧富距離、遏止不立案幼兒園比例或改善幼兒園品質的政策目標。尤其在現今在國家整體經濟困頓之際，政府可還有餘力推動「五歲幼兒教育義務化」、「友善計畫」、「幼托合一」等計畫？「過與不及」皆非良策。政府當局應思考的是，為何幼改 30 餘年，幼兒園新課綱實施也近十年了，但信奉市場法則依然是幼教現場「那隻看不見的手」。現今教育部及各縣市皆已設立幼教專責機構，為何仍有幼兒園選擇不立案？又為何必須奉市場法則為圭臬？近年更出現「流浪教師」窘況；具有合格幼兒園教師或教保員證照的人員滿街跑，甚或有人即便具任教資格卻選擇轉換跑道，不進幼兒園。易言之，幼兒園教師的社會地位仍在邊緣徘徊，仍未完全撕掉「勞工化保母」的社會標籤。

在未定位國家介入的合理基點前，任何政策恐都難逃失靈的下場，眾多幼師們也難解脫被邊緣化的命運。在民主化的社會中，對於幼兒教育的發展，政府應當扮演的角色，既非如新右派所強調的將教育交予「那隻看不見的手」，亦非如過往的中小學教育背負精神國防的框架，過度介入。當今要務是釐清幼兒園在國家教育體

5　「幼托整合政策」實施前，各鄉鎮所設立之公立托兒所。

制上之「學校」定位，還給幼兒教師應有的法令地位，提供合理的行政資源，並善盡政府監督之責，藉此讓幼兒教育返回其「公共領域」的面貌，而非個人營利的載具。此外，如何在幼教公共化與民間興學間取得平衡點？尤其在台灣私立幼兒園高達七成以上的現況下，如何充分展現民間興學的美意？如何釐清幼兒園與才藝、美語補習班的「界線」？更重要的是，如何促進、支持「學習型組織氛圍」的公私立幼兒園，讓幼師能在反饋機制中，開展實踐智，轉化對幼師身分的認同內涵。

(二) 啟動各階層間的「對話」機制

　　20 多年來，政府投入相當多的人力與財力進行幼改，然幼師社會地位低落，缺乏自我身分認同的問題，仍一代代地再製，居高不下的教師流動與流失率，不但造成社會成本的巨大損失，對教師主體權能發展與這對幼兒的學習，更是一大災難。因此，我們要問的是，我們的幼改政策總是失靈？誠如 Freire（2000）所言，許多政治與教育計畫之所以失敗，往往在於他們的設計者，只基於自己對現實的觀點，卻未顧及處境中的人，因而使得計畫未能觸及核心，改革行動者不能自視為救世主，更不能閉門造車，必須要與受統治者／既得利益者站在同一陣線。受統治者／既得利益者與領導者都是革命行動的主體，而現實則是兩者間的媒介。同樣地，在面對大環境宰制之際，絕大多數的幼教人都能覺察自身的存在狀態，無論是消極形容自己是「台傭」、教師群中的「細漢仔」[6]、「童養媳」等自我貶抑的態度，或積極走上街頭，但卻很難自我增能形成群體意識，走出「去能」狀態，找回自身的主體權能，為何？

　　Freire 曾言「沒有教學不蘊含學習本質」（1998: 31），同樣地，我們也可以說，沒有改革不含學習的本質，而學習的關鍵就在於對過去、當下與未來抱持智識性好奇心。易言之，我們普遍缺乏「解構─重構」意識；無法將現實文化「對象化」，以旁觀者身分看待自身。在此「解構─重構」的過程中，我們自會發現過往未能覺察到的處境結構，一個個原本看似不相關的事物，串聯成一個軸線重新浮現在我們面前。此時，駕馭我們生活運轉的世界觀便開始「顯影」，讓我們看到事事物物的根結所在，進而將之重組，賦予新意。Freire 批判學說亦強調，喚醒「歷時性意識」，乃是走出人倫困境的關鍵機制。然此「解構─重構」；「熟悉的事物陌生化」的智慧，並非是單靠個人冥想就可完成，更不是可由他人規範之，而是需透過「對

6　閩南語：不受重視的么子。

話」。Freire（2000: 87-97）提醒我們，為生活世界「命名」（coding）[7]或「再命名」，並不是一種特權，每個人都有敘說自身的生存世界，為世界命名的權利，當「命名」行為來自命令，或是由某一群人所獨斷，那就形成「宰制」。因此，找回自身的發話權力，進而營造「對話性的邂逅」，是產生「新的認同」的關鍵機制，更是消解宰制結構的要件。

　　易言之，「對話」的關係與處事態度，能夠讓人對自我產生好奇，促發自我的探索與省思。也唯有如此，人才能真正涉入他者的世界，對他者的好奇與關懷，能夠站在對方的立場，理解對方的處境與需求。然當教育當局或歷年主導各種幼教政策訂定與推動的主管皆未曾真正涉足幼教界時；在完全不了解或不願意了解幼教生態與文化下，如何能擔任政府與民間的橋梁？如何能以理解、開放的態度，綜合各界的聲音？而教育相關立法委員也未曾「走進」幼教現場，聆聽第一線工作者的聲音，只有在選舉期間，以插花的姿態出席各種公聽會場。在此狀況下，如何能為民喉舌？爭取合理的行政與財政資源，制定符合社會現狀與未來發展的「政策法令」？再者，從歷年來的幼改計畫與出席公聽會的人員結構，少有現場基層教師參與或出席的現象便可知，我們的幼改推動者，總是與現場工作者處於相互疏離的狀態。每次相關公聽會進行的時間幾乎都是幼教師上班時間，尤其在私立機構服務的幼教人員是無法請假出席的，因此其發聲權間接就被剝奪了。然更大的原因是，多數第一現場的教師，不關心甚或不知道相關的幼教政策公聽會與自身有何關係。在無真正「對話」的基礎下，公聽會每每陷入充滿對立的意識型態氛圍；不同團體為了自身的教育資源與利益，總聽不進對方的聲音，更無法涉入對方的「文化」領域，也讓整個會議模糊了焦點。

　　Freire 的「對話學」可說是為我們的幼改做了最佳註腳。在缺乏「對話」機制的狀況下，政府當局、幼改學者與基層幼師們總是無法相互涉入彼此的世界，共同進行改革；總是無法進入自身所處的歷史、政治與經濟的脈絡。這正可說明，政府長期以援助式、補救式的心態去面對幼教相關政策的決策與推行。在未能從歷史中「學習」、「看到」幼教長年所累積的陳痾前提下，幼改的失敗是一種歷史的必然。當主政者或不同立場的社會團體皆不能以開放、好奇的胸襟，相互涉入「他者」的歷史與文化脈絡時，其後果就是全國上萬名幼教師的工作權與專業發展以及幼兒的受教權成了祭品。

7　符碼化。

　　人際社會的本質是多元複雜、流動的，一旦某個文本、規範與言說誕生，勢必就有各種聲音出現進行各種解讀，任何一個文本若不能在公共論壇包容各種不同的聲音，經得起各方的批判與反思，就不是一個好文本，而任何文本規範都可以重新解釋，這就是後現代精神與遊戲規則。然「遊戲規則」的制定是建構出來的；是在社群互動中產生的，非一言堂行之。法令不管如何鬆綁、權力不管如何下放，最低的社群秩序與共識仍是最後底線，否則眾聲喧譁，卻各唱各的調，完全不顧遊戲規則，社會亂源自此生。Habermas（1974）所倡個體認同與集體認同間的辯證關係之理念，提供我們一個思考的出路，在多元當道的現今社會，要讓各種不同的聲音與生活方式共處的關鍵在於建立一種溝通與論辯的成熟政治文化，而成熟的政治文化又有賴於每個個體透過溝通能力的獲得。刻不容緩的是，我們需在學校、政府及其他任何社會性機構，創造一種情境或機制，讓所有的人都可以在無宰制地參與意義及價值的創構與再創構。從上層積極建置幼教專責管理機構，統籌幼兒教育與保育事務，建立教育經費分配的合理性與公平性，落實評鑑制度等，乃至在基層推動學術性專業社群組織，透過各種會議、講座、網絡、經驗分享、成長團體、行動研究等機制等，讓每個幼教人，包括：父母、老師、幼兒園主管、學者、政府行政人員，以至社會大眾，充分表達自我觀點與經驗，進而能「跨界」，設身處地站在他人立場看世界，避免落入「一元」價值陷阱。

　　身處台灣社會邊陲的幼兒教育，要對抗社群記憶與文本，不是任何個人自怨自艾或上街頭呼口號就可達成的。在後現代境況孤掌勢必難鳴，必須形成權力社群，共同發聲。然權力不是天上掉下來的禮物，是奮鬥而來的。如何重申幼兒教育作為公共領域的立場，結合各方力量，打破社群意識，積極建立主政者與人民間誠真的「對話」機制，讓政府主管人員、學者、幼兒園主管、現場教師共同分享權力，也分擔責任，以重建幼教文化，喚醒社會大眾對幼兒教育專業的尊重，是我們共同要戮力的。當今台灣已出現「流浪幼師」，而美語補習班大量吸收幼兒的情況下，使得目前台灣私立幼兒教室任教的主角，仍多是一群沒有幼教專業培訓甚或是無任何教育相關背景的人在教「美語」。這是否是現場幼師大都抱持「宿命論」的主因？他們不關心幼教生態，對新知沒有好奇心，因為在幼兒教室中，他不是主角，缺乏「自主權」，因此，他無法或不需要去選擇、判斷什麼是對幼兒最好的課程或學習環境。就算老師看到自己看到幼兒，但在無法突破幼教生態中各種體制的框架時，一位老師如何實踐他的主體性？唯有在肥沃土壤上滋長的教師，才有能量重建其主體地位，進而解構異化的幼教生態。

(三) 培養教師反思批判思考能力

「沒有教學不蘊含學習本質」是 Freire 在其著作《自由的教育》[8] 書中對教育目的、學校教學及對教師角色的預設。對 Freire 而言，「求知」意謂著個人成為一個能知的主體，能對世界加以質疑和改變，而藉由「學習」，我們能重新創造我們對於自身及對世界的看法。因之，「教」與「學」是一種社會建構的經驗，具有影響、改造社會的人類經驗。為達此目的，Freire 認為學校與教室必須成為一個公共的論壇，是一個教師引導學生，共同進行批判性思考，再造社會的場所。

Freire 企圖藉由對教育目的、課程內涵、教學實踐與師生關係的重新論述，喚醒教育者的社會良知，視教育為一種以人為本的存有志業；一種「意識覺醒」的活動，發揮教育的倫理與藝術性本質，看清社會運作的真相，轉化舊有的社會結構與秩序。因之，教育工作的核心價值即在於教師與學生間權能的施展，具有民主視野的教育者，必須能在他的教學實踐中，堅持以培養學習者的批判性思考能力及自主性為職志，引發學生的智識性好奇心（epistemological curiosity）（1998: 32）；一種對自身、對生命、對世界保持永續的創造性，如此才能對既存的價值與知識體系的正當性加以質疑，消弭社會羞辱或否定人性的種種不公、剝削與宰制的結構。基於此，那什麼樣的教育實踐才是彰顯人性的教育，什麼樣的教師圖像，才能實踐所謂「人性化的教育活動」？

Freire（1998: 26-27）提醒我們四周到處都是宿命論者，當人認為所處的當下都是命定的，現狀是無法改變的，自然對於自身與社群過去歷史與現狀間的關聯，無所覺察。在此狀態下，人自然缺乏自我建構能力，無法看見人的成長與轉化的能量。然當多數的老師都以鴕鳥心態面對社會的不公義結構與現象，以為現實是無法改變的，只能隨波逐流時，其可悲的結果就在於，老師面對學生的學習與成長時，會以同樣的價值觀教導學生學習適應社會，學習如何在社會中存活下來，讓教育流於知識的囤積與技術性的訓練，而非改造社會、創造文化的基石。Freire 的警語充分凸顯台灣幼教現場的鄉愿文化與螃蟹文化，我們幼師經常性地對非人性化的狀態視而不見，甚至視為理所當然，這便是當前台灣幼兒教育現場最大的病根。要如何打破此「沉默文化」的枷鎖，達到自我解放？Freire（2000）認為關鍵就在於「意識覺醒」（conscientization），以批判性對話為媒介，使沉浸在沉默文化中受宰制的群眾，對其所處的歷史社會狀態加以省思、批判，並經由實踐行動，自主地改變自

---

8   Pedagogy of Freedom

身週遭的環境。Freire 稱這種人性化（humanization）的過程為「意識覺醒」。

面對教師「不在場」的境況，P. Freire 提醒我們，教學是干預社會的人性化行動；是一種倫理性的工作。教與學都涉及對複雜的社會文化情境的理解，時時得面對倫理與社會價值的衝擊，乃是一種高難度的心智工作，也是一門藝術。除了需體悟人類基本圖像的內涵與意義外，更涉及複雜的社會文化情境理解，時時得面對倫理與社會價值的衝擊，因之，實無法被化約為技術的傳與受。教育體制的鬆綁與教師、學生的增權益能，若不能伴隨教師對人類本質的覺察，專業能力的提升，那教改終究還是會落入換湯不換藥之形式化臼窠，或沉迷於教育相對論而不自知。

Freire 充滿批判與希望的論述提醒我們，做人最大的價值與尊嚴就在於人的未完成性、自我完成性與有歷時性意識，讓我們得以克服或善用種種因緣條件，去完成我們的未完成性。因之，要相信在科技主宰、效率至上的非人性社會中，改變現實是有可能的，我們仍具有勇氣與能量，能自主地選擇我們命運、維持人性的尊嚴，而要達此目標的關鍵就在於個人意識的覺醒與改變。這也正是 Freire 所強調的，教育改革的核心是回歸對教師主體性的關注，聚焦教育現場的教師對自我專業角色的認同。沒有個人的覺醒，就沒有社會現實的改變，台灣幼兒園教師要改變自身沉默、自我角色的貶抑、嘲諷與反認同等社會圖像，重建主體性，關鍵就在於老師自身的覺醒，且是一種批判性的覺察，唯有我們對自身所處界線處境所浮現的歷史與社會性現實，有所覺察與批判，重估我們習以為常的價值觀，才會發展出一種希望與信念的氛圍，進而開展行動的能力，克服界限處境的限制，重新為之「命名」，改變宰制我們的社會結構。據此，教師主體地位的重建可說是解構當前異化的幼教生態的關鍵課題。

Freire 賦予了教育工作前哨的現場教師——「批判的文化工作者」之角色，認為作為教育者，我們從來不是技術人員，我們既是藝術家，也是政治家。教學絕不是一種機械性的反覆工作，而是對人類情緒、情操與慾念的體悟。教學者的主要角色在於培養個人自我覺察，自我負責的能力，以及參與社會文化的創造與批判的意識，而非傳遞既定的知識，此為知識分子不可推卸的使命。批判性思考不是一種論爭或辯駁，更不是孤立狀態的產物，而是一種「對話性思考」。世間沒有任何知識不同時蘊含溝通的本質，亦即與某些已知的知識間對話與互動，與某些人事物的互動、溝通，達至相互理解。換言之，理解乃是一種相互涉入的過程。一個具批判性思考的老師才能體認人的「歷時性存有」，有能力知曉世界，更能參與、干預生活世界；我們能夠擁抱當下的知識，但對未來永遠保持開放的態度，不斷超越自身改

造社會。

Freire 存有論意涵每一個生命即是一個未知的世界，一種存有的「臨現」。人的未完成性代表源源不斷的能力，宇宙世界透過眾多生命的表現，展露其永續不斷的創化。因之，學習對我們而言，是一種探險的歷程，學習意謂建構與再建構知識，觀察意謂著改變，而此種種都必須在對冒險，對心靈探索的抱持開放的氛圍下才有可能實踐。這提醒我們為師者要能覺察人的未完成性，才有教育的可能性與必要性。當老師不能深刻體悟人的未確定性的價值所在，便會以放任方式或以權威者面對教學工作，不自覺的宰制甚或誤導學生，這便是 Freire 所說的最糟糕的教室景況：「教師在場，但實際上是缺席的」（1998: 63）。因之，對學生抱持好奇與謙卑的心，是 Freire 對教育工作者的至高期許。謙卑不只是因為面對學習者的未確定性，也在於尊重其自我完成性（1998: 58），如此才能進入學生內在生命的可能性，才能啟發學生。當老師對自身的生命不再好奇，沒有夢想，那他也不可能對學生有所關心。

而人的歷時性意識彰顯了做人價值在於，人成為自己的生命歷程中，包含了各種「條件」、「自由」與「機緣」，透過種種因緣條件，我們得以自我追尋。易言之，人的發展雖是有條件性的，但卻不是被決定的，是能夠超越的，能夠和他者相互涉入彼此的生命歷程，共同開創歷史，讓未來充滿了無限的可能性（Freire, 1998: 54-55）。教育實踐的基礎就在於，對人與社會間辯證關係的深刻體認，如此才可能讓自身投入永續的追尋，對世界有所好奇、覺察。這便是教育工作、為師者的意義所在，要能覺察自身與他者，作為歷史的、文化的、未完成的存有，教育者必須是一個具責任感的冒險者，能夠接納各種變異；要具有批判性的視野，看清自身與環境脈絡間，錯綜複雜的關係，跨越困境。對世界抱持好奇心，要相信世界是可以改變的，視教育為一種希望的工程是 Freire 對教育工作者的另一個期許。

人的未完成性與歷時性意識蘊含解放與再造的可能性，然只有當人以批判的思考與語言積極投入社會的現實時，才可能擺脫歷史的必然性，主體地位的恢復才有可能。因此，積極的教育實踐知識關鍵就在促發學生批判性思考能力及自主性；引導學生的原生性好奇心轉化為智識性好奇心。Freire（1998）認為一個教師是無法教或學，除非他能激發一個主體智識性的好奇心。任何教育實踐必須要能引發人對自身生命的好奇與探索，此乃成長與學習的動力。若不能如此，那就是一種囤積式的教育，純然的知識灌輸。然這樣的心智轉化歷程，是無法在傳統家長式權威作風教學氛圍發芽，更無法在完全放任的環境下生根的。

　　Freire（2000）以為師者必須要能體認人從他律轉化為自律的困難，因此必須覺察自身的言行是在鼓勵抑或阻擾學習者以自己獨特的方式去探索知識；必須要認同學生有選擇、比較、拒絕與做決定的權力。Freire 期許身為文化工作者的教師，透視教育過程中，教師與學生互為主體的「我－汝」（I-thou）關係，此意謂教師對新觀點、對疑問以及對學生的好奇心與質疑，永遠抱持開放的態度。唯有在這樣開放與謙卑的氛圍中，老師才可能成為教學的主體，看到自身及每個學習者的未完成性與自我完成性，尊重每個學生既有的知識與原生文化，如此學生的學習才可能連結知識與生活的現實，也才可能成為一個能知的主體，能對世界抱持好奇，加以質疑和改變。在此過程中，教者與學者同時投入不斷地建構與再建構知識；教學者與學習者皆型塑或型塑自身。然當教學被認知為傳遞知識時，師生關係則立基在「我－物」（I-object）的關係，將學習者定位成一只被動的接收皿與囤積的倉庫。

　　Freire（2000）認為，真正的教育不是由 A 提供、傳輸或主導 B 來實施，也非在 A 與 B 有關的情況下來實施，而是必須以現實世界為媒介的基礎下，由 A 和 B 共同來實施。在此過程中，雙方誠真的「對話」是關鍵。「對話」不是會話，而是一種溝通，一種關係的相互涉入，更意謂一種自我開放的可能性。「對話」的關係與處事態度，能夠讓人對自我產生好奇，促發自我的探索與省思。也唯有如此，人才能真正涉入他者的世界，對他者的好奇與關懷，能夠站在對方的立場，理解對方的處境與需求。換言之，對話的關係即是對每個生命主體的尊重。對話關係是無法被任何形式的科技所替換，現代教師若不能體悟「對話」在教師專業上的意義，那教師角色是可以被取代的。

　　因此，Freire 堅信教學絕不只是一個知識內容與技能的傳輸過程，而是去營造建構與產出知識的機會，是老師與學生間的協商過程。他強調「沒有教學不蘊含學習本質，教學若不能從學習的經驗中開展，那亦不可能讓任何人產生學習」（1998:30-31）。在此教育信念下，教師才有可能尊重學生的自主性，營造誠真的對話氛圍，也唯有在此氛圍下，學生的批判性思考能力與智識性好奇心，才得以有開展的空間。而這樣的信念讓教師的工作蘊含了高度的倫理性與藝術性。在教的過程中，教師不斷的型塑自身，在學的過程中，學生亦型塑了自己。教師與學生間交互學習彰顯了教育實踐的靈知特質，而此靈知體現在教育目標與理想的預設與教學方法與教材的選擇（1998: 67）。

　　因此，當前幼教師養成的首要關鍵就在如何讓老師體認未完成性、自我完成性與依他起性等人類的基本圖像？如何幫助老師重建孩童的圖像？如何喚醒幼師歷時

性意識，覺察自身與幼兒的社會處境？形成民主性公共論述，超越利益團體的把持、進而推動幼教相關法令政策，更重要的是，如何讓老師發揮「實踐智」？開啟自身對教師專業的認同，進而誘發幼兒對自身生命的好奇與探索。

如同家庭與幼兒園是幼兒成長的關鍵「微系統」，那麼師資培育機構與幼兒園即是培育幼兒教師職涯發展的關鍵「微系統」。其中，擔任職前教育的師資培育機構更是奠定幼師身分認同的基石。

然台灣幼稚園與托兒所[9]師資培育政策，總是存在與社會需求脫勾的狀況，而我們的幼師養成一直帶有高度形式化與工具理性色彩；不但忽視經驗取向的教學策略，更缺乏教師批判省思能力培養，凡此皆讓幼師流於平庸化與失能境地。

在職前師資養成方面，綜觀幼稚園所師資培育課程發展史，從早期女子師範學堂、幼稚師範教育科、五年制師範專科學校普通科幼稚教育組、師範專科學校二年制日間部幼稚教育師資科，以至目前幼教系、幼保系與各類短期的幼托教學程班（幼進班、托進班，示範農村托兒所保育人員研習班研習課程、兒童福利專業人員訓練及目前的幼稚教育學程）的課程架構來看，我國在培訓幼師的課程取向，顯現高度的工具理性色彩。以四年制之師範體系幼教架構為例，分為「教育專業課程」、「幼教專門課程」、「教育方法學課程」、「教育實習課程」四大類。其中「幼教專門課程」含括幼兒教育方法學課程與教學基本學科課程。在此架構中，除少數學校將教育哲學或教育社會學列為必修外，幾乎是全面性的以教育科目為主體。技職體系方面的「專業基礎」、「專業核心」、「校定必修」課程架構，除社會學、人類發展外，亦是全面以幼兒健康照護，社工實務及教學基礎實務為導向。四年制課程尚且如此，遑論短期學程，諸如幼教學程、學士班、學分班或兒童福利專業人員培訓的課程架構上，除了專業倫理二學分外，更是一面倒的以教學基本學科與教育方法學課程為架構。

整體而言，從教學原理、分科教材教法、班級經營、行為輔導等諸多偏向實務取向的課程來看，我國幼師之培訓課程架構與內涵，顯露濃厚的技術本位。缺乏宏觀的視角，引導師資生與在職人員洞察教育與文化歷史社會間的關聯，諸如有關人權教育、教育哲學、教育社會學、教育人類學、多元文化、批判教育學等探討人性與社會本質，揭露教育觀點與實踐所可能涉及的知識合法性與意識型態，導致因種族、文化、性別、社會階層異化的議題，以培養幼師尊重多元與維護社會正義的教

9　現整合統稱為「幼兒園」。

育信念與實踐知能之相關課程，在包括師範體系的幼教系，技職系統的幼保科系，及短期幼教相關學程的課程架構中，要不是從缺便是被列為一至二門的選修課。此現象尤其以短期的培訓課程為屬，以為二三十個學分便可承擔教育重責，在此浪漫的外衣下所隱含的意義為何，不言自明。

再從師資課程實施的狀況來看，綜合簡楚瑛、廖鳳瑞（1995）、蔡春美、楊淑朱（1999）及吳璧如（2000）的調查研究，發現長期以來，我國無論是正式修業體制或短期補救式學程的培訓方式，普遍存在：「單向授課模式，學生少有發問或表達意見的機會，學生間亦少有相互討論，經驗分享的機會」、「忽視經驗取向的教學策略」、「平頭式授課，並不會考量學生個人的經驗背景，而有不同程度或內容的調整」、「點狀課程規劃，各種學程的課程內容多所重疊」、「各種研習課程，都是一次終結的規劃，缺乏系統性的課程」、「忽視教師反省思考能力的培養，不能自我察覺效能感的狀況」、「缺乏成功經驗與替代性經驗等重要效能感來源」等狀況。

在實習制度的內涵與實施狀況方面，1994 年《師資培育法》公布施行開始，我國高級中等以下學校及幼稚園所師資培育，才開始建立兩階段的檢定制度，亦即修畢職前教育學分者，通過初檢合格後，需接受為期一年的教育實習，經複檢合格後方能取得合格證照。此參照德國兩階段檢定制，原在確保實習教師之權益與法令地位，而在師培機構之輔導教師與實習機構之指導教師的雙重監督下，也要求其具備教育專業內涵與實踐能力，淘汰不適任教師，立意頗深。然在沒有完善配套措施（包括：經費的提撥、法令的訂定、實習機構與班級指導教師的考核，以及機構指導教師資格條件與指導內涵的要求等）情況下，衍生了相當多的問題，諸如：實習教師法令定位不明，政府無法承擔十多億元的實習津貼，導致實習考核流於形式；初檢只採學歷證件檢覆的檢定方式，複檢也只審查實習成績是否合格方式。換言之，所謂的兩階段檢定制被化約為表格填寫公文轉呈的形式化流程，並不具實際的篩選功能。而此種種問題，在現場所呈現的景象便是：實習教師變相成為實際的帶班教師，實習生淪為廉價工讀生，指導教授走馬看花，實習日誌與作業內容流於形式，實習生抱怨實習津貼過少，工作量過多態度不佳等種種問題層出不窮，也影響了幼教師專業知能與專業形象的建立。

為改善《師資培育法》施行以來所衍生制度面或實務面的諸多問題，教育部於2002 年修正公布《師資培育法》，將教育實習納入師資培育課程，並取消兩階段師資檢定，改由政府統一建立教師資格檢定考試制度。然令人質疑的是，實習由一年

改為半年的理論依據是什麼？一次性且定型的筆試與科目，又如何能反映理論與實務結合的實習精神？無法針對問題的癥結，建立完善的配討措施，新師培法恐只是落入「頭痛醫頭，腳痛醫腳」的臼窠。

再從技職系統的實習制度來看，教育部對幼兒保育系（科）實習修業課程之要求，只有四學分（144 小時）。亦即，所謂的實習是不到一個月的時間便可完成，更無所謂的檢定制之建立，畢業證書即是合格證照。在如此情況下，如何落實實習內涵？而實習機構與實習指導老師的篩選、指導教授如何指導學生等機制的建立，也只能由各院校科系自由心證之。

質言之，從培育課程架構與內涵充斥教學技術性的科目、點狀的課程規劃，以及形式化的實習檢定制度等狀況觀之，我國幼兒教師的培育內涵滿載工具化色彩，大玩形式遊戲，未能發揮反思、對話的機制。工具化的師培理念的假設是，教師專業行為能力是可以量化的，且可以被傳輸予準老師，並進一步發展成能力本位知能，具體實踐於師資培育課程與教學。在此理念導引下，目標管理、精熟學習、客觀評量、補救教學成為培訓的重點；老師如何選擇與使用教材、如何設計課程、如何擬定教學目標等強調「如何」與「什麼」為培訓核心，以至於「為什麼」要如此的問題就被忽略了。在此工具取向框架的運作下，教育工作被化約為技術的堆積，教師角色被化約為技術的接收與傳輸；教學技巧與策略本身成為目的，而技巧與策略所植基於課程目的之人性價值與社會關照，反倒被忽略了。此種培育取向，當可解釋許多幼教師進入現場後，所面臨種種「理論與實務斷裂」的衝擊，乃至懷疑自身的適任性或自我反認同的現象。而在此氛圍下，恐有讓我們的幼師流於平庸化與失能之嫌，實難發展出批判的語言與思維，落實理論與實務的結合，去關注隱藏於社會歷史與文化結構的宰制問題，或去關注在課程目的和教材背後有關知識合法性與意識型態的問題，因此也不可能發展出進一步的改造行動，去維護或重建自身或幼兒的主體地位。

凡此現象正呼應近年來，批判教育取向相關研究所指出的，師資培育機構所教授的課程知識與技能對於教師的影響非常有限，反而是現場或學校的生態環境中，由教師形象、學生角色、知識與課程彼此交互作用所形成的「潛在課程」（hidden curriculum）；一種多重且複雜的社會關係才是決定其專業知能能否踐行的關鍵。「師培教育不能化約為一種訓練形式，而是應引領教師跨越技術的層次，紮根於自我與歷史的倫理形構⋯⋯，一種普遍性的人性倫理，而非條件性的論理——臣服於利益性的法則」（Freire, 1998: 23）。Freire 對教育目的、對學校、對老師角色的預設，可

明顯看出，批判性與希望性語言的培養是他對師資培育所描繪的基本圖像。他認為師培課程架構與施行，不可化約為技藝訓練的形式，必須以人及歷史的倫理型塑為核心；不但能將理論融入自身的生活經驗與事件的能力，能夠對人類本質、主體地位有所覺知，更要覺察潛藏於社會歷史與文化結構的宰制問題，進而關注在課程目的教材背後有關知識合法性與意識型態的問題，以發展出進一步的改造行動，去維護或恢復自身及學習者的主體地位，重建個人與其生活世界間的合理關係。

因此，當前首要的是無論在職前與在職的師培課程架構上，增加教育人類學、兒童人類學、兒童現象學等課程的研究，以引導幼兒園教師有建立兒童人類圖像。而教育哲學、教育社會、文化識能、族群與教育、教育批判學等知識與涵養，則是另一規劃重心，以發展幼兒園教師智識性好奇及批判性的語言，去揭露導致種族、文化、性別、社會階層異化背後所可能涉及的知識合法性與意識型態問題，進而培養幼師尊重多元與維護社會正義的教育信念與實踐知能。

再者，跳脫單向講演式的培訓模式，彌補理論與實務間的鴻溝，落實實習的宗旨，更是我們企需努力的方向。Freire（2000）有關「對話」的論述更警示我們，沒有「對話」就沒有溝通，沒溝通就沒有真正教育，沒有教育也就沒有真正的社會改造」，我們教師的教學倫理與藝術性在於，擺脫「囤積式」的機械性教學法，以「提問式」教學法，涉入學生既有的生命經驗，引導學生共同透過「對話」，對當下的知識形式、社會現狀、社會問題與威權結構，乃至自己的日常生活經驗，加以質疑、批判。而在此氛圍下，個人得以培養批判性意識，教師與學生才會有參與自身經驗，融入社會的主體性感受，而非一個任人填充、擺布的「客體」，能對其所居的歷史社會環境重新命名，進而從被制約、宰制的狀態中解放出來。也唯有如此，才能讓所有參與教育活動的人，皆能「增權賦能」，推動社會改革，此乃批判教育學的終極目標。

（四）建構學習型幼兒園組織氛圍

從教師職涯發展觀之，影響教師能否渡過初任的震撼與挫敗，以至找到安身立命的基石或選擇出走的關鍵動能，主要發生於他們的實習或任職幼兒園的組織氛圍與人倫關係，而其具體關鍵內涵展現於「重要他者」、「組織運作的基調」與「家園關係」等論述型態間的協力作用。「重要他者」的向度包括：主管的管理風格（其所抱持的幼兒教育與教師圖像）、資深教師的引導，以及同事間的互動關係等。「組織運作的基調」向度包括：機構人事組織架構與編制方式、教師配班方

式、課程運作方式，與是否提供有效的在職教育等。「家園關係」則顯現於社區家長的教育價值觀、是否尊重、信任教師，以及親師間的互動內涵等。

然綜觀幼教發展史，我們幼師在其職涯發展過程中，普遍缺乏政策法令予以合理的支撐基點，所擁有的社會資本已是幾無立足之地。再者，和其他學齡階段的孩童相較，幼兒所需生理與生活上的協助和關懷超過知識性的，因而不可避免使得幼兒園教師的工作具有「勞工化」、「保母化」特徵。在此境況下，幼兒園的組織氛圍成為幼師能否展現主體權能的關鍵力量。此外，目前絕大多數的幼兒園教師處於「一個蘿蔔一個坑」的狀態，公幼雖有一班兩位教師之編制，然教學兼職行政職的任務編制，也使公幼教師經常處於一人帶班的狀態。繁重的教保工作、長期一人處於獨立的空間，加之固定的作息結構，無形中使得幼兒園教師經常性處於一種時空的隔離狀態，少有與同事討論切磋與專業對話的機會，每天在一種封閉的系統內工作。在受限於學校場域特有的時間與空間分配的結構化條件下，若又被賦予既定的教學目標及任務，那在此時空結構下，若無其他機制平衡之，教師工作很容易陷入儀式化行為，所謂「普羅化」（proletarianization）狀態。也在此狀態下，導致老師常常在不知不覺中，對自身的教學工作乃至幼兒的學習與成長，很容易失去好奇心與創發等諸多人性面的關照。

再從主管階層的學經歷背景來看，95%以上私立幼兒園創辦者或主管皆不具有幼教教育相關學經歷。歷年評鑑報告結果也顯示，私立幼兒園常空有組織架構與人事規章，卻未實際運作，家族式管理，一人說了算的經營模式亦是常見的現象。國中小學附設公幼雖設園長一職，然附設的組織架構讓幼兒園的運作良否，仍受制於中小學校長，但中小學校長普遍缺乏幼兒園管理專業知能與經驗。凡此現象說明，幼教現場「外行領導內行」已是一個普遍的現象。或許「外行領導內行」，對教師的認同形構或主體能動的展現上，並不一定是負面的。但如前所述，為有效達成組織目的，獲取最高的「剩餘價值」，各機構組織必須藉由空間配置、活動管控、組織行為的品管／管控及綜合性力量等具體策略，施展規訓權力，將組織內每一個人的身體與心智「包圍起來」。在市場理性的罩棚下，一般幼兒園主管並無心營造「學習型」的組織氛圍，舉凡幼兒園立案否、合理的師生比、作息安排、空間規劃等攸關幼兒學習品質的重要因子，皆在「市場導向」的總架構下，被忽略或予以精簡了，且在他們眼中，各種才藝教師與美語教師的重要性大過沒有「專長」的幼師，且老師的績效考核才幹取決於能否配合家長需求或不流失幼生人數，至於是否取得合格證或學經歷等資格條件，乃至教師進修、課程設計等耗時耗財的機制，自

然不會得到一般幼兒園主管的重視，更遑論教學會議、工作經驗分享、參與社群等攸關教師主體權能之發揮或教師成長機制，皆是無足輕重的。

簡言之，在「普羅化」的工作境況，若又缺乏主管的洞察與體恤，但求機構整體的利潤，不能尊重教師專業自主與基本權益的管理思維時，會讓幼兒園教師陷入繁忙瑣碎的照護工作而不自知，若又缺乏自身省思批判能力與客觀環境的支持，便會造成幼兒園教師自我疏離於社會；無法覺察來自社會、政治與文化性的宰制結構。

學校是課程改革最關鍵的執行單位，而教師更是決定課程成敗的靈魂人物。培養教師的專業省思能力，可謂是目前是各先進國家師資培育的重要工作。尤其在一個充滿了彈性、個別性與變數的專業領域是有別於例行性與技術性領域，教師專業能力的獲得與實踐，並不能靠照章行事，將一些學說理論或課程範本，直接套在自己每天的教學活動中，日積月累就是自然生成的。Schon（1987）認為教育是一門藝術；是一門建立在「省思實踐認知論」上的藝術。「省思」不僅是專業人士所必須具備的能力，更是所有思圖進步的個人不可缺的行動基礎（Argyris & Schon, 1974），Schon（1987）認為「省思」是「一種互動性的行為結果；人們對行動本身及行動背後所隱含的意義的覺悟」；是教師建構、導引專業知識與行為的方法。Dewey（1938）則認為「省思」是一種有目的性的慎思活動，是為了追求更美好的生活，不斷與多變的環境互動調和下所產的行為。他認為教師對自身工作經驗、能力及教學理念的省思，必能讓教師發展出一種自我行動能力。我們應培育老師的省思能力使其能檢視過程和目前的經驗，藉以導引未來的能力。「經驗唯有被理性分析後，才能轉換、昇華為有用的東西」，個人須不斷主動觀察、解決問題，從經驗中學習，才能隨時保持成長狀態，適應環境的需求。

教師若能時時省思自己的教學活動，必有助於提升其專業知識與技能。諸如：行動研究（Action research）、省思性札記（Reflective journal）或稱札記省思法（Journal reflection）、教室觀察（Classroom observing）、撰寫／敘說教師生活史（Life history）等都是重要策略與技巧。這些策略的實施方式與成效雖各有不同，但有一個共同的目標，就是一反過去上對下的單向行政傳導模式，將課程改革與專業成長的權責還給各級學校及老師，發展「實踐智」以拉近理論實務間的鴻溝。

結語　因空之行而生機盎然

　　猶如種子，唯有種在沃土才能滋長般，人也只在滿載各種異質的有機學習環境脈絡中；一個多元、隱晦與變動不居的生活環境，才得以釋放天賦的靈動力，也才能依自己的發展節奏「參與」自身及他者的學習與成長。面對一群擁有自然靈動力與生之勇氣的幼兒，為師者需凝視之，讓他們在日常生活中展現自身，發現他者，「讓學習發生於無形」是學習環境規劃的宗旨，更是教育藝術的最高境界。然當現場幼師無法實踐他的主體性乃至抱持宿命論；不關心幼教生態，對新知沒有好奇心，不會選擇、判斷什麼是對幼兒最好的課程或學習環境時，又如何能「看見幼兒」？

　　幼教政策，師培體制要脫離「頭痛醫頭腳痛醫腳」的補破網狀態，其關鍵就在現場工作者，師培者乃至主政者都必須要能進入 P. Freire 所描繪的理想人類社會圖像：「人是能知的主體，經由彼此相互的對話，投身於認識世界並轉化世界」、「人是關係性與動態性的存在，能夠涉入現實世界以轉化它」。歷史文化與社會結構這只巨輪，只要任何一點受到波動，即使力量再小，也能使之轉動，能轉動就不會生苔結繭。幼兒教育的發展，需要的就是每個人站在各自的崗位上發揮滴水穿石的力量。

附件一 綠建築九大指標

　　「綠建築」係指以人類的健康舒適為基礎，在建築範疇內取得自然界最大之協調，促進與地球生態環境共生共榮，並追求生活環境永續發展之建築設計，具有健康建築、省能與資源循環、生態循環以及順應地域環境等四大特徵。因此，在建築生命週期過程中，考量在地地形、風向，以及陽光、氣候更替特徵，以符應自然相貌或師法自然法則。此外，由建材生產到建築物規劃設計、施工、使用、管理及拆除的過程中，要求消耗最少地球資源，並減少二氧化碳之排放及製造最少廢物之建築物。

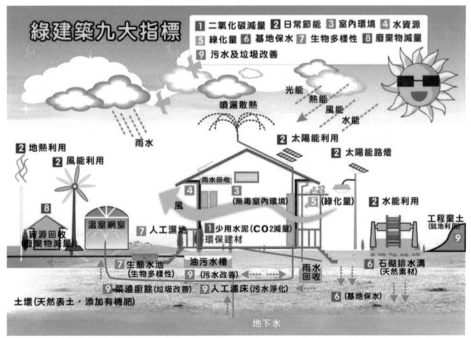

　　我國的綠建築係以台灣亞熱帶高溫高濕氣候特性，掌握國內建築物對生態（Ecology）、節能（Energy Saving）、減廢（Waste Reduction）及健康（Health）等四大範疇之需求，訂定我國的綠建築（EEWH）評估系統及標章制度，並自 1999 年 9 月開始實施，為僅次於美國 LEED 標章制度，全世界第二個實施的系統。原本的評估系統有「綠化量」、「基地保水」、「水資源」、「日常節能」、「二氧化碳減量」、「廢棄物減量」、及「污水垃圾改善」等七項指標，而在 2003 年又修訂增加「生物多樣性」及「室內環境」兩項指標，便組成現今我們所謂的「綠建築九大評估指標系統（EEWH）」。另為提升國內綠建築水準，與國際綠建築接軌，激發民間企業競相提升綠建築設計水準，2007 年又增訂完成「綠建築分級評估制度」，其綠建築等級由合格至最優等依序為合格級、銅級、銀級、黃金級、鑽石級等五級，而該分級評估制度除與國際趨勢同步，也是提升綠建築水準的有效策略。

（一）生物多樣化指標

　　（包括：社區綠網系統、表土保存技術、生態水池、生態水域、生態邊坡、生態圍籬設計和多孔隙環境。）

　　本指標意指在建築基地開發行為中，提升基地開發的綠地生態品質，尤其重視生物基因交流路徑的綠地生態網絡系統，以顧全「生態金字塔」最基層生物的生存環境。亦即，在於保全蚯蚓、蟻類、細菌、菌類之分解者、花草樹木之綠色植物生產者以及甲蟲、蝴蝶、蜻蜓、螳螂、青蛙、蟾蜍、蜈蚣，或長於枯樹上的苔蘚菇菌等初級生物消費者的生存空間。唯有確保這些基層生態環境的健全，才能使高級的生物有豐富的食物基礎，也才能促進生物多樣化環境。

　　因此，建築設計需以多樣性的土壤、植被、水文、氣候、空間來提供多樣化的綠地品質，並以生態化之埤塘、水池、河岸之設計手法，建構多孔隙環境以及不受人為干擾的多層次生態綠化來創造高密度的水域，以利小生物藏身、築巢、覓食、求偶、產卵、繁殖等功能的棲息環境。另外，以原生植物、誘鳥誘蝶植物、植栽物種多樣化、土壤生態來反應綠地的生態品質，藉此恢復大自然界原本豐富之生態基盤。

（二）綠化指標

　　（包括：生態綠化、牆面綠化、牆面綠化澆灌、人工地盤化技術、綠化防排水技術和綠化防風技術。）

　　綠化對於地球環保最大的貢獻，莫過於利用植物的光合作用來固定空氣中的二氧化碳，以減緩地球氣候日益溫暖化的危機。因此本指標乃以「植物二氧化碳固定效果」作為綠化評估法的共同換算單位與綠化量的總量管制，評估建築環境中的綠化設計，藉以鼓勵綠化多產生氧氣、吸收二氧化碳、淨化空氣，進而緩和都市氣候高溫化現象，並同時達至改善生態環境與美化環境的目的。

　　所謂「基地綠化」就是在確保容積率條件下，利用建築基地內自然土層以及屋頂、陽台、外牆、人工地盤上之覆土層來栽種各類植物的方式，盡量降低建築物建蔽率以擴大綠地空間。例如：

- 空地上除必要鋪面之外，應全面留為綠地。
- 在大空間區域應盡量種植喬木，其次再種植棕櫚樹，然後在喬木及棕櫚樹下方的綠地應盡量密植灌林，以符合多層次綠化功能。
- 減少花圃及人工草地，尤其人工草坪對空氣淨化毫無助益。
- 利用多年生蔓藤植物攀爬建築立面爭取綠化量。
- 在屋頂、陽台設計人工花台以加強綠化，並注意其覆土量及防水對策。

（三）基地保水指標

　　（包括：透水鋪面、景觀貯留滲透水池、貯留滲透空地、滲透井與滲透管、人工地盤貯留。）

　　「基地保水指標」意指藉由基地的透水設計（自然土層及人工土層涵養水分）以及廣設貯留滲透水池的手法，促進大地之水循環能力調節微氣候，以避免高溫化的「都市熱島效應」或低窪地區每逢大雨即淹水的窘境。此外，基地的保水性能愈佳亦有益於土壤內微生物的活動，進而改善土壤得有機品質並滋養植物，最終達至建築基地內之自然生態環境平衡。

　　「基地保水設計」主要分為：(1)「直接滲透設計」：完全利用土壤孔隙的毛細滲透原理來達成土壤涵養水分的功能。(2)「貯集滲透設計」：設法讓雨水暫時留置於基地上，再以一定流速讓水滲透循環於大地。具體策略包括：

- 增加土壤地面以強化雨水的直接入滲效果，其中以土壤地面作為種植植栽的綠地，屬於最自然、最環保的保水設計。
- 盡量將車道、步道、廣場等人工鋪面設計成透水鋪面。良好透水鋪面的透水性能相當於裸露土地。
- 讓雨水暫時貯存於水池、低地，再慢慢以自然滲透方式滲入大地土壤之內的

方法，是一種兼具防洪功能的生態貯留滲透設計。

● 於建築物屋頂、陽台及地下室之地面層，設計花園植栽槽，以截留雨水達到部分保水的功能。

● 基地開發應盡量降低建蔽率，並且降低地下室開挖率，利用裸露空地上之綠地造園融入「景觀貯留滲透水池」設計。

（四）日常節能指標

（包括：風向與氣流之運用、空調與冷卻系統之運用、能源與光源之管理運用、太陽能之運用，以及相關技術，如建築配置節能、適當的開口率、外遮陽、開口部玻璃、開口部隔熱與氣密性、外殼構造及材料、屋頂構造與材料、帷幕牆。）

地球氣候高溫化是當今最嚴重的地球環保課題，而氣候高溫化最主要的因素在於大氣的「溫室氣體」（造成氣候溫暖化的大氣氣體）增加。大氣中最主要的溫室氣體為二氧化碳（CO_2）、甲烷（CH_4）、氧化亞氮（N_2O）等三種，其中以 CO_2 氣體對全球氣候溫暖化影響最大。在建築產業的溫室氣體排放主要是起因於能源使用，而建築產業的耗能則包括空調、照明、電機等「日常使用能源」，以及使用於建築物上的鋼筋、水泥、紅磚、磁磚、玻璃等建材的「生產能源」。因此，現今建築節能設計是各國節約能源政策最重要的一環，其中以空調及與照明耗能占建築物總耗能量中絕大部分，而綠建築的「日常節能指標」的評估，對於建築的節能設計，包括建築外殼耗能的合格基準要比現行節能法規要求更加嚴格。

綠建築之「日常節能指標」評估重點設定在建築外殼節能設計、空調效率設計及照明效率設計等三大方向：

● **建築外殼節能設計重點**：建築外殼開窗率、開口部的外遮陽設計、建築物之座向方位、避免全面玻璃帷幕之外殼設計，屋頂的隔熱處理等。

● **空調節能效率設計重點（以中央空調為主）**：建築空間應依空調使用時間實施空調區規劃、依據實際熱負荷預測值選用適當適量的空調系統、選用高效率熱源機器。

● **照明節能設計重點**：建築室內牆面及天花板採用明亮設計、採用高效率燈具、盡量採自然採光設計及利用自動晝光節約照明控制系統。

另外對於採用再生能源的比例，評估時提供一定的獎勵係數，以鼓勵再生能源的推廣應用。

（五）二氧化碳減量指標

（包括：簡樸的建築造型與室內裝修、合理的結構系統、結構輕量化與木構造。）

地球氣候高溫化的問題是當前地球環保最迫切的課題。從 1992 年「地球高峰會議」制訂的「全球氣候變化公約」到 1998 年「京都議定書」，各國無不積極進行二氧化碳排放減量的工作。過去建築產業多採鋼筋混凝土構造，而其原料主要採自河川砂石水泥，皆是高耗能物料。而拆除解體混凝土建築時，其廢棄的水泥物、土石、磚塊又難以回收再利用，造成環境莫大負荷，因此必須從建築物之規劃設計及構造進行改善，以減少二氧化碳的排放量。

建築產業的 CO_2 排放量除了空調、照明、電機等「日常使用能源」外，也包括使用於建築物上的鋼筋、水泥、紅磚、磁磚、玻璃等建材的「生產能源」。「二氧化碳減量指標」所評估的範圍，乃是指所有建築物軀體構造的建材，在生產過程中所使用的能源而換算出來的 CO_2 排放量，而建築 CO_2 減量對策乃是藉由節約建材來間接縮減地球 CO_2 排放量的政策。為了達成 CO_2 減量指標的基準要求，建築物的建材規劃原則包括：

- 結構輕量化——建築物的輕量化直接降低了建材使用量，進而減少建材之生產耗能與 CO_2 排放。最具體的做法，即為推行「鋼構造建築」以及「金屬帷幕外牆設計」。
- 合理的結構設計——為了降低建材的使用量，首重合理而經濟的結構系統設計，亦即盡量使建築物的跨距設計合理化，保有均勻對稱的平面、立面、剖面等設計，減少不必要的造型結構荷重。
- 採寒帶林木為材料的原木結構、集成材木構造、預鑄木構板、木地板等材料，可儲存大量大氣中的 CO_2，但是使用熱帶林木則不然。

（六）廢棄物減量指標

（包括：再生建材利用、土方平衡、營建自動化、乾式隔間、體衛浴、營建空氣污染防制。）

鋼筋混凝土建築每平方公尺樓地板無論在施工或拆除階段大量的粉塵與固體廢棄物，不但會危害人體，更造成廢棄物處理的負擔。有鑑於此，「廢棄物減量指標」以廢棄物、空氣污染減量及資源再生利用量為評估標準，以倡導更乾淨、更環保的

營建施工為目的，以減緩建築開發對環境的衝擊，並降低民眾對建築開發的阻力，進而增進生活環境品質。

「綠建築」廢棄物減量規劃以平衡土方、施工廢棄物、拆除廢棄物之固體廢棄物以及施工空氣污染等四大營建污染源為主，採用實際污染排放比率來評估其污染程度，四大營建污染源排放比例採相同比重來評估，所計算的數值必須小於廢棄物減量基準值，才能符合「綠建築」的要求。具體規劃策略為：

- 基地土方平衡設計：任何建築開發案最好以土方之零排放與零需求為原則，多餘土方與不足土方均有害於地球環保。建築設計前應慎重考慮地形地貌變化設計與地下室開挖上取得最佳的挖方填方平衡計畫。

- 結構輕量化：為了降低營建廢棄物與施工空氣污染，建築結構的輕量化設計是首要目標，亦即盡量採用鋼構造與金屬外牆設計，或採用大跨距的木造建築物。

- 營建自動化：如不能採用鋼構造而採用 RC、SRC 構造時，應盡量引進營建自動化工法以降低營建污染，例如採用系統模板、預鑄外牆、預鑄樑柱、預鑄樓板、整體預鑄浴廁、乾式隔間等自動化的工法，對施工中的廢棄物減量有莫大的助益。

- 多使用回收再生建材：使用回收再生建材相當於減少建材生產能源、減少二氧化碳排放及減少營建廢棄物。

- 採行各種污染防制措施：欲減少建築施工過程的空氣污染，首要工作即加強工地污染管理，且列入施工管理的重要工作。擬訂施工計畫時應將可行的各項空氣污染防制措施，如有效噴灑水，洗車台，擋風屏（牆），防塵網，人工覆被等。

（七）室內健康與環境指標

（包括室內污染控制、室內空氣淨化設備、生態塗料與生態接著劑、生態建材、預防壁體結露／白華、地面與地下室防潮、調濕材料、噪音防制與振動音防制。）

現代人類一生中有九成以上之時間均生活於各種室內空間，因之，室內環境之健康與舒適性與否對人類生活影響甚鉅。尤其都市密集化、噪音充斥、建築物室內環境日漸氣密化，以及高污染人工化學建材充斥生活四周，凡此更凸顯綠建築評估室內環境課題之重要性。尤其近年來建築設計越來越忽略自然採光通風設計，不但

使居住環境惡化，更令人類的生活日益仰賴機械空調、照明設備，因而浪費大量能源。有鑑於此，以音環境、光環境、通風換氣與室內建材裝修等四部分為主要評估標準。具體規劃策略為：

- 在音環境方面，應採用較佳隔音性能之門窗及牆壁構造，以保障居住之安寧。
- 在光環境方面，要求一般居室空間均能自然開窗採光。
- 在通風換氣方面，室內需引入足夠之新鮮空氣，尤其要求通風對流設計，以稀釋室內污染物濃度而保障居家之健康。
- 在室內建材裝修方面，應儘量減少室內裝修量，並採用具有綠建材標章之健康建材，以減低有害空氣污染物之逸散，同時也要求低污染、低逸散性、可循環利用之建材設計，以維護地球生態。

（室內環境指標與基準可參閱內政部建築研究所出版之「綠建材解說與評估手冊」2020 版）

㈧ 水資源指標

（包括：省水器材、中水利用計畫、雨水再利用與植栽澆灌節水。）

台灣雖然雨量豐沛，但因人口密度過高、雨量分配不均、水資源利用效率不佳，致使台灣成為一個嚴重的缺水國家。過去建築物的水資源有效利用一直是國家水資源環境規劃中，常被忽視的一環，加之水費偏低、導致民眾長期用水習慣不良，嚴重浪費水資源。現今在保護地球生態意識下，如何重新檢視日常生活中不當的水資源規劃與利用，以及重視有效的水資源利用設計，應是全民需共同努力的課題。水資源有效利用之具體方法主要分為積極利用雨水與生活雜用水之循環再利用的方法（開源），並在建築設計上採用省水器具（節流），來達到節約水資源的目的：

- **採用節水器具**：由住宅自來水使用調查，顯示衛浴廁所的用水比例約為總用水量的五成。許多建築設計採用不當的用水器具，造成很大的浪費，如全面採用省水器具，必能節省不少水量。常用之節水設備包括：新式水龍頭與節水型水栓、省水馬桶、兩段式馬桶、無浴缸之節水淋浴、省水淋浴器具及自動化沖洗感知系統等。
- **設置雨水貯留供水系統**：雨水貯留供水系統，係將雨水以天然地形或人工方法予以截取貯存，經過簡單淨化處理後再利用為生活雜用水的做法。雨水再

利用可用在民生用水之替代性補充水源、消防用水之貯水水源，及減低都市洪峰負荷。

● **設置中水系統**：中水係指將生活污水匯集經過處理後，達到規定的水質標準，可在一定範圍內重複使用於非飲用水及非身體接觸用水。在總水量中，僅廁所沖洗就占 35%，如能全面改用中水作為沖洗廁所之用水，其效果甚為可觀。

九　污水與垃圾改善指標

（包括：雨污水分流、垃圾集中場改善、生態濕地污水處理與廚餘堆肥。）

本指標主要目的在輔佐現有污水及垃圾處理系統之功能，並在建築物設計中配合之空間環境設計及使用管理系統之水準，以確認生活雜排水導入污水系統。此外，也要求建築設計重視垃圾處理空間的景觀美化設計，以提升生活環境品質。具體設計原則：

● 在設計施工階段，即預留專用洗衣空間及排水孔，並確實督導水電設計及施工者將排水管接續至污水系統。

● 住宅以外的其他建築物，在建築設計施工中，要確認專用廚房、洗衣、更衣浴室空間的雜排水配管系統是否確實導入污水系統。

● 在垃圾處理指標上，最有利的條件在於預先留設有充足垃圾處理運出空間，並以景觀綠化美化的方法來設計專用垃圾集中場。其次是執行資源垃圾分類回收管理系統，或設置冷藏、冷凍或壓縮等垃圾前置處理設施。

參考資料來源

1. 財團法人台灣建築中心 http://gb.tabc.org.tw/modules/pages/target
2. 環境資訊中心 https://e-info.org.tw/taxonomy/term/4492
3. 綠建築九大指標 http://www2.thu.edu.tw/~sde/program/94_2/arch/5/1_2.pdf
4. 內政部建築研究所出版之「 建築解 與評估手冊」2020 版
   https://www.abri.gov.tw/News_Content_Table.aspx?n=862&s=140251
5. 內政部建築研究所 https://www.abri.gov.tw/

英文部分

Apple, M. (1996). *Cultural politics and education.* New York: Teachers College, Columbia University.

Argyris, A., & Schon, A. (1974). *Theory in practice: Increasing professional effectiveness.* San Francisco: Jossey-Bass Pub.

Bates, E. (1987). Language and communication in infancy. In J. D. Osofsky (Ed.), *Handbook of infant development* (2ed ed.) NY: Wiley.

Bates, E., etc. (1989). Integrating language and gesture in infancay. *Developmental psychology, 25,* 1004-1019.

Bourdieu, P. (1977). *Outline of a theory of practice.* 宋偉航（譯）（2004）。**實作理論綱要**。台北：麥田。

Bronfenbrenner, U. (1979). *The ecology of human development.* Mass: Harvard University Press.

Bronfenbrenner, U. (1992). Ecological systems theory: Revised formulations and current issues. In Vasta, R. (Ed.), *Six theories of child development.* Great Britain: Jessica Kingsley Publishers Ltd.

Bronfenbrenner, U. (1994). Ecological models of human development. In Husen, T., & Postlethwaite, T. N. (Eds.), *The International encyclopedia of education* (2nd ed.) (Vol.3, pp.1643-1647). Oxford, England; New York: Pergamon; New York: Elsevier Science.

Bronfenbrenner, U., & Pamela, A. M. (1998). The ecology of developmental processes. In Lerner, R. M. (volume Ed.), *Handbook of child psychology (5th ed) (v. 1): Theoretical models of human development.* New York: J. Wiley.

Brower, S. (1980). Territory in urban settings. In I. Altman, A. Rapoport, & J. Wohlwill (Eds.), *Human behavior and environment.* NY: Plenum.

Chomsky, N. (1957). *Syntactic structures.* The Hague: Mouton.

Cohen, A. P. (1985). *The symbolic construction of community.* Tavistock: Ellis Horwood.

Cohen, A. P. (1986). Of symbols and boundaries, or, does Ertie's greatcoat hold the key? In A. P.

Cohen (Ed.), *Symbolising Boundaries: Identity and Diversity in British Cultures.* Manchester: Manchester University Press.

Dewey, J. (1938). Experience and education. 單文經（譯）（2015）。**經驗與教育**。台北：聯經。

Doll, W. (1993)：A Post-Modern Perspective on Curriculum. 王紅宇（譯）（1999）。**後現代程觀**。台北：桂冠。

Doll, W., & Gough, N. (1999). Curriculum vision. 王恭志等（譯）（2006）。**課程願景**。台北：高等教育。

Edwards, C.etc. (Eds.) (1998). *The hundred languages of children: The Reggio Emilia approach-advanced reflections.*

Erikson, E. (1980). *Identity and the life cycle.* NY: W. W. Norton.

Fairclough, N. (1989). *Language and power.* London & New York: Longman.

Ferrarotti, F. (1981). On the autonomy of the biographical method. In Bertaux, D. (Ed.), *Biography and society: The life-history approach in the social science.* CA: Sage pub. Inc.

Fincher, J. (1981). *The brain: Mystery of matter and mind.* Washington: US News Books.

Foucault, M. (1970). *The order of things.* London: Tavistock.

Foucault, M. (1971). *Archéologie du savoir.* 王德威（譯）（1993）。**知識的考掘**。台北：麥田。

Foucault, M. (1981). The order of discourse. In Youge, R. (Ed.), *Untying the text: A post-structuralist reader.* (pp.48-78). London: Routledge & Kegan Paul.

Foucault, M. (1982). The subject and power. In H. Dreyfus & P. Rabinow (Eds.), *Beyond Structuralism and Hermeneutics.* Brighton, Sussex: Harvester Press.

Foucault, M. (1983). The subject and power. In Hubert L. Dreyfus; Paul Rabinow (Eds.), *Michel massachusetts.* London: Blackwell Pub. Press.

Foucault, M. (1994). *The essential works of Foucault, 1954-1984.* NY: The New Work Press.

Freire, P. (1998). *Pedagogy of freedom: Ethic, democracy, and civic courage.* New York: Rowman & Littlefield Pub. Inc.

Freire, P. (2000). *Pedagogy of the oppressed: 30fh anniversary edition.* NY: Continuum.

Gazzaniga, M. S. (1985). *The social brain.* NY:Basic Books

Giroux, H. (1988). *Teachers as intellectuals: Toward a critical pedagogy of learning.* Grandy, Mass: Bergin & Garvey.

Goffman, E. (1983). The interaction order. *American Sociological Review, 48,* 1-17.

Gramsci, A. (1971). *Selections from the prison notebooks.* New York: International Pub.

Habermas, J. (1974). "The Public Sphere". *New German Critique, 1*(3), 49-55.

Hall, E. T. (1966). *The hidden dimension.* NY: Doubleday.

Jenkins, R. (1996). *Social Identity.* London: Routledge Press.

Marx, K. (1975). *Capital: A critique of political economy.* New York: Random house.

Maslow, A. H. (1970). *Motivation and personality.* NY: Harper & Row.

Mead, G. (1934) *Mind, self and society.* Chicago: University of Chicago Press.

Newman, O. (1972). *Defensible space: Crime prevention through urban design.* NY:Macmmillan.

Newman, O., & Franck, K. A. (1982). The effects of building size on personal crime and fear of crime. *Populaton and Environment, 5,* 203-220.

Piaget, J. (1950). *The psychology of intelligence.* San Diego, CA: Harcourt Brace Jovanovich.

Piaget, J. (1952). *The origins of intelligence in children.* NY: International Universities Press.

Richardson, V., & Placier, P. (2001). *Handbook of research on teaching.* Washington, D.C.: American Educational Research Association.

Sack, R. D. (1983). Human territoriality: A theory. *Annals of the Association of American Geographers,* 73, 55-74.

Schon, A. (1987). *Educating the reflective practitioner: Toward a new design for teaching and learning in the professions.* San Francisco: Jossey-Bass Pub.

Shaffer, D. R., & Kipp, K. (2014). Developmental psychology: Childhood and adolescence (9E.) 林淑玲等（譯）（2015）。**發展心理學**（二版）。台北：學富。

Vygotsky, L. S. (1978). Mind in Society: The development of higher psychological processes. 蔡敏玲、陳正乾（譯）（2001）。**社會中的心智：高層次心理過程的發展**。台北：心理。

Vygotsky, L. S. (1962). Thought and larguage. 李維（譯）（2000）。**思維與語言**。台北：昭明。

Weber, E. (1976). *Peasants into frenchmen: The Modernisation of Rural France, 1870-1914.* Stanford: Stanford University Press.

Zumetal, W., & Solomon, L. C. (1982). Professions education. In *Encyclopedia of educational research.* (Vol.3) (5th ed.). NY: Macmillan and Free Press.

中文部分

高麗芷（2006）。**感覺統合：發現大腦**。台北：信誼。

張春興（1991）。**現代心理學：現代人研究自身問題的科學**。台北：東華。

蔡春美、楊淑朱（1999）。我國幼教師資培育現況與問題探究。載於**跨世紀幼教師資培育回顧與展望學術研討會論文集**。

簡楚瑛、廖鳳瑞（1995）。**學前幼兒教育問題與因應之道**。載於教育改革諮詢委員會專案研究報告。

國家圖書館出版品預行編目（CIP）資料

幼兒學習環境規劃理論與實務：生命生態系統觀 / 戴文青著.
-- 初版. -- 新北市：心理出版社股份有限公司, 2022.06
面；　公分. --（幼兒教育系列；51224）
ISBN 978-986-0744-79-8（平裝）

1. CST：學前教育　2. CST：學習環境　3. CST：幼稚園

523.2　　　　　　　　　　　　　　　　111005808

幼兒教育系列 51224

幼兒學習環境規劃理論與實務：生命生態系統觀

作　　　者：戴文青
繪 圖 者：王富弘、連仲安
執行編輯：高碧嶸
總 編 輯：林敬堯
發 行 人：洪有義
出 版 者：心理出版社股份有限公司
地　　　址：231026 新北市新店區光明街 288 號 7 樓
電　　　話：(02) 29150566
傳　　　真：(02) 29152928
郵撥帳號：19293172 心理出版社股份有限公司
網　　　址：https://www.psy.com.tw
電子信箱：psychoco@ms15.hinet.net
排 版 者：菩薩蠻數位文化有限公司
印 刷 者：辰皓國際出版製作有限公司
初版一刷：2022 年 6 月
I S B N：978-986-0744-79-8
定　　　價：新台幣 650 元